Kommunikation mit China

AUTORENVERZEICHNIS

Jia, Wenjian / Tan, Jinfu (Hrsg.):
Kommunikation mit China. Eine chinesische Perspektive.
Frankfurt am Main ; Berlin ; Bern ; Bruxelles ; New York ; Oxford ;
Wien : Lang, 2005
ISBN 3-631-53930-4

Erratum

Im Buch fehlt das Autorenverzeichnis. Dieses ist nachfolgend abgedruckt.
Herausgeber und Verlag bitten, dieses Versehen zu entschuldigen.

AUTORENVERZEICHNIS

Prof. Dr. Shing-lung Chen
German Department
National Kaohsiung First University of Science and Technology
824 Kaohsiung
Taiwan
E-Mail: CHENSL@ccms.nkfust.edu.tw

Prof. Dr. jur. Chifeng Han
School of Law
Shanghai Jiaotong University
1954 Huashan Road
200030 Shanghai
P. R. China
E-Mail: han_chifeng@hotmail.com

Prof. Dr. phil. Wenjian Jia
Westsächsische Hochschule Zwickau (FH)
Fachbereich Sprachen
Interkulturelles Training mit dem Schwerpunkt asiatischer Kulturraum &
International Business Administration
Postfach 20 10 37
08012 Zwickau
E-Mail: Wenjian.Jia@fh-zwickau.de

Prof. Dr. phil. Dezhang Liu
Abteilung für Interkulturelle Deutschstudien
Universität Qingdao
266071 Qingdao
VR China
E-Mail: liudezhang@hotmail.com

Dr. Phil. Tsann-ching Lo
Assistant Professor
Fu Jen University Taipei
510, Chungcheng Road
Hsinchuang Taiwan 242
ROC
E-Mail: dantclo@ms24.hinet.net

Prof. Dr. phil. Jinfu Tan
Westsächsische Hochschule Zwickau (FH)
Fachbereich Sprachen
Studiengang Wirtschaftssinologie
Postfach 20 10 37
08012 Zwickau
E-Mail: Jinfu.Tan@fh-zwickau.de

Dr. Phil. Liying Wang
Stiftung Psychosomatik
Bruno-Jacoby-Weg 10
70597 Stuttgart
E-Mail: lwang@stiftung-psychosomatik.de

Prof. Dr. Jin Zhao
Deutsche Fakultät
Tongji-Universität
200092 Shanghai
V. R. China
E-Mail: zhaojin98@hotmail.com

Wenjian Jia/Jinfu Tan (Hrsg.)

Kommunikation mit China

Eine chinesische Perspektive

PETER LANG

Frankfurt am Main · Berlin · Bern · Bruxelles · New York · Oxford · Wien

Bibliografische Information Der Deutschen Bibliothek
Die Deutsche Bibliothek verzeichnet diese Publikation in der
Deutschen Nationalbibliografie; detaillierte bibliografische
Daten sind im Internet über <http://dnb.ddb.de> abrufbar.

Gedruckt auf alterungsbeständigem,
säurefreiem Papier.

ISBN 3-631-53930-4

© Peter Lang GmbH
Europäischer Verlag der Wissenschaften
Frankfurt am Main 2005
Alle Rechte vorbehalten.

Printed in Germany 1 2 3 4 6 7

www.peterlang.de

Vorwort

Wenn sich im alten China die jungen Gelehrten gemäß der konfuzianischen Doktrin "Keine weite Reise unternehmen, solange die Eltern noch leben." nur auf einen kleinen Bereich des Lebens und Studiums beschränkten, so sind heute überall an europäischen, amerikanischen und asiatischen Hochschulen chinesische Studenten und Gelehrte anzutreffen. In aller Welt sieht man jetzt Chinesen, die als Geschäftsleute Wirtschaftstätigkeiten nachgehen oder als Touristen die fremden Kulturen erleben. Nach China kommen heute immer mehr Ausländer, um Geschäftskontakte auszubauen, zu studieren, oder um als Touristen das Land kennen zu lernen. Die Kommunikation zwischen China und der Welt ist nie so intensiv und eng gewesen wie heute.

Ein neues Bewusstsein, die Neugier und eine im Zuge der Technisierung immer kleiner werdende Welt tragen dazu bei, dass sich die Menschen mutig in die fremde Welt begeben. Die neuen Verkehrstechnologien machen es möglich, und die Internationalisierung der Wirtschaft sowie die Globalisierung der Lebensbereiche der Menschen machen es notwendig.

Die Globalisierung der Weltwirtschaft fordert von deutschen und chinesischen Unternehmen:

◊ Verstärkung der Investitionen im Ausland
◊ Verlagerung und Ausbau der Produktionsstandorte
◊ Erschließung und Erweiterung der Absatzmärkte
◊ Intensivierung der Kooperation mit ausländischen Unternehmen
◊ Verstärkte Zusammenarbeit mit ausländischen öffentlichen Stellen bei Genehmigungsverfahren bei der Abwicklung von Aufträgen

Für deutsche und chinesische Unternehmen stellt diese neue Entwicklung eine Herausforderung dar: Sie müssen ihr bisheriges Management den neuen Rahmenbedingungen anpassen. Sie stellen den bestehenden und neuen Mitarbeitern neue Anforderungen.

Die deutschen und chinesischen Bildungsinstitutionen haben es sich zur Aufgabe gemacht, für die wirtschaftliche und soziale Entwicklung im jeweiligen Land qualifizierte Fachkräfte auszubilden. Im neuen Zeitalter müssen diese die folgenden Qualifikationen besitzen:

◊ Kenntnisse der jeweiligen vorhandenen Wirtschaftsbeziehungen
◊ Kenntnisse des ausländischen Rechts
◊ Fremdsprachenkenntnisse

◊ Sensibilität für andere Mentalitäten

◊ Einsicht in Leben- und Verhaltensweisen ausländischer Partner oder Mitarbeiter

◊ Bereitschaft und Fähigkeit, sich flexibel anderen soziokulturellen Bedingungen anzupassen

Solche wissen- und handlungsbezogenen Fertigkeiten werden als Qualifikationsziel "interkulturelle Kompetenz" zusammengefasst.

Die Autoren dieses Sammelbandes arbeiten an den Hochschulen und Forschungsinstitutionen in bzw. außerhalb von Deutschland. Die Wirtschaftskommunikation und die interkulturelle Kommunikation zwischen China und Deutschland bilden die Schwerpunkte ihrer Lehre und Forschung. Bei der Vermittlung der Sprachen, der Kultur und der Fachkenntnisse in verschiedenen Fachgebieten leiten sie bewusst die Studenten an, die oben erwähnte interkulturelle Kompetenz zu erwerben. Sie sind stolz auf ihre Aufgabe, Chinakenner und Deutschlandkenner auszubilden. Nun haben sie ihr jüngstes Forschungsergebnis als Beitrag an die Herausgeber getragen. Die in dem vorliegenden Band aufgenommenen Artikel zeigen ihr breites Interesse und ihre vielfältigen Forschungsthemen. Die Leitfrage dieses Bandes lautet "Kommunikation mit China: eine chinesische Perspektive". "Mit China kommunizieren!" ist ein Bedarf, eine Forderung und ein Aufruf aus der Überzeugung vom unaufhaltbaren Aufstiegs Chinas zur Weltwirtschaftsmacht der Zukunft heraus. Die deutschen Investitionen in China, die Gründung von Produktionsstandorten und der Absatz von deutschen Produkten auf dem chinesischen Markt sind zweifelsohne wichtige Formen der Kommunikation mit China. Aber sie ist nicht nur auf den Wirtschaftsbereich beschränkt. Sie ist multidimensional und findet auf dem Gebiet der Politik, des Rechts, der Kultur, Kunst, Wissenschaft und Bildung statt. Die chinesisch-deutsche Kommunikation auf diesen Gebieten, insbesondere die Erforschung, die Aus- und Verwertung der Austauschergebnisse unter dem Aspekt der Theorie und Praxis wirken wiederum fördernd auf die Entwicklung der chinesisch-deutschen Wirtschaftsbeziehungen ein. Die Herausgeber und Autoren dieses Sammelbandes hoffen, durch die Auseinandersetzung mit den Fragestellungen in der interkulturellen Kommunikation und in der chinesischen Wirtschaft einen Beitrag zum Austausch und zur gegenseitigen Verständigung zwischen China und Deutschland zu leisten.

Wenjian Jia
Jinfu Tan

Zwickau, im Oktober 2004

INHALTSVERZEICHNIS

TSANN-CHING LO

KULTURELLE ASPEKTE DEUTSCH-TAIWANESISCHER WIRT-SCHAFTSKOMMUNIKATION

1. Einleitung

Den globalen Markterfolg entscheiden nicht nur Faktoren wie internationales Marketing-, Produktions-, F&E-, Beschaffungs- und Finanzmanagement. Dabei spielt interkulturelles Management ohne Zweifel auch eine Rolle. Betrachtet man erfolgreiche und erfolglose Verkaufs-, Investitions-, Jointventure- und Merger-Projekte, so bieten sich ausreichende Beispiele dafür. Vor diesem Hintergrund sind kulturelle Aspekte in der Wirtschaftskommunikation nicht zu unterschätzen.

Deutschland und Taiwan haben keine diplomatischen Beziehungen. Ein politischer Austausch ist aufgrund der China-Politik der deutschen Regierung und vieler anderer Staaten momentan nicht möglich. Wirtschaftlich haben sich beide Länder im Laufe der Zeit zu wichtigen Partnern entwickelt. Deutschland ist heute der größte Handelspartner Taiwans in Europa und Taiwan ist einer der wichtigsten Geschäftspartner Deutschlands in Asien. Auffällig ist, dass das Handelsvolumen zwischen beiden Ländern von Jahr zu Jahr steigt. Seit den 90er Jahren erwirtschaftet Deutschland immer einen Überschuss im Handel mit Taiwan.

Es ist nicht verwunderlich, dass Taiwan und Japan enge Handelskontakte haben, wenn man die geografische Lage und die koloniale Vergangenheit betrachtet. Es liegt auch nahe, dass Frankreich durch seine geografische Lage der größte Außenhandelspartner Deutschlands ist.

Da es auf der Hand liegt, dass sich deutsche Produkte in Taiwan gut absetzen lassen, wirft sich die Frage auf, welchen Beitrag kulturelle Aspekte neben den betriebswirtschaftlichen Faktoren liefern?

2. Entwicklung der Geschäftsbeziehungen zwischen Deutschland und Taiwan

2.1 Geschäftsbeziehungen vor der japanischen Besatzung (bis 1895)

Das deutsche, genauer gesagt, das preußische unternehmerische Engagement in Taiwan begann 1862 (in der Qing-Dynastie). Nach Abschluss des „Zhong de tian jin tiao yue" (Tianjin-Vertrag zwischen China und Deutschland) 1861 musste China u.a. Häfen in Taiwan für den Handel öffnen. 1862 wurden in Tamsui, in Nordtaiwan, u.a. Tochtergesellschaften deutscher Firmen gegründet. Im Jahr 1869 versuchte der Geschäftsmann James Milisch aus Hamburg in Gema-lan, das heute Yi-lan heißt, zu explorieren (Duan et. al. 1997: 230).

Zur Haupthandelstätigkeit zwischen beiden Ländern in dieser Zeit zählte die deutsche Einfuhr von taiwanesischem Kampfer.

Betrachtet man die kulturellen Aspekte der deutsch-taiwanesischen Wirtschaftskommunikation jener Tage, so stellt man fest, dass sie sich in dieser Zeit nur auf einer Einbahnstraße bewegten. Das heißt, nur deutsche Geschäftsleute kamen nach China / Taiwan. Deren chinesische / taiwanesische Handelspartner wussten wenig über das damalige Deutschland (Preußen). Beispielsweise unterschieden die Chinesen seinerzeit Preußen von Österreich nur durch die Zahl der Adler auf der Schiffsflagge (s. Abb. 1 und Abb. 2 auf Seite 3) (Yu 1995: 44 und 46).

2.2 Geschäftsbeziehungen während der japanischen Besatzungszeit (1895-1945)

Als Kompensation für den verlorenen Krieg gegen Japan hat die Qing-Dynastie 1895 u.a. Taiwan an Japan abgetreten. Die Besatzungszeit endete erst 1945 nach der Kapitulation Japans am Ende des Zweiten Weltkrieges. In dieser Zeit wurde der Außenhandel Taiwans von Japanern gesteuert und der Warenverkehr zwischen Deutschland und Taiwan wurde hauptsächlich durch die japanische Regierung bzw. japanische Unternehmen abgewickelt, d.h. sowohl wirtschaftliche als auch kulturelle Kontakte zwischen Deutschland und Taiwan erfolgten über Japaner. Als Beispiel seien hier historische Wertpapiere wiedergegeben (s. Abb. 3 auf Seite 4).

Auf der linken Seite der Abb. 3 sind Reichsbanknoten, von oben nach unten angeordnet, jeweils im Wert von 10.000, 10.000, 100.000, 50.000, 5.000, 10.000, 500.000 Reichsmark zu sehen. In der unteren Reihe sind von links nach rechts drei Banknoten im Wert von 1.000.000, 20.000 und 5.000 Reichsmark dargestellt. Die restlichen Wertpapiere sind japanische Staatsanleihen. Deutsche Reichsmark-Obligationen wurden von der japanischen Regierung während der Besatzungszeit in Taiwan verkauft[1].

Abb. 1: Einzelner Adler (preußische
Schiffsflagge)
Quelle: Yu (1995: 44)

Abb. 2: Zwei Adler (österreichische
Schiffsflagge)
Quelle: ibd. 46

2.3 Geschäftsbeziehungen nach dem 2. Weltkrieg (seit 1945)

Intensive Geschäftskontakte zwischen Deutschland und Taiwan begannen sich erst nach dem 2. Weltkrieg zu entwickeln. Nach ihrer Niederlage im Bürgerkrieg gegen Mao Zedong zog sich die Chiang-Kai-shek-Regierung 1949 nach Taiwan zurück. Seit dem Neuanfang auf der Insel und eines beginnenden Wirtschaftsaufschwungs in den Folgejahren formten sich erneut direkte wirtschaftliche Kontakte zwischen Taiwan und Deutschland.

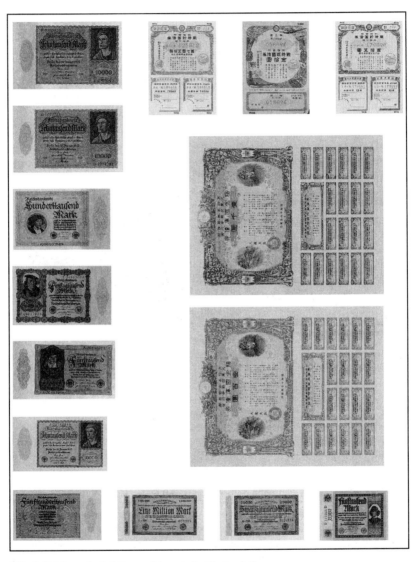

Abb. 3: Reichsmark-Anleihen und japanische Staatsanleihen.
Quelle: The Taiwanese National Association for Japanese Deutsche Mark War Bonds
Repayment, 2000.

Im Laufe der Jahre fassen immer mehr deutsche Unternehmen Fuß in Taiwan und das Volumen des bilateralen Außenhandels steigt stetig. Beachtenswert ist, dass Deutschland seit den 90er Jahren immer einen Außenhandelsüberschuss im Handel mit Taiwan erwirtschaften kann. Um diese Entwicklung zu veranschaulichen, wird eine einfache Statistik zusammengestellt (s. Tabelle 1):

Zeitraum	Gründung deutscher Tochtergesellschaften in Taiwan		Jahr	Deutsches Exportvolumen nach Taiwan (Angabe in Millionen US$)
1961-1970	10		1960	11,3
1971-1980	13		1970	61,9
1981-1990	38		1980	722,3
1991-1999	76		1990	2.667,6
2000-2001	19		2000	5.542,2

Tabelle 1: Anzahl deutscher Niederlassungen in Taiwan; Deutsches Exportvolumen nach Taiwan
Quelle: German Business in Taiwan 1999 und 2001; Taiwan Statistical Data Book 2003: 219

Deutlich lässt sich anhand der Tabelle erkennen, dass sich immer mehr deutsche Unternehmen in Taiwan niederlassen und deutsche Produkte ihre Marktanteile auf der Insel im Laufe der Jahre immer weiter steigern können. In dieser Zeit erfolgte auch der kulturelle Austausch zum ersten Mal direkt zwischen beiden Nationen. Vor allem wurde seit 1979 der Tourismus nach Übersee durch die taiwanesische Regierung liberalisiert und infolge dessen kommen neben Geschäftsleuten immer mehr taiwanesische Touristen nach Europa, u.a. auch nach Deutschland (vgl. Tabelle 2).

Jahr	Deutsche nach Taiwan	Taiwanesen nach Deutschland[2]
1989	25.002	226[3]
1990	24.320	187
1991	25.798	698
1992	28.969	334
1993	28.644	1.439
1994	31.334	5.102
1995	32.944	23.707
1996	33.914	39.658
1997	34.660	46.387
1998	35.343	36.924
1999	34.190	9.436[4]
2000	34.829	13.925

Tabelle 2 : Touristen aus Deutschland in Taiwan und aus Taiwan in Deutschland.
Quelle:Tourismusbüro Taiwan:
http://www.tbroc.gov.tw/tbroc99_asp/admn_info/admin/P015/015_010.asp;
http://www.tbroc.gov.tw/tbroc99_asp/admn_info/admin/PO16/016_010.asp

Dabei ergeben sich für Taiwanesen viele Gelegenheiten, deutsche Produkte in Deutschland mit eigenen Augen zu erleben und mit eigenen Händen zu prüfen und auszuprobieren. Erlebt man z.B. als Taiwanese, der an Tempolimits gewohnt ist, bei einer Fahrt auf deutschen Autobahnen Strecken ohne Tempolimit, so lässt man sich vielleicht leichter davon überzeugen, dass deutsche Autos von hervorragender Qualität sein müssen.

Im aktuell untersuchten Zeitabschnitt nach 1945, insbesondere seit Beginn der 60er Jahre, verlaufen die Kontakte nicht mehr einbahnig (vgl. 2.1) oder gar nur durch die Vermittlung der Japaner. Das Deutschlandbild wird jetzt durch den direkten Kontakt zwischen beiden Ländern aufgebaut. Im folgenden Kapitel wird darauf eingegangen, inwieweit sich kulturelle Aspekte im Außenhandel zwischen Deutschland und Taiwan auswirken.

7

3. Kulturelle Aspekte im Außenhandel

Außenhandel vollzieht sich nicht immer allein auf der Basis von Angebot und Nachfrage. Dabei spielen auch der historische Kontext, die geografische Lage, das politische Umfeld und vor allem kulturelle Aspekte eine herausragende Rolle.

3.1 Stereotype und Warenausfuhr

Als Marketingstrategie, sowohl im Binnenmarkt als auch im ausländischen Markt, beeinflussen Stereotype in Bezug auf das Ursprungsland oft das Konsumverhalten der Verbraucher. Exportprodukte können von einem positiven Fremdbild des Mutterlandes profitieren, das heißt, sie finden trotzdem guten Absatz im überseeischen Markt, auch wenn sie nicht unbedingt von bester Qualität sind. Für Konsumenten ist das Herkunftsland relevant (vgl. Dru 1997), denn eine positive Einstellung zu Gütern eines Landes hat die Funktion von Verallgemeinerungen und Gewohnheiten.

Positive Charaktereigenschaften finden oft Verwendung als Werbebotschaft für die Ausfuhrwaren des jeweiligen Landes (vgl. auch Tiittula 1999). Bei italienischen Produkten werden oft das originelle Design, bei deutschen und japanischen Waren die gute Qualität, bei neuseeländischen Lebensmitteln die Reinheit hervorgehoben. Im Gegensatz dazu war früher „Made in Taiwan" und heute „Made in China" als Hinweis auf minderwertige Waren zu verstehen, obwohl es nicht unbedingt immer der Fall war oder ist[5]. Die Relevanz des Qualitätslabels „Made in Germany" für die deutsch-taiwanesische Wirtschaftskommunikation wird in Abschnitt 3.5 eingehend erörtert. Stereotype und Vorurteile sind nicht nur im politischen, sondern auch im wirtschaftlichen Bereich eingebettet.

Durch Stereotype werden „Bilder" von einem bestimmten Land entworfen. Stereotype entstehen jedoch nicht von heute auf morgen, sondern über einen langen Zeitraum, sogar generationsübergreifend. Wenn sie aber entstanden sind, dann verfügen sie über Eigenschaften wie Änderungsresistenz, Rigidität und Starrheit (vgl. Bergler 1976, Schäfer / Petermann 1988, Tiittlula 1999). Solche Eigenschaften können in der Werbung für Exportgüter gezielt eingesetzt werden.

In diesem Zusammenhang stellt sich die Frage: Wie sieht das Deutschlandbild in Taiwan aus, so dass deutsche Produkte in Taiwan, wie in Abschnitt 2.3 erwähnt, eine gute Resonanz bei den Verbrauchern finden?

3.2 Das Deutschlandbild in Taiwan

Aus dem historischen Kontext heraus ist die Genese des Deutschlandbildes in Taiwan nicht nur intrinsisch bedingt, sondern auch extrinsisch. Wegen der kolonialen Geschichte erfolgte die Begegnung Taiwans mit Deutschland über die Japaner. Die Werke Goethes, Kästners und Schweitzers wurden beispielsweise in der japanischen Kolonialzeit von japanischen Ausgaben ins Chinesische übersetzt (vgl. Lo 1978). Die Erforschung deutscher Geschichte in Taiwan führt auch bis in die japanische Kolonialzeit zurück und steht unter dem Einfluss Japans (Zhou 1995: 241). Ebenso studierte man das deutsche Recht auf dem Umweg über Japan (Gesk 1999: 167). Außerdem wurden Stereotype gegenüber Deutschland wegen der „Achse" Japan - Deutschland im 2. Weltkrieg mehr oder minder unter Taiwanesen geprägt, d.h. man lernte Deutsche und Deutschland aus japanischer Sicht und aus der japanischen Presse in Taiwan kennen.

Nach der Kapitulation Japans wurden mit der Chiang-Kai-shek-Regierung auch positive Stereotype in Bezug auf Deutschland und deutsche Produkte nach Taiwan gebracht. Bereits im 18. Jahrhundert entstanden Geschäftskontakte zwischen Deutschland und China. Deutsche Güter wurden schon damals in China positiv bewertet. „Als China vor 80 Jahren seinen Markt zum ersten Mal öffnete, wurden in Shanghai alle importierten erstklassigen Waren als, 茄門貨, (Qiemen huo, deutsche Güter) bezeichnet[6].

Das Herkunftsland der Waren („Deutschland") wurde schon in der Entstehungsphase einer wirtschaftlichen Kommunikation zwischen China und Deutschland hervorgehoben. „Made in Germany" wurde beispielsweise im chinesischen Firmenlogo des 1846 in Guangzhou gegründeten deutschen Unternehmens, der Carlowitz . Harkort & Co. größer und exponierter geschrieben als der Firmenname und dadurch besonders kenntlich gemacht. (siehe Abb. 4 auf Seite 9).

Nach der Gründung der Republik China (1911) und in deren früher Phase wurde das damalige Deutschland als Vorbild für die Modernisierung Chinas angesehen (vgl. Mühlhahn 1998: 130). So arbeitete beispielsweise im militärischen Bereich der erste Präsident der Republik, Dr. Sun Yat-sen, mit deutschen Militärberatern zusammen (vgl. Kuo 1997: 107). Dessen Nachfolger Chiang-Kai-shek gestaltete die Zusammenarbeit mit deutschen Militärberatern noch enger, auch während seiner Regierungszeit in Taiwan (ab 1949) standen noch deutsche Militärberater zur Verfügung. Merkelbach weist darauf hin, dass der Einsatz ausländischer Militärberater in China und Taiwan ein begünstigender Entwicklungsfaktor des positiven Fremdbildes bezüglich der weißen Rassen in Taiwan war (vgl. Merkelbach 1998: 172).

Abb. 4: Das Firmenlogo der Carlowitz . Harkort & Co., deren Firmenname 1856 auf Carlowitz & Co. geändert wurde.
Quelle: Yu 1995: 110.

Einer Untersuchung der den Deutschen und Deutschland zugeschriebenen Charaktereigenschaften in der taiwanesischen Presse von 1960 bis 2000 zufolge ergibt sich das folgende Deutschlandbild in Taiwan (vgl. Lo 2002):

Positive Charaktereigenschaften:	60er/70er Jahre	80er Jahre	90er Jahre
„friedlich im Rahmen der Wiedervereinigung":	-	35	1
„künstlerisch":	3	3	24
„technikorientiert":	1	3	21
„umweltbewusst":	-	1	22
„korrekt":	1	-	13
„wissenschaftlich denkend":	-	-	11
„ernsthaft":	-	-	10
„ordentlich":	1	1	6
„tierlieb":	-	2	6
„praktisch":	-	-	4
„reich":	2	2	2
„sportlich":	1	1	4
„antikommunistisch":	4	-	-
„fleißig":	1	1	2
„freundlich":	-	-	4

Positive Charaktereigenschaften:	60er/70er Jahre	80er Jahre	90er Jahre
„hilfsbereit":	-	2	2
„demokratisch":	-	1	2
„diszipliniert":	-	-	3
„ehrlich":	-	-	3
„effizient":	-	1	2
„gründlich":	-	1	2
„intelligent":	-	1	1
„methodisch":	1	1	1
„gerecht":	-	-	2
„patriotisch"	-	2	-
„selbstkritisch":	-	-	2
„pflichtbewusst":	-	-	2
„sauber" :	-	-	2
„sparsam":	-	-	2
„vernünftig":	-	-	2
„anti-nationalsozialistisch":	-	-	1
„fortschrittlich":	-	-	1
„präzise":	-	-	1
„leidenschaftlich":	-	-	1
„bes. Vorliebe für die Bildung von Vereinen/Verbänden":	-	1	-

Negative Charaktereigenschaften:	60er/70er Jahre	80er Jahre	90er Jahre
„ausländerfeindlich":	-	-	20
„grausam":	1	1	17
„kriegerisch":	2	-	15
„ethnozentrisch":	1	1	7
„korrupt":	-	-	7
„arrogant":	-	-	3
„kalt":	-	-	3

Negative Charaktereigenschaften:	60er/70er Jahre	80er Jahre	90er Jahre
„aggressiv":	-	1	2
„abergläubisch":	-	-	2
„rechtsradikal":	-	-	2
„reserviert":	1	-	1
„stur":	-	-	1
„humorlos":	-	-	1
„sinnlich":	-	-	1

Tabelle 3: Den Deutschen zugeschriebene Charaktereigenschaften in den 60er-90er Jahren in der taiwanesischen Presse; Anzahl der Nennungen
Quelle: Lo 2002: 250-251.

Der Tabelle entnimmt man, sowohl die den Deutschen „klassisch" zugeschriebenen Charaktereigenschaften wie "diszipliniert", „patriotisch"[7] und „künstlerisch", als auch die neu zugeordneten wie „tierlieb", „korrupt", „ausländerfeindlich" und „rechtsradikal" werden in der taiwanesischen Presse thematisiert. Des Weiteren fällt auf, je mehr Kontakte zwischen beiden Ländern bestehen (z.B. in den 90er Jahren), desto mehr Berichte sind über Deutschland zu lesen. Vor allem wird das Deutschlandbild in den Medien nicht nur mit positiven Stereotypen verknüpft, negative Erscheinungen, Tendenzen und Charaktereigenschaften werden auch in den Nachrichten behandelt. Aufgrund der Vielfältigkeit und Differenziertheit der Informationen wird ein realitätsnahes und ausgewogenes Bild vermittelt.

Im Folgenden wird anhand der oben genannten Tabelle gezeigt, wie die für die Wirtschaftskommunikation zwischen Deutschland und Taiwan relevanten Charaktereigenschaften wie „künstlerisch", „technikorientiert" und "umweltbewusst" wirken und wie sogar nationalsozialismusbezogene Begriffe für den Absatz deutscher Produkte in Taiwan eingesetzt werden.

3.3 Positive Charaktereigenschaften von Deutschen als Verkaufsargument

Anhand einer Untersuchung von Werbeanzeigen für deutsche Produkte in Taiwan in einem renommierten Magazin[8] konnten die folgenden in der taiwanesischen Presse berichteten Charaktereigenschaften in Bezug auf Deutsche bzw. Deutschland auf der verbalen Ebene festgestellt werden: „künstlerisch", „deutsche Technik", „effizient" , „fortschrittlich", „gründlich", „perfektionistisch", „pflichtbewusst", „praktisch", „präzise", „umweltbewusst" usw. Insbesondere wird das Herkunftsland „Made in Germany" hervorgehoben. Auf der paraverbalen Ebene werden die oben genannten Charaktereigenschaften zusätzlich durch Fettdruck oder größere Schriftzeichen exponiert.

Des Weiteren wird das Deutschlandbild auf der nonverbalen Ebene durch Hinweise auf die Lage Deutschlands und seiner landschaftlichen Reize, die deutsche Nationalflagge, einen deutschen Pass, bekannte deutsche Produkte sowie deutsche / westliche Fotomodelle evoziert. Es handelt sich also um bildliche Darstellungen, die der Konsument in seinen gedanklichen Imaginationen leicht mit Deutschland und den Deutschen assoziieren kann. Deutsche Geistesgrößen wie z.b. Beethoven, Nietzsche und Einstein werden als positiver Beitrag zum aktuellen Deutschlandbild dargestellt.

Auffallend ist, dass nationalsozialistische Symbole wie beispielsweise Hitlerporträts und Hakenkreuze oft Verwendung in Werbeanzeigen für deutsche Waren auf der Insel gefunden haben. In vielen Ländern werden solche Werbebotschaften zu Recht als Verherrlichung des Nationalsozialismus empfunden und sind deshalb aus historischen Gründen tabu.

In Taiwan wurden im Gegensatz dazu solche Symbole zur Darstellung des Deutschlandbildes und zur Steigerung des Absatzes deutscher Waren einige Male verwendet. Auf dieses Phänomen wird im folgenden Abschnitt näher eingegangen.

3.4 Nationalsozialistische Symbole als Träger einer Werbebotschaft

Es war nicht selten in Taiwan zu beobachten, dass nationalsozialistische Symbole als Träger einer Werbebotschaft eingesetzt wurden. Hier seien chronologisch einige Beispiele und deren Konsequenz zu nennen (s. Tabelle 4):

Im Jahr:		
1988		
Werbeträger:	-	Hakenkreuz für Sportschuhe
Botschaft:	-	Assoziation mit Herkunftsland
Reaktion:	-	Keine
Konsequenz:	-	Keine
1989		
Werbeträger:	-	Hitlerporträt in einer Automobilwerbung
Botschaft:	-	Gräuel der Vergasung

	-	Gemeint war: Modell des Herstellers ist gegenüber anderen Fabrikaten besonders umweltfreundlich und fährt sehr abgasarm
Reaktion:	-	Keine
Konsequenz:	-	Keine
1999		
Werbeträger:	-	Hitlerbild in einer Werbeanzeige für Heizkörper
Botschaft:	-	Assoziation mit Herkunftsland
Reaktion:	-	Protest
Konsequenz:	-	Hitlerbild ersetzt durch eine Tierkarikatur
2000		
Werbeträger:	-	Nachstellung einer „Gaskammer" und Poster eines Konzentrationslagers in einer Werbung für ein Restaurant
Botschaft:	-	Trendsetter
Reaktion:	-	Protest
Konsequenz:	-	Entfernen aller betreffenden Poster und Ausstattungen
2001		
Werbeträger:	-	Hitlerporträt für Wahlkampagne
Botschaft:	-	anfangs als „Anregung", nach Protesten als „Diktatur und Desaster" bezeichnet
Reaktion:	-	Protest
Konsequenz:	-	Zunächst Ergänzung durch den Text „Diktatur bringt Unglück", dann Rücknahme der Werbung

Tabelle 4: Übersicht über die Verwendung nationalsozialistischer Symbole als Werbebotschaft und deren Konsequenzen.
Quelle: Lo 2002: 155

Bis auf eine Ausnahme sollten nationalsozialistische Symbole in der wirtschaftlichen und politischen Werbung immer eine positive Assoziation mit dem Deutschlandbild suggerieren.

Weiterhin sind etliche NS-Artikel und Devotionalien wie Motorradhelme mit Hakenkreuzen, Hitler-Abzeichen, -Aufkleber und nationalsozialistische Uniformen in Taiwans Geschäften zu finden. Ebenso ist Hitlers Buch „Mein Kampf" in Taiwan in verschiedenen Buchhandlungen in chinesischer Sprache als „Werk der Weltliteratur" erhältlich.

Nach Allport ist die Genese von Stereotypen und Vorurteilen u.a. auf historische Hintergründe zurückzuführen. (vgl. Jones 1997: 143-144). In Taiwan wird die nationalsozialistische Zeit zwar auch negativ beurteilt, in Teilen jedoch anders wahrgenommen als in anderen Ländern wie z.B. in den Niederlanden, Belgien, Ungarn, Russland und Israel. Wie in Abschnitt 3.2 dargestellt, wurde Deutschland nach der Gründung der Republik China als Vorbild für die Modernisierung Chinas angesehen und aus diesem Grund wurden deutsche Militärberater zum Einsatz nach China und dann nach Taiwan eingeladen. Das Engagement deutscher Militärberater führt, wie eingangs formuliert, zu einer anderen Wahrnehmung gegenüber der nationalsozialistischen Zeit.

Wie bereits erwähnt, gibt es keine diplomatischen Beziehungen zwischen Deutschland und Taiwan, es besteht deshalb nach / seit dem Zweiten Weltkrieg eine „Kommunikationslücke" zwischen beiden Ländern. Wenn man in Taiwan eine prominente deutsche Person sucht, die sich leicht mit Deutschland assoziieren lässt, denkt man sehr oft zuerst an Hitler. Beispielsweise argumentierte die Sprecherin der Firma, die mit einem Hitlerbild für deutsche Heizkörper warb, folgendermaßen:

„We decided to use Hitler because as soon as you see him, you think of Germany. It leaves a deep impression. (...) Most people in Taiwan are not sensitive about Hitler."[9]

In dieser Werbeanzeige wollte der Heizkörperanbieter bzw. seine Werbeagentur suggerieren, dass Hitler die deutsche Technik vertritt (vgl. Bolten 2003: 60).

Aus der Übersicht in der Tabelle 3 geht hervor, dass nationalsozialistische Symbole gehäufte Verwendung in der taiwanesischen Werbung fanden, das sollte jedoch nicht zu der falschen Annahme führen, dass die nationalsozialistische Zeit in Taiwan durchweg positiv beurteilt wird.

Neben dem Protest ausländischer Institutionen[10] setzt man sich auf der Insel mehr und mehr mit solchen Werbeanzeigen auf intellektueller Basis auseinander und erkennt, dass die Nutzung und Vermarktung von Symbolen des Dritten Reiches in Taiwan einen Mangel an interkultureller Sensibilität und internationalem Verständnis aufweist und es dadurch zu Hindernissen im Umgang und im Austausch mit der Weltstaatengemeinschaft kommen könnte.

3.5 Die Bedeutung der Herkunftsbezeichnung „Made in Germany" in Taiwan

Im Bereich des Außenhandels wird das Herkunftsland von Waren oft zum Kriterium der Festlegung von Zolltarifen, von Einfuhrgenehmigungen oder aber auch von Boykottmaßnahmen aus politischen und strategischen Gründen (vgl. Lo 2003).

Wenn aber Konsumenten Produkte eines bestimmten Landes bevorzugen, kann dies zum einen an der international anerkannten Qualität der Waren und zum anderen an existierenden Stereotypen über das Herkunftsland liegen.

Das Image eines Ursprungslandes kann sich im Verlauf der Jahre wandeln. Das deutsche Gütesiegel „Made in Germany" war anfangs kein Synonym für Qualität (Wulf 1995: 3ff). Das galt auch für die Bezeichnung „Made in Japan". Unter der Kennzeichnung „Made in Taiwan" wurden damals gleichfalls keine hohen Erwartungen an die Qualität der Waren gestellt. Mit der Entwicklung der IT - Industrie erwarb sich der Begriff „Made in Taiwan" nach und nach einen Ruf auf dem Weltmarkt. U.a. wurde Taiwan von dem renommierten Ifo-Institut für Wirtschaftsforschung in München als „High-Tech-Land" bezeichnet (vgl. Schilling 1999, Schmidkonz 2000).

Da das Selbst- und Fremdbild deutscher Importprodukte auf der Insel eng mit den Vorstellungen und Erwartungen von Qualität, Stabilität und außergewöhnlichen Leistungseigenschaften verknüpft ist, wird die Herkunftsbezeichnung „Made in Germany" in der Werbung für deutsche Güter in Taiwan umfangreich eingesetzt und genutzt.

In dem untersuchten Magazin „Common Wealth" wird festgestellt, dass die Angaben „Made in Germany", „Made in West Germany"[11] und „德國原裝進口„ (Deguo yuanzhuang jinkou, Import aus Deutschland in Originalverpackung/ - ausstattung)"[12] in großem Umfang auf der verbalen und paraverbalen Ebene hervorgehoben wurden. Betrachtet man die steigende Tendenz des deutschen Exportvolumens nach Taiwan in der Tabelle 1, liefert das Verkaufsargument „Made in Germany" sicherlich einen Beitrag zur Steigerung der Marktanteile deutscher Waren in Taiwan.

Es ist jedoch anzunehmen, dass das Stereotyp in Bezug auf die Herkunftsbezeichnung „Made in Germany" in Zukunft unter taiwanesischen Konsumenten an Bedeutung verlieren wird. Zum einen dürfen die Waren, die verschiedene deutsche Firmen aufgrund der Globalisierungstendenzen der Wirtschaft in den so genannten „Niedriglohnländern" herstellen lassen, nicht mit dem Qualitätslabel „Made in Germany" versehen werden. Zum anderen steht zur Diskussion, ob der Begriff „Made in Germany" eventuell wegen der Integration Deutschlands in die EU nach und nach aufgegeben und durch „Made in the European Union" ersetzt werden sollte[13].

4. Zusammenfassung

Betrachtet man die Entwicklung deutsch-taiwanesischer Geschäftsbeziehungen, so stellt sich heraus, dass:

1. in der Qing - Dynastie (vor der japanischen Besatzung) die Kultur, Sitten und Lebensgewohnheiten aus Deutschland / Preußen nur eingleisig importiert worden sind. Die Geschäftsleute waren die Kulturvermittler zwischen Deutschland und China/Taiwan.

2. die Japaner während der japanischen Kolonialzeit die Kulturvermittler zwischen Deutschland und Taiwan waren. Das damalige Deutschlandbild in Taiwan war sehr japanisch geprägt. Mit anderen Worten, es war positiv stereotypisiert, was den Absatz deutscher Güter in Taiwan förderte.

3. nach dem Zweiten Weltkrieg, vor allem ab den 90er Jahren, ein intensiver und direkter Kontakt zwischen Deutschland und Taiwan besteht. Im Prinzip kann auch in dieser Epoche das Deutschlandbild als positiv bezeichnet werden, auch wenn sich langsam ein Wandel in Bezug auf das Fremdbild Deutschlands vollzog, wobei die deutschen Produkte weiterhin gute Resonanz fanden.

Nach dem Zweiten Weltkrieg besteht ein reger wirtschaftlicher Austausch zwischen Deutschland und Taiwan, auch wenn es keine diplomatischen Beziehungen zwischen beiden Ländern gibt. Das hängt u.a. wahrscheinlich mit einem positiven Deutschlandbild in Taiwan und umgekehrt mit einem sich etablierenden positiven Taiwanbild unter Geschäftspartnern in Deutschland zusammen.

Das positive Deutschlandbild in Taiwan ist nicht monokausal, sondern wurde aufgrund der spezifischen Eigenarten des Landes durch vielfältige Einflüsse geformt und geprägt.

Der historische Kontext spielt, wie in Kapitel 2 gezeigt, sicherlich eine dominierende Rolle. Im bildungspolitischen, wirtschaftlichen sowie militärischen Bereich sind überall positive Stereotype in Bezug auf Deutsche und Deutschland erkennbar, die sich auf den Absatz deutscher Produkte in Taiwan günstig auswirken.

Im Laufe der Jahre wandelt sich das Image Deutschlands in Taiwan von einem teils oft übertrieben positiven zu einem wirklichkeitsnäheren Bild. Zweifellos werden die positiven Charaktereigenschaften, die man bei Deutschen und Deutschland sieht, auch jetzt noch von den Geschäftsleuten als Marketingstrategie eingesetzt. Es ist aber noch nicht abzuschätzen, ob der werbewirksame Wert der Herkunftsbezeichnung „Made in Germany" mit der wirtschaftlichen Globalisierung und den ab den 90er Jahren verstärkt auftretenden und auch in Taiwan wahrgenommenen negativen Charaktereigenschaften (wie „rechtsradikal" und

„ausländerfeindlich") sinken könnte und so die Zusammenarbeit zwischen beiden Völkern belastet.

Anmerkungen

[1] Vgl.: „The Taiwanese National Association for Japanese Deutsche Mark War Bonds Repayment". Da die japanische Regierung nach dem 2. Weltkrieg die Anleihen nicht eingelöst hat, bleibt die Angelegenheit ein Streitfall zwischen taiwanesischen Anleiheinhabern und der japanischen Regierung.

[2] Die Anzahl bezieht sich auf die Touristen, die Deutschland als erstes Reiseziel angeben. Diejenigen, die z. B. zuerst nach Holland fliegen und dann von da aus nach Deutschland weiterreisen, sind hier nicht berücksichtigt. Es ist deshalb anzunehmen, dass mehr taiwanesische Touristen nach Deutschland reisen, als die Statistik angibt.

[3] Statistisch erfasst sind nur die Reisenden mit Touristenvisum. Diejenigen, die mit Geschäftsvisum ausreisen, sind nicht in der Statistik enthalten.

[4] Laut Auskunft der Niederlassung des Tourismusbüros in Frankfurt liegt die drastische Senkung der Anzahl an der Einführung der täglichen Direktflüge von "China Airlines" und „Evergreen" aus Taiwan in die Niederlande. Es gab 1999 keine Direktflüge der Fluggesellschaften zwischen Taiwan und Deutschland.

[5] Unter anderem werden die Modelle „Santana", „Bora" und „Golf" von Volkswagen in China hergestellt; BMW lässt nun auch bestimmte Modelle seiner Autos dort produzieren.

[6] In: „Common Wealth", Nr. 28/1983: 35. Der chinesische Text wurde vom Verfasser ins Deutsche übertragen.

[7] Ballin zufolge sind einige den Deutschen zugeschriebene Stereotype wie z.B. „Patriotismus" und „Gehorsam" bis in die preußische Zeit zurückzuführen. Vgl.: Ballin 1998:190

[8] „Tian xia za zhi" (der englische Titel lautet: „Common Wealth"), gegründet im Juli 1981 in Taiwan. Einzelheiten der Werbeanalyse siehe Lo 2002.

[9] Vgl.: „The China Post" 23.11.1999. Taipei

[10] Wie z.B. Israelisches Wirtschafts- und Kulturbüro Taipei; Deutsches Institut und Deutsches Kulturzentrum in Taipei; The Anti Defamation League in New York; The Los Angeles-based Simon Wiesenthal Center

[11] Hier bezieht sich die Werbeanzeige für die Waren aus Westdeutschland, d.h. vor der Wiedervereinigung Deutschlands.

[12] Für importierte Waren gab es früher einen höheren Zollsatz. Um einen niedrigeren Zolltarif zu erreichen, ließen verschiedene taiwanesische Importeure nach dem Eintreffen die Waren in Taiwan umpacken bzw. umbauen; damit konnten sie den jeweiligen Einkaufspreis niedriger halten und einen höheren Gewinn erzielen.

[13] Vgl.: „Der Kampf um ‚Made in Germany'" .
http://www.handelblatt.com/hbiwwwangebot/fn/relhbi/sfn/buildhbi/cn/GoArt!200013,20005...2004/1/13

18

Bibliografie

Ballin, Ursula 1998: Vorurteile und Illusionen: Europäische Chinabilder und Fremdbilder in China. In: *Tsingtau* Ein Kapitel deutscher Kolonialgeschichte in China 1897-1914. Berlin. S. 190

Bergler, Reinhold 1976: Vorurteile - erkennen, verstehen, korrigieren. Köln.

Bolten, Jürgen 2003: Interkulturelle Kompetenz, 2. unveränderte Auflage. Erfurt.

Council for Economic Planning and Development (Hg.) 2000 and 2003: Taiwan Statistical Data Book, Taipei.

Deutsches Wirtschaftsbüro in Taipei (Hg.) 1999 und 2001: German Business in Taiwan. Taipei.

Dru, Jean-Marie 1997: Disruption: Regeln brechen und den Markt aufrütteln. Frankfurt/Main, New York.

Duan, Chang-guo / Lin, Man-hong / Wu, Zhen-han / Cai, Xian-hui 1997: Xiandaihua yu jindai Zhongguo de bianqian (Modernisierung und der Wandel des gegenwärtigen Chinas), Taipei.

Gesk, John 1999: Sprechen Sie Deutsch? Sind Sie Jurist? In: Perspektivwechsel. Taiwan durch fremde Augen, Frankfurt. S. 165-183

Jones, James. M.1997: Prejudice and Racism. 2. Edition. New York, St. Louis, Auckland, Bogota, Caracas, Lisbon, London, Madrid, Mexico City, Milan, Montreal, New Delhi, Dan Juan, Singapore, Sydney, Tokyo, Toronto.

Kuo, Heng-yu 1997: Dr. Sun Yat-sen and Germany (1922-1924). In: Guoshi-guan guankan, Vol. 23, Dec. 1997, Taipei. S. 83-110.

Lo, Tsann-ching 1978: Die Aufnahme von Erich Kästners Kinderroman „ Emil und die Detektive" in Taiwan. In: „Fu Jen Studies" No 11, 1978, Fu Jen University, Taipei

Lo, Tsann-ching 2002: Die Bedeutung kultureller Selbst- und Fremdbilder in der Wirtschaft. – Zum Wandel des Deutschlandbildes in Taiwan 1960-2000, Dissertation, Friedrich-Schiller-Universität Jena.

Lo, Tsann-ching 2003: Nationale Stereotype und Außenhandel, Taipei.

Merkelbach, Christoph 1998: Das Ausländerbild bei taiwanischen Kindern und Jugendlichen. Dissertation. Humboldt-Universität zu Berlin.

Mühlhahn, Klaus 1998: Qingdao (Tsingtau) – Ein Zentrum deutscher Kultur in China? In: *Tsingtau* Ein Kapitel deutscher Kolonialgeschichte in China 1897-1914. Berlin. S. 121-132.

Schäfer, Bernd / Petermann, Franz 1988: Vorurteile und Einstellungen. Köln.

Schilling, Gunther 2000: High-Tech-Insel hat Stürmen widerstanden. In: China Contact. S. 6-11.

Schmidkonz, Christian 2000: Ein High-Tech-Land auf dem Weg in die WTO. Ifo Schnelldienst 22-23, 2000. München

Wulf, Julia 1995: „Made in Germany" Wirtschaftliche Bedeutung und rechtliche Schutzmöglichkeiten. Frankfurt/Main, Berlin, Bern, New York, Paris, Wien.

Tiittula, Liisa 1999: Stereotype in interkulturellen Geschäftskontakten. In: Sprache und Kultur in der interkulturellen Kommunikation, 2. Auflage, S. 196-206

Yu, Wen-tang 1995: Zhongde zaoqi maoyi guanxi (Die chinesisch-deutschen Handelsbeziehungen in der Anfangsphase), Taipei.

Zhou, Hui-min 1995: Deguo dui hua zhengce zhi yanjiu (Die Studie der deutschen Außenpolitik gegenüber China), Taipei.

LIYING WANG

BEGEGNUGN MIT CHINA ODER DEN CHINABILDERN? DEUTSCHE REISEBERICHTE ÜBER CHINA IN DER ERSTEN HÄLFTE DES 20. JAHRHUNDERTS

Die Reiseberichte über China haben ihre literarische Konjunktur im 17. und 18. Jahrhundert erstmals erlebt, und das von Jesuiten vermittelte Chinabild hat die Aufklärungszeit in Europa angesprochen, wo eine Chinabegeisterung bzw. eine Verherrlichung Chinas entstanden ist. Der Exotismus im frühen 20. Jahrhundert hat die Reiseberichte über China zur zweiten Konjunktur gebracht. Zahlreiche Intellektuelle sind nach China gereist, aus dem "Unbehagen in der Kultur", um etwas in China zu finden, was sie in ihrer Heimat vermisst haben. China sei ewig, mystisch, ursprünglich, unverdorben, oder China sei rätselhaft, geheimnisvoll, unverständlich, unheimlich.

> "Die feinste Bildung des Gelehrten und die höchste Barbarei des Wilden, äußere Ehrbarkeit und innere Gemeinheit, Zuverlässigkeit und vertrauenswürdige Rechtschaffenheit und gewissenlose Hinterlist stehen nebeneinander und wirken miteinander."[1]

So hat ein deutscher Pfarrer namens Karl Friedrich Müller, der Leiter der Berliner evangelischen Mission in Kanton, 1903 seine Eindrücke von China formuliert. 1929 hat Paul Valéry das China- und Chinesenbild in Europa wie folgt gezeichnet:

> "Diesem extravaganten Volk schrieben wir, durcheinander, zu: Weisheit und Albernheit, Schwäche und Dauerhaftigkeit, märchenhafte Trägheit und märchenhaften Fleiß; Unwissenheit, aber Geschicklichkeit; Naivität, aber unvergleichliche Spitzfindigkeit; Nüchternheit und wunderbares Raffinement; ..."[2]

Aus diesen repräsentativen Aussagen lässt sich schließen, wie tief das Chinabild im 20. Jahrhundert von widersprüchlichen Wahrnehmungen geprägt ist, und zwar nicht nur im deutschsprachigen Raum, sondern in ganz Europa.

In meiner Studie über die Chinaerfahrungen der Reisenden, die meistens aus dem deutschsprachigen Raum stammten und in der ersten Hälfte des 20. Jahrhunderts das Land bereisten, wird der Versuch unternommen, dieses prekäre Verhältnis der Europäer zu China zu beschreiben. Indem eine Reihe von Autoren exemplarisch in den Blick genommen wird, gilt das Interesse der Untersuchung ihren individuellen Fremderfahrungen, die in dem kulturellen Kontext des frühen 20. Jahrhunderts und unter dem Einfluss des ambivalenten Chinabildes zustande gekommen sind.

Die Analysen der ausgewählten Reiseberichte über China werden uns vor Augen führen, dass die deutschen Chinareisenden im frühen 20. Jahrhundert in China ihre privaten Reiseziele verfolgen und danach streben, ihre individuellen geistigen Ansprüche in diesem Land zu befriedigen. Als Folge dieser Individualisierungstendenz der Reisetätigkeit fungiert das Land China für die deutschen Reisenden als ein Feld der Selbstinszenierung. Auf diesem Feld stellen sie sich selbst dar, dabei erfahren sie sich selbst, zugleich die Fremde intensiv und jeweils in unterschiedlichen Modalitäten.

I. Alfons Paquet

Alfons Paquet ist heute aus dem literarischen Bewusstsein der Öffentlichkeit nahezu verschwunden, obwohl er als Schriftsteller, Journalist und Weltreisender durch seine zahlreichen Publikationen und durch seine vielseitige Tätigkeit für verschiedene Institutionen vor dem Dritten Reich in Deutschland weithin bekannt war. In einer Anfang der 80er Jahre in Frankfurt angebotenen Ausstellung zu seinem Leben und Werk wurde er immerhin als eine Persönlichkeit gewürdigt, "die zu Beginn des 20. Jahrhunderts bis zur Zeit der nationalsozialistischen Herrschaft als Schriftsteller eine bedeutende Stellung im kulturellen, öffentlichen Leben Deutschlands und Frankfurt innehatte."[3] Eine Darstellung dieser Persönlichkeit der deutschen Geistes- und Kulturgeschichte müsste die unterschiedlichen Aspekte seines Schaffens, seine Äußerungen über Dichtung, Journalismus, Politik, Geschichte, Religion, Wirtschaft und Geographie etc. einbeziehen; sein Gesamtwerk umfasst Gedichte, Erzählungen, Romane, Dramen, Essays, Reiseberichte, Tagebuchaufzeichnungen, Briefe, Vorträge, Sachbücher u.a.. Die Vielseitigkeit seiner Tätigkeit und seiner Publikationen macht es schwierig, ihn kultur- und literarhistorisch einzuordnen. Im Rahmen meiner Arbeit kann ich mich nur auf seine Reisen und journalistische Tätigkeit konzentrieren.

Aus seinem Lebenslauf wird ersichtlich, dass Paquet ein vielseitiges und bewegtes Leben hatte. Er wurde als ein unruhiger Geist, Globetrotter und Weltbürger betrachtet. "Ein Landkartenfresser, vieler Sprachen kundig, ist er ständig unterwegs gewesen, auf der Bahn, im Flugzeug, in der Schiffskabine, auf der Suche nach den innersten Geheimnissen der Millionenstädte, der Straßen und Flüsse, aber auch des Allernächsten im menschlichen Herzen."[4] Die Chronik seines Lebens zeigt, dass Paquet ein leidenschaftlicher Reisender war: Von 1896 bis 1938, also innerhalb 42 Jahren war er 27mal auf Reisen in Europa, Asien und Amerika. Die Reiseberichte zeigen seine ungewöhnliche Schreiblust.

Paquets Reisen kann man nicht als Flucht in die Exotik oder als touristisches Vergnügen bezeichnen, auch wenn diese Art des Reisens seiner Zeit schon üblich war und von Paquet auch toleriert wurde. Für ihn hat eine Reise, wie auch immer, eine positive Wirkung auf die Persönlichkeitsentwicklung.[5] Seine Vorstellung vom Reisen ist in der Tradition der bürgerlichen Bildungsreise der Frühaufklärungszeit verwurzelt, die auf eine größtmögliche Weltkenntnis ausgerichtet ist. In seiner Reflexion hat das Reisen eine eminente Bedeutung für die universale Bildung des Menschen:

> "Das Urteilenkönnen ist es, und hier weiß jeder, der sich auf Menschenbeobachtung verlegt, was das Reisen zu bedeuten hat. (...) und wenn wir Goethe anführen, so einfach deswegen, weil noch einmal, und doch schon mit einer Beziehung auf künftige Entwicklungen, ausgesprochen ist, was den Sinn des Reisens für die einzelnen ausmacht, der bis in den Anfang des neunzehnten Jahrhunderts, (...) im Mittelpunkt der Dinge steht. Schon stellt der Dichter das Reisen den anderen Methoden der Forschung gleich, ihm ist das Reisen ein Teil und ein Mittel der Bildung, deren Ziel der Mensch ist, der die Macht wie die Grenzen des Menschentums kennt. Man erwirbt die Bildung durch das Aufspüren, das Vergleichen vieler Erfahrungen bis zu einem Grade des Sattseins, das einem Grade der Unersättlichkeit entspricht. Erfahrung kommt von Fahren."[6]

Dieser Äußerung über das Reisen liegt, wie gesagt, das frühaufklärische Bildungsideal zugrunde, "das auf der Basis des polyhistorischen Empirismus darauf abzielt, sich ein möglichst umfassendes Faktenwissen anzueignen, um aus diesen selbständig erworbenen bzw. kritisch überprüften Daten rationale und daher allgemeingültige Urteile abzuleiten. Die bürgerlichen Reisen der Frühaufklärung stehen daher im Zeichen der Autopsie, d.h., die zu Hause den Büchern entnommenen Kenntnisse sollen mit eigenen Augen an den Gegenständen selbst verifiziert werden." Der Reisende wurde aufgefordert: "Du musst auch auf Reisen mehr observieren, sehen, hören, und aufschreiben, als lesen oder meditieren."[7] In diesem Sinne sagt auch Paquet:

"Das bloße Beschreiben und Darstellen der Dinge war mir nie die Hauptaufgabe, aber es war mir trotzdem ein Weg zum Wesentlichen, ein Stück Weltphysiognomik. Das Auge bescheint das Sichtbare wie das Unsichtbare, man kann im Sichtbaren nicht leben, ohne Unsichtbares zu fühlen. Und schließlich kann auch das Unsichtbare nicht sein, ohne dass es einmal sichtbar würde."[8]

Paquets humanistisch-enzyklopädisches Interesse zeigt sich in seinen Reiseberichten in dem Überblick über verschiedene Faktoren und in der Erfassung der Zusammenhänge von Geographie, Geschichte, Kultur, Politik und Wirtschaft in der Fremde. Der polyhistorische Empirismus der bürgerlichen Bildungsreise wird von Paquet als "Weltphysiognomik" verstanden: ein Wechsel zwischen dem Sichtbaren und dem Unsichtbaren, die Deutung der Welt nach dem, was zeitlich und räumlich beschreibbar ist.

"Hier ist das Sehen auf die Zusammenhänge gerichtet, und es bedient sich gleichsam zweier Strahlenlängen, von denen die eine auf die Oberfläche zeichnerisch gerichtet ist, die andere ist Durchschauung, das Ganze eine eigentümliche Physik von Innigkeit und Kühle."[9]

In diesem Sinn spricht Paquet vom Reisen als "Kundschafterarbeit", als "Hineintauchen in fremde Zustände und Gemeinschaften, in Fabriken und Farmen, in Schiffsmannschaften und Belegschaften von Gruben oder Werkstätten".[10] Es ist in dieser Arbeit zu untersuchen, ob und inwieweit es Paquet gelingt, auf seinen Reisen tatsächlich in fremde Zustände hineinzutauchen. Fest steht, dass er oft im Auftrag einer bestimmten Institution für einen konkreten Zweck reiste.

Dreimal reiste Alfons Paquet durch Asien (Sibirien und China), nämlich 1903, 1908 und 1910. Die Gründe für diese Reisen liegen mehr in seinem Interesse für geographische, politische und wirtschaftliche Fragen als im Interesse für die Kultur des Ostens. Er wollte einmal als einer der ersten über die Eisenbahnverbindung zwischen Sibirien und China berichten, einmal wurde er zu seiner Reise von der Geographischen Gesellschaft in Jena beauftragt, und auf der dritten Reise 1910 sandte er an einen Industriellen umfangreiche Berichte über die wirtschaftliche und politische Lage in Sibirien und China. Nach den Reisen erschienen mehrere Artikel und Studien über Asien.[11] Den literarischen Niederschlag der Reisen zeigen einige Gedichte und der Reisebericht "Li oder Im neuen Osten". In diesem Reisebericht wird über die dritte Reise in Asien berichtet. Paquet wird mitunter mit Sven Hedin verglichen, zwar nicht als Gelehrter, wohl aber als Asienkenner und Asienentdecker. "Was Sven Hedin und Alfons Paquet gemeinsam haben, ist die Eröffnung weltpolitisch wichtig werdender Perspektiven lange vor der Ära der Fluglinien und Flugplätze in Asien - durch das Buch. Was heute interkontinentaler Tourismus jedermann, der ein Flugbillet kaufen kann, zugänglich macht, war bis zum Ersten Weltkrieg und sogar danach noch eine

Entdeckungsreise, die wenige kühne Männer zuwege brachten - dank der Pionierleistung transsibirischer und verwandter Bahnen."[12]

Alfons Paquets enzyklopädische Reise dient dem Gewinn landeskundlicher Informationen über China. Er methodisiert seine Wahrnehmung in der Fremde, indem er sich eines deduktiven Wegs für die Aneignung der empirischen Welt bedient: Paquet ist stets auf den herrschenden Überblick über die örtlichen Verhältnisse und über die Räumlichkeit in der Fremde als Ausgangspunkt seiner Erfahrung bedacht. Weil die von ihm präsentierten Informationen zur deutschen Expansion in China beitragen sollen, beschränkt sich sein Interesse für die Fremde nur auf die Teile Chinas, die für die koloniale Erschließung von Bedeutung sind. Wie ein überzeugter fortschrittsgläubiger Bürger im 19. Jahrhundert ist Paquets Blick auf das fremde Land eurozentrisch. China und die chinesische Kultur befinden sich in Stagnation, und in diesem Sinne muss das rückständige China durch eine von außen kommende Macht modernisiert werden. Der Kolonialismus wird von Paquet durch die Fortschrittsidee gewissermaßen gerechtfertigt.

II. Graf Hermann Keyserling

Graf Hermann Keyserling hat in den 20er Jahren und zu Beginn der 30er Jahre nicht nur in Deutschland, sondern auch in vielen anderen Ländern großes Aufsehen erregt. Seine Werke werden heute kaum noch gelesen, seine Philosophie wird nicht als solche anerkannt, und seine Wirkung ist heute in Vergessenheit geraten. Was das Urteil über die Persönlichkeit von Keyserling betrifft, hat es unter seinen Zeitgenossen zwei extreme gegensätzliche Meinungen gegeben, entweder grenzenlose Bewunderung oder scharfe Ablehnung. Es ist schwierig, sich aus den widersprüchlichen Beschreibungen seines Wesens ein klares Bild von ihm zu machen.

Keyserling begab sich im Herbst 1911 auf eine Weltreise durch Asien und Nordamerika. In den folgenden Jahren schrieb er "Das Reisetagebuch eines Philosophen", das Ergebnis seiner Weltreise von 1911 bis 1912. Das Werk wurde erst nach dem Ersten Weltkrieg 1919 in zwei Bänden herausgegeben und in demselben Jahr, gemeinsam mit Spenglers "Der Untergang des Abendlandes", mit dem Nietzsche-Preis ausgezeichnet. Die Reiseroute führte Keyserling von Genua durch den Suezkanal über Aden nach Ceylon und von dort nach Indien. Von Indien ging er dann nach China und Japan und über Honolulu nach Nordamerika, von wo aus er schließlich nach Europa zurückkehrte. Das Motiv dieser Weltreise ist vor dem Hintergrund seines Wandels vom kritischen Philosophen zum "Metaphysiker" bzw. Lebensphilosophen zu verstehen. Die Abneigung gegen die Verwissenschaftlichung und die Zivilisationskritik um die Jahrhundertwende finden in der Lebensphilosophie ihren Ausdruck. Keyserling wird in der Forschung als Denker in der Tradition Henri Bergsons betrachtet, und mit dem er auch persönlich befreundet war.[13] Nach Bergson ist das Leben ein dauernder schöpferischer Prozess, getragen vom Lebensimpuls, der sich in immer neuen Formen entfaltet und differenziert. Der Verstand, der der naturwissenschaftlichen Forschung zugrunde liegt, vermag das Dynamische und das Einmalige des Lebens nicht zu erfassen, weil die statische, abstrahierende und isolierende Betrachtungsweise dem Lebensstrom nicht gerecht werden kann. In der Lebensphilosophie werden alle begrifflichen Erkenntnisse und sogar der Geist selbst als Beschränkungen oder Widersacher des Lebens dargestellt. Die Teilnahme am schöpferischen Lebensimpuls ist nur durch die Vertiefung des Bewusstseins in die Intuition möglich, die Instinkt und Intellekt verbindet. Die Intuition, eine Art von intellektueller Einfühlung, stellt für Bergson die Grundlage der Erkenntnis dar. Kraft der Intuition versetzt man sich in das Wesen eines Gegenstandes und gelangt dadurch zur "metaphysischen Wirklichkeit". Die Erkenntnis in der Lebensphilosophie basiert auf den Begriffen der Anschauung, der Einfühlung und der metaphysischen Versenkung.[14] In Wirklichkeit stand Keyserling der Lebensphilosophie seiner Zeitgenossen sehr nah, was er jedoch nie offen thematisierte. Sein Wandel vom kritischen Philosophen zum "Metaphysiker" wird durch das Bewusstsein gekennzeichnet, dass Philosophie für ihn kein wissenschaftliches Konzept mit logischem und abstraktem Begriffsapparat darstellt und dass sie kein systematisches Gedankengebäude sein könnte. Es geht bei seiner Philosophie um ein metaphysisches Verstehen des Sinns alles Lebendigen durch die intuitive Fähigkeit und das außerordentliche Einfühlungsvermögen. Die Intuition und Einfühlung ermöglichen dem Philosophen, sich in andere Daseinsformen, in völlig andere Welten und Kulturen hineinzuversetzen. Die Philosophie in diesem Sinne sei nicht als Gelehrsamkeit zu verstehen, sondern als Weisheit, die der Persönlichkeitsbildung und Lebensgestaltung dient. Die Philosophie hat für Keyserling deshalb einen persönlichen und subjektiven Charakter. Sie ist keine exakte Wissenschaft, sondern eine lebendige Weltanschauung und ein Kunstwerk. Das Philosophentum liegt für ihn nicht in der Verstandesarbeit, sondern in der schöpferischen Tätigkeit.[15] Wie originell Keyserling selbst seine Gedanken auch betrachtet haben mag, sie können konsequent in die Lebensphilosophie seiner Zeit eingeordnet werden.

Als "Metaphysiker" und Philosoph des Lebens sah Keyserling seine Aufgabe darin, das Leben in seiner Ganzheit und Vielfalt anzusehen und den metaphysischen Sinn des Lebens von allen Seiten aus zu deuten. Auf der Reise suchte Keyserling die Anschauung der lebendigen Erscheinungen. So wie er seine Sinnesphilosophie verstand, sollte seine Suche nach dem metaphysischen Sinn des Lebens letzten Endes seiner Selbstfindung dienen. Die Begegnung mit der konkreten Welt sollte ihm als Weg zur Bildung seiner Persönlichkeit dienen, und durch das Erleben auf der Reise sollte seine Seele verwandelt werden. Wie Keyserling selbst in seinem Reisetagebuch schrieb, war eine Weltreise nach seinen Wanderjahren in Europa sogar eine Notwendigkeit für seine Persönlichkeitsentwicklung. Er spürte zu dieser Zeit eine persönliche Krise, eine Erstarrung seiner Persönlichkeit, die er als "Kristallisationsprozess" bezeichnete. Es galt, diesen unvermeidlichen "Kristallisationsprozess" aufzuhalten, weil der Metaphysiker in keiner Gestaltung aufgehen und sich mit keiner Gestaltung endgültig identifizieren sollte.

"Solange es geht, muss Proteus proteisch bleiben, denn nur Proteusnaturen sind berufen zum Priestertum der Metaphysik. So beschloss ich, mich in die Welt zurückzugeben. (...)
So trete ich denn eine Weltreise an. Europa fördert mich nicht mehr. Zu vertraut ist mir schon diese Welt, um meine Seele zu neuen Gestaltungen zu zwingen. Und dann ist sie an sich auch zu beschränkt. Ganz Europa ist wesentlich eines Geistes. Ich will in Breiten hinaus, woselbst mein Leben ganz anders werden muss, um zu bestehen, wo das Verständnis eine radikale Erneuerung der Begriffsmittel verlangt, wo ich möglichst viel von dem vergessen muss, was ich ehedem wusste und war. Ich will das Klima der Tropen, die indische Bewusstseinslage, die chinesische Daseinsform und viele andere Momente, die ich gar nicht vorausberechnen kann, umschichtig auf mich einwirken lassen und zusehen, was aus mir wird. Wenn ich alle Koordinaten bestimmt habe, müsste ich auch den Mittelpunkt besitzen. Dann müsste ich hinausgelangt sein über die Zufälligkeiten von Zeit und Raum. Wenn irgend etwas, so wird der Umweg um die Welt mich zu mir selber führen." (S.6ff)

In diesem Sinne lautet das Motto von Keyserlings Reisetagebuch: "Der kürzeste Weg zu sich selbst führt um die Welt herum."

Hermann Keyserling reist als Philosoph mit dem Bedürfnis nach Metaphysischem nach China bzw. Asien, um durch die Begegnung mit den fremden Kulturen die Erstarrung seiner Persönlichkeit aufzuheben und seine Bewusstseinslage zu erweitern. Das Reisen soll zur Selbstfindung führen. Auf seiner spirituellen Reise gilt sein Interesse primär nicht dem empirischen, sondern dem ideellen Bereich in der Fremde. In China legt er keinen Wert auf die Beobachtung sozialer Phänomene und aktueller politischer Ereignisse und kommt deshalb kaum mit der chinesischen Realität in Berührung. Seine Wahrnehmungen des konkreten Fremden geben nur den Anlass für weitschweifige Reflexionen, die sich oft als gedankliche Projektion auf eine fremde Kultur erweisen. China wird von Keyserling zur geistigen Kulturwelt im Gegensatz zur technischen Zivilisation Europas stilisiert und zur Ergänzung Europas funktionalisiert.

III. Arthur Holitscher

Holitschers Biographie ist ein typisches Schicksal der linksorientierten jüdischen Intellektuellen in der Weimarer Republik. Den heutigen Lesern ist der Schriftsteller Arthur Holitscher kaum noch bekannt. Manche Leute kennen seinen Namen wahrscheinlich nur noch aus der Thomas Mann-Forschung; Arthur Holitscher ist als Vorlage für die Figur des Dichters Detlev Spinell in die Novelle "Tristan" eingegangen. Aber in den 20er Jahren zählte Holitscher zusammen mit Alfons Paquet und Egon E. Kisch zu den prominenten deutschen Publizisten. Holitscher etablierte sich durch seine Reiseberichte, während seine Romane und Dramen ohne durchschlagenden Erfolg blieben.

Im März 1925 unternahm Holitscher mit Hilfe der finanziellen Unterstützung des Verlags S. Fischer eine Weltreise, die etwa ein Jahr dauerte. Er fuhr mit dem Schiff über Ägypten, Palästina nach Ceylon, Indien, China und Japan. Im April 1926 fuhr Holitscher mit der Transsibirischen Eisenbahn über Moskau nach Deutschland zurück. Das literarische Produkt dieser Reise war das Buch "Das unruhige Asien". Der Reisebericht erschien kurz nach seiner Rückkehr beim Verlag Fischer.

Es scheint mir sinnvoll, zuerst die Motivation und die Problematik der gesamten Reisetätigkeit Holitschers vorab zu erörtern und dann erst seine Fernostreise konkret in den Blick zu nehmen. Das Reisen ist ein wichtiges Thema in Holitschers Lebenserinnerungen.

> "Es liegt ein tieferer Sinn in dem Reisen und der Sehnsucht nach Veränderung, als sich im ersten Augenblick enthüllen will. Sei es nun Bedürfnis nach Zerstreuung, Reisetrieb, Wissbegierde, Sehnsucht oder Unruhe - es sind dies nur instinktive Gesten einer verborgenen Gewalt, die in uns lebt, und für die wir in unserer stammelnden Unwissenheit Erklärung suchen, indem wir sie mit landläufigen Bezeichnungen belegen. Es ist der tiefste und ursprünglichste Trieb im Menschen, der Urquell allen Intellekts, die Sehnsucht nach dem Zug. Er lässt Völker ihren Stammort verlassen, Weltteile entdecken, Elemente finden, er spornt Millionen tief schlummernder Imaginationen in unerhörter Weise an, alle Fasern des Seins hängen an diesem Einen großen Knoten."[16]

Wenn man nur von dieser Äußerung im Essay "Reisen" von 1896 ausgeht, scheint es, dass das Reisen für Holitscher eine zutiefst positive existentielle Form bedeutet. Der Trieb, um des Reisens willen zu reisen, wird hier von Holitscher als ein anthropologisches Bedürfnis betrachtet, während er den Eskapismus der Intellektuellen seiner Zeit und sein eigenes Identitätsproblem als Grundmotiv des Reisens hier offenbar übersieht. Aus seinen späteren Äußerungen über das Reisen ist zu schließen, dass ihm dieser Reisetrieb - der dritte Trieb

neben dem so genannten ästhetischen und sozialen - als Symptom innerer Un-
ruhe und Veränderungssucht bewusst wurde.

Holitscher nannte seinen Wandertrieb, der von seiner inneren Unrast herrührte,
einen Doppeltrieb. "Dieser unversöhnliche Doppeltrieb: von Menschen, zu den
Menschen, ohne die Harmonie, die göttliche Freiheit der Menschen zu empfin-
den, deren Seele im Gleichgewicht ist mit dem All."[17] Wie wir aus Holitschers
Biographie wissen, führte er in seinen jungen Jahren als freier Schriftsteller ein
bohemehaftes Leben. Sein Einzelgängertum bzw. die individualistische Unge-
bundenheit machte es ihm unmöglich, für eine lange Zeit in einer Gemeinschaft
sesshaft zu bleiben. Die Tendenz zur Flucht schließt seine Sehnsucht nach dem
Zusammensein mit anderen Menschen nicht aus. Die Kälte im Elternhaus, die
schwer zu ertragende Einsamkeit, seine Sehnsucht nach Freundschaft, Wärme,
Heiterkeit und Geborgenheit in einer idealen Gemeinschaft brachten ihn wiederum dazu, das Glück und die Erlösung in der Kollektivität zu suchen. Diese
Sehnsucht nach einer idealen Gemeinschaft konnte jedoch wegen seines ständi-
gen inneren Zwangs zur Flucht nicht erfüllt werden.

Der Wandertrieb, der von Holitscher als "Urquell allen Intellekts" betrachtet
wurde, stellt sich in seinen späteren Lebenserinnerungen jedoch als eine aus der
inneren Not gemachte Tugend heraus:

> "Denke ich darüber nach, was in meiner unruhigen Seele, deren Flamme nicht schwer
> zu entfachen ist, den nie verstummten, immer schwälenden, schwingenden, schwär-
> menden Wandertrieb zuzeiten so übermächtig hat anschwellen lassen, dass mir das
> Verweilen an dem Orte, wo ich mich befand, fast als ein körperlicher Schmerz uner-
> träglich wurde, dann drängen sich mir Erklärungen auf, die wieder Fragen sind."

Und an einer anderen Stelle lautet es:

> "Aber der ewige Wechsel, der wie eine Rettung gesucht und herbeigesehnt worden
> war, ließ in der leeren Brust oft noch tiefere Langeweile zurück, hoffnungslose Ein-
> öde, als wäre das äußere Dasein an kurzer Kette und festen Pflock gebunden gewe-
> sen."[18]

Die Nervosität und das ständige Bedürfnis nach immer neuen Reizen als typi-
sche Erscheinungen in der Epoche des Impressionismus kommen hier unver-
kennbar zum Ausdruck. In Hamann und Hermands zeitdiagnostischer Studie
wird festgestellt, dass die impressionistische Reiselust als eine bezeichnende
Variante der Bohemiengesinnung in der Epoche zur lebensphilosophischen Notwendigkeit erhöht wurde. Fast alle Literaten und Künstler dieser Jahre wechsel-
ten ständig ihren Wohnort oder wohnten im Hotel, um jeden Anschein der
sentimentalen Gebundenheit zu vermeiden, was für das damalige Bürgertum

etwas Ungewöhnliches war. Die zahlreichen Reisen nach Asien am Anfang dieses Jahrhunderts sind auch im Sinne der Flucht vor der Realität zu verstehen. "Für viele wird daher das Reisen, das heißt der impressionistische Wechsel der Eindrücke, zum eigentlichen Lebensprinzip. Fast bei jedem Aufenthalt, jedem Verweilen empfindet man einen Horror vacui und bemüht sich aus diesem Grunde, nie `anzukommen´, um nicht sich selbst ausgeliefert zu sein."[19]

Holitschers Amerikareise von 1911/12 war seine erste große Reise außerhalb Europas. Sie stellte für Holitscher einen Wendepunkt dar, insofern er sich bemühte, sich vom ästhetizistischen Lebensgefühl abzuwenden und seinen Reisetrieb mit der Aufgabe zu verbinden, für die menschliche Gesellschaft zu wirken. Von diesem Moment an nannte sich Holitscher einen aktiven "Kosmopoliten" und wollte sich von einem "Globetrotter" dadurch unterscheiden, dass ein solcher aus Langeweile und Genuss reist, während der Kosmopolit auf der Reise eine Aufgabe wahrnimmt, die der ganzen Gemeinschaft dient. Holitscher zeigt in diesem Amerikabuch eine große Aufgeschlossenheit für soziologische und ökonomische Phänomene. Holitscher galten seine Weltreisen in Jahren seiner Bekenntnis zum Sozialismus als aktives Handeln bei der Suche nach einer zukunftsweisenden Formen gesellschaftlichen Zusammenlebens. "Zwischen der Hoffnung, gelegentlich auch der Zuversicht, Utopie draußen in der Ferne zu erleben, und der Enttäuschung darüber, dass das Ersehnte doch nur Traum bleibt, bewegt sich der Reisende Arthur Holitscher in einer Welt, die - im ersten Drittel dieses Jahrhunderts - geradezu ein Laboratorium war für Versuche, neue Formen des `richtigen´ Lebens zu erproben."[20]

Holitscher glaubte in seinem Erinnerungsbuch, dass er in seinen späteren aktiven Jahren Menschen, Länder, Gesellschaften an fernen Orten nicht mehr nur im Hinblick auf sein eigenes Leben betrachtete und darstellte.[21] Seine Meinung ist jedoch nur bedingt aufrechtzuerhalten. Die innere Ruhelosigkeit und das Bedürfnis, das Milieu zu wechseln, die Bindungslosigkeit und das subjektivistische Ästhetentum hat Holitscher durch das Reisen, das als eine Art Aktivität der Gemeinschaftssuche dienen sollte, nie überwinden können. Auch in den Jahren, in denen sich Holitscher zum politisch engagierten Leben bekannte, machte ihm der Umstand zu schaffen, dass er als Sozialist zu bürgerlich war, um als ein guter Kämpfer für die große proletarische Revolution zu gelten.[22] Seine Reisewerke hinterlassen unvermeidbar den Eindruck, dass sein Reisemotiv genau wie seine Persönlichkeit im höchsten Maß zwiespältig ist. Diese Zwiespältigkeit des Reisemotivs, von der Zerrissenheit seiner Persönlichkeit herrührend, hat Holitschers Fremderfahrung in Bezug auf Wahrnehmungsform, Betrachtungsweise und Urteile entscheidend bestimmt. Die Untersuchung des Reisemotivs ist notwendigerweise die Voraussetzung für die Behandlung seiner Fernostreise.

In der Untersuchung der Reiseberichte des frühen 20. Jahrhunderts hat Wolf-gang Reif drei Exemplare aufgeführt. Während der Reisebericht von Kellermann als Beispiel des impressionistischen Typus und der Reisebericht von Waldemar Bonsels als Beispiel des neuromantischen bzw. expressionistischen Typus gelten kann, ist der Reisebericht von Arthur Holitscher "Das unruhige Asien" für Reif in Hinsicht auf Motiv und Stil schwer eindeutig einer literarischen Tradition zu-zuordnen. "Der Aufbau von Das unruhige Asien ist vielschichtig. Dem Auge des reisenden Beobachters und der Chronologie der Reise folgend, wechseln die Darstellungen von Alltagsbeobachtungen und -begegnungen, die sich zu schlag-lichtartigen Beleuchtungen politischer und sozialer Hintergründe ausweiten und oft in entsprechende Exkurse ausmünden, ab mit lyrischen Passagen, die die Stimmungsreize exotischer Natur, Menschen und Kultur durchaus exotisch aus-kosten. An den Enden von Hauptteilen wechselt die Sprache fast unvermittelt von der Prosa in versähnliche Gebilde, die den jeweiligen Reiseteil bzw. die ganze Reise in hymnischem Tonfall resümieren. Auf politisch-soziale Aufklä-rung bedachte Prosa der Reportage, weihevolle hymnische Überhöhungen und schließlich subjektive Hingabe an die Reize des exotischen Kolorits - wie reimt sich das zusammen?" Und weiter: "Rein stilistisch betrachtet, wurzelt Holitscher im Impressionismus; expressionistische Einflüsse treten allerdings in bestimm-tem Maße hinzu. Auf neusachliche Tendenzen weist seine Ausweitung der Rei-sebeschreibung zur sozialen und politischen Reportage bereits vor dem Welt-krieg voraus. Seine technikfeindliche Grundeinstellung entspricht noch dem Ex-pressionismus, noch nicht der Neuen Sachlichkeit. So lassen sich Einflüsse der wesentlichen Stiltendenzen der zwanziger Jahre nachweisen."[23]

Reif weist darauf hin, dass bei Holitscher die mondäne Haltung des impressio-nistischen Weltbummlers fehle. "Den aus Ungarn stammenden deutschsprachi-gen Juden Holitscher bewegte nicht pure Reiselust, sondern vielmehr die Sehn-sucht nach Zugehörigkeit zu einer Gemeinschaft. Wenn er sie auch nicht einfach erreisen konnte, so hoffte er doch, dabei zu sein, mitzuerleben und mitzuwirken, wo immer in der Welt sich neue Formen eines besseren und glücklicheren Zu-sammenlebens zwischen den Menschen ankündigten."[24] Reif wird mit dieser Feststellung den divergierenden Tendenzen in Holitschers Reisebericht nicht hinreichend gerecht und steht mit seiner eigenen Beobachtung der Vielschich-tigkeit des Werks nicht im Einklang. Holitschers Sehnsucht nach Ferne steht in enger Verbindung mit der Flucht vor der Realität. Die Reisetätigkeit ist in dieser Hinsicht in erster Linie nicht aktives Suchen, sondern passives Ausweichen und Zurückziehen, was schon in den ersten Seiten von "Das unruhige Asien" zum Ausdruckt kommt. Auf dem Schiff nach Ägypten mischt sich Holitscher nicht unter die Passagiere. Seine Schilderungen der anderen Menschen auf der "Helo-uan" entstammen dem Blick eines stillen und distanzierten Beobachters. Seine kritischen und leicht ironischen Bemerkungen über das flirtende Paar, die orthodoxen Juden, die Bilder von Mussolini verraten, dass Holitscher auch in dieser kleinen Gesellschaft auf dem Schiff ein einsamer Außenseiter ist und zu seinen Mitmenschen keinen Kontakt hat. Nach einem Unfall, bei dem Holitscher hinfällt und sich einen Arm bricht, reagiert er mit bitterem Ressentiment auf die Aufmerksamkeit und Anteilnahme seiner Umgebung:

> "Ich denke bei mir: Wochen, Monate, Jahre, ein ganzes Leben lang magst du mit einer zerbrochenen, in Splitter zerschlagenen Seele durch die Menschen gehen - keiner wird dich daraufhin ansprechen, und wenn dein Unglück faustdick aus den Augen starrt -, aber wenn du dir einen Finger verstaucht hast und einen Wattebausch drum gewickelt trägst, werden sie dich ihrer Teilnahme versichern, dir ihr Mitgefühl kundgeben, stehen bleiben, dich anreden, fragen, deine Einsamkeit von dir nehmen..."(S.10)

Seine Rolle als Außenseiter in der Schiffsgesellschaft ändert sich auch nicht im Augenblick dieser menschlichen Zuwendung. Dem Bewusstsein des Außenseiters entsprechend ist die Teilung ins Innere und Äußere in der räumlichen Darstellung zwar unauffällig, aber immer präsent: Er verlässt das Deck draußen, wo sich die Passagiere versammeln und zieht sich zum Schreiben in sein Zimmer zurück. Er begibt sich in die Friseurkabine und lauscht den Menschen draußen auf dem Deck. Er lässt seine Haare waschen: "Champoon von außen, während im Schädel das Ossendowskikapitel schäumt und Blasen wirft." Er sitzt allein mit seinem gebrochenen Arm im Abteil, und draußen auf dem Korridor hört er einen Wiener eine mitleidige Bemerkung über seinen Unfall machen, die ihn in Wut versetzt. Der innere Bereich stellt sein Refugium in der sozialen Realität dar. Die Ablehnung gegen das Bürgertum erklärt nicht nur Holitschers Introvatiertheit und Verschlossenheit seiner Umwelt gegenüber, sondern auch seine Geistesabwesenheit und Verträumtheit im Alltag. Aus Holitschers Autobiographie und dem Reisebericht "Das unruhige Asien" ist zu schließen, dass er oft seine Gedanken in die Ferne schweifen und von der eigenen Umwelt ablenken ließ. Unterwegs erst nach Ägypten und Palästina, beschäftigt er sich schon in Gedanken mit den Ländern des Fernen Ostens. Das Fernweh ergreift ihn fast immer in dem Moment, wenn es ihm schwer fällt, seine Umgebung zu ertragen, z.B. beim Anblick der Bilder Mussolinis und der Faschisten, nach dem Unfall auf dem Schiff und später im Zug. Nach dem Unfall auf dem Schiff und dem Diebstahl in Kairo muss Holitscher die Reise unterbrechen und nach Berlin zurückkehren. Die Fluchttendenz seiner Reise und die Projektion seiner utopischen Hoffnungen auf die Ferne stehen an dieser Stelle eng zueinander:

> "Ach, ich sitze wieder in Berlin! Atmosphäre dieses gottverfluchten entgötterten Okzidents, kaum zu atmen, dick vor Lügen, Dummheit, Niedertracht, Gefühlsträgheit. Stumpfes Sichbescheiden, ohnmächtiges Herumdemonstrieren der Niederen, Schwachen, dafür gewalttätiger Übermut der anderen, zeitlichen Machthaber dieser ephemeren Epoche, die mit Krach und Hallelujah in Trümmer stürzt. Inflation, Deflation -

herrliche Sinnbilder der Zeit, Erzengel zu beiden Flanken des Thrones, auf dem dieser stupide Götze sitzt: Fortschritt des Behagens. (...)
Schütter unterbrochene Flammenkette, hier, dort, jäh aufzüngelnd.
O Ceylon, Benares, Penang, wundervolles fernes China, du heilige Geburtsstätte immer erneuerter Legenden der Weisheit, der Befreiung, aufwachender, neu erstehender Götterorient! - Ferner!" (S.77)

Arthur Holitschers exotistische Reise ist durch mehrere private Bedürfnisse motiviert: die Flucht vor der bürgerlichen Gesellschaft, die Sehnsucht nach einer idealen Gemeinschaft, die politische Utopie, das Bedürfnis nach sinnlich-ästhetischem Genuss in der Fremde. Als Flaneur ist sein Blick auf die Fremde narzisstisch. Seine Wahrnehmung der fremden Welt kreist nur um seine von der Heimat mitgeschleppten Probleme, und die Fremde dient seiner Selbstbespiegelung. Von seinem antibürgerlichen Affekt aus betrachtet er fasziniert die politischen Ereignisse in China und prophezeit den baldigen Sieg des Kommunismus, jedoch ohne die Realität in diesem Land wirklich zu kennen. Als Revolutionstourist ist er nicht in der Lage, einen Zugang zur chinesischen Lebensform zu finden, und das Land bleibt ihm wegen seiner Fremdheit bis zum Ende seines Aufenthalts unverständlich und sogar unheimlich. Holitscher leidet an seiner eigenen bürgerlichen Gesellschaft und wünscht ihr den Untergang, und die Zukunft, die Hoffnung und die Kompensation sucht er in der fernen Fremde.

IV. Egon Erwin Kisch

Egon Erwin Kisch wurde als Meister des Genres "Reportage" in den zwanziger Jahren in Deutschland gefeiert. Als 1925 sein Buch "Der rasende Reporter" erschien, wurde dieser Titel schnell zum Beinamen des Autors. Mit seinen bekannten Reisereportagen hat Kisch auch als journalistischer Globetrotter geglänzt. Bis heute ist fast jede Diskussion über die literarische Reportage als Kunstform untrennbar mit dem Namen Kisch verbunden.

Im Juni 1919 trat Kisch in die KPÖ ein. Nach Berlin übersiedelte er 1921 und erarbeitete sich eine feste Position in der journalistischen Welt. Ende 1925 unternahm Kisch auf Einladung der Parteigenossen eine Reise in die Sowjetunion. 1931 übernahm Kisch eine Professur für Journalistik in Charkow in der Sowjetunion und hielt an der Universität Vorlesungen über das Thema "Reportage und ihr Verhältnis zur Wahrheit und Wirklichkeit". Im gleichen Jahr unternahm er seine zweite Reise in die Sowjetunion. Im Juni flog er mit einer internationalen Schriftstellerbrigade von Moskau nach Zentralasien und besuchte die asiatischen Sowjetrepubliken. Seine Reise führte ihn bis zur afghanischen Grenze. Die Kisch-Biographen Patka und Prokosch weisen darauf hin, dass Kisch auf dieser Reise seine eigene Reportagetheorie praktisch erproben wollte. Für sein geplantes Buch reiste er gezielt in Gebiete, "die wenige Jahre zuvor in technischer und sozialer Hinsicht noch so rückständig waren, dass in jedem Fall ein Fortschritt zu verzeichnen war".[25] Auf der Reise entdeckte er, auf welche Weise sich der dereinst völlig verarmte asiatische Teil von Russland gesellschaftlich verändert hatte. Nach der Reise verfasste er seine Reisereportage "Asien gründlich verändert". Das Buch wurde 1932 von Reiß in Berlin herausgegeben. In diesem Buch berichtete Kisch mit vollem Enthusiasmus über die Errungenschaften des Kommunismus im asiatischen Teil der Sowjetunion. Die Erhöhung der Produktivität in den Kolchosen, die Verbesserung der Lebensbedingungen und die Emanzipation der Frauen präsentierte Kisch im Buch als Beweismaterial für die Veränderbarkeit der Welt.

Kaum war das Manuskript für "Asien gründlich verändert" fertig, zog es Kisch wieder auf eine Entdeckungsreise nach China. In diesem nicht-kommunistischen Land Asiens herrschte der Bürgerkrieg zwischen der Regierungsarmee und den Kommunisten. Die japanischen Truppen besetzten die Mandschurei und errichteten im März 1932 in diesem chinesischen Gebiet einen Marionettenstaat. Darüber hinaus versuchte Japan, Shanghai und das ganze Land zu erobern. Der Völkerbund sah der japanischen Invasion tatenlos zu. Die Interessen des Westens in China wurden von den Kolonialherren vertreten, welche die schwierige Situation in China ausnutzten und sich durch die Waffengeschäfte bereicherten. Diese komplizierte Lage in China reizte Kisch, ins Land zu reisen und eine Reise-reportage über China zu schreiben, obwohl Einreise und Aufenthalt in China für Kommunisten streng verboten waren. Nach der Vorstellung "junge Sowjetmacht und altes China" wurde das Land als Gegensatz zu den asiatischen Sowjetrepubliken betrachtet. Kisch wollte am asiatischen Teil der Sowjetunion die Zukunft Asiens demonstrieren, und die Gegenwart Chinas galt bei Kisch als das, was das Land noch zu überwinden hatte und was in der Sowjetunion schon überwunden war. Was Kischs Reise nach China betrifft, gibt es auch Hinweise darauf, dass Kisch in China nicht nur literarische Zwecke verfolgte. Die Polizei in Shanghai berichtete von seiner politischen Aktivität, und sein Name wurde in der Untersuchung der Spionageaffäre vom Sowjetagenten Richard Sorge erwähnt.[26] Aber solche Aussagen über ihn lassen sich bis heute nicht zweifelsfrei nachweisen. Kischs Reise nach China war auf jeden Fall sehr gefährlich. Im März 1932 fuhr er mit der Transsibirischen Eisenbahn von Moskau nach Dairen. An der chinesischen Grenze konnte er unter einem falschen Namen der Kontrolle entgehen. Von Dairen aus fuhr Kisch mit dem Schiff über Tsingtau nach Shanghai. Anfang Juni 1932 hielt er sich in der Hauptstadt Nanking auf und fuhr weiter nach Peking. Er machte von dort aus einen Abstecher nach Tokio und reiste im Sommer 1932 nach Moskau zurück, wo er bis zum Ende des Jahres blieb. Das Ergebnis seiner Reise in China ist der Reportageband "China geheim", der im Frühjahr 1933 von Reiß in Berlin gedruckt wurde. Das Buch konnte das Publikum in Deutschland jedoch nicht mehr erreichen. Mit seinen früheren Büchern zusammen landete "China geheim" auf dem Scheiterhaufen. 1949 wurde das Buch "China geheim" vom Aufbau-Verlag der DDR neu herausgegeben, und es folgten weitere Neuauflagen seiner Bücher bei demselben Verlag.

Egon Erwin Kisch unternimmt seine Reise nach China nicht aus dem Interesse für das Fremde, sondern aus rein ideologischen Gründen. Er reist nach China, um eine Reportage zu verfassen und darin eine bestimmte Ideologie zu veranschaulichen. Seine Beobachtung von China steht konsequent unter der ideologischen Prämisse des Marxismus, indem er die chinesische Gesellschaft in drei Kategorien einteilt: Die Tradition gilt als Überrest der Vergangenheit, der Kapitalismus als die zu überwindende Gegenwart und der Kommunismus als die kommende Zukunft. Sein symptomatologischer Blick interpretiert die chinesischen Verhältnisse mit dem Klassenantagonismus, ohne dabei dem kulturspezifischen Aspekt Beachtung zu schenken, und dieser Blick wird deshalb der Situation in China nur partiell gerecht. Auf seiner ideologischen Reise kommt der Kommunist Kisch wie der liberale Bürger Paquet zu dem Schluss, dass China auf einer niedrigeren Geschichtsstufe verharrt. Anders als Paquet sieht er die Zukunft dieses Landes nicht in der Modernisierung nach dem Vorbild Europas, sondern in der Revolution nach dem Vorbild der Sowjetunion.

V. Ella Maillart

Ella Maillart gilt heute als die große Schweizer Reisepionierin des 20. Jahrhunderts. Ihre wichtigen Werke wurden von den 30er bis in die 50er Jahre hinein publiziert. Sie wurden ursprünglich in Französisch oder Englisch geschrieben und ins Deutsche und viele andere Sprachen übersetzt. In den 80er Jahren sind ihre Bücher neu entdeckt geworden und genießen heute große Popularität. Ihre Fotografien, Dias und Filme werden heute noch in ganz Europa gezeigt.

Die "verbotene Reise", die Maillart 1935 mit Peter Fleming zusammen unternahm, war die abenteuerlichste Tour in ihrem Leben. Verwüstet durch den Bürgerkrieg, war die Provinz Sinkiang, genannt "Chinesisch-Turkestan", damals für alle Ausländer unzugänglich. Es herrschten Chaos und Willkür der Militärmachthaber in dieser Region Chinas. Die Zentralregierung in Nanking war den lokalen Behörden gegenüber ohnmächtig. Die Ausländer, die sich dort befanden, waren nicht selten der Lebensgefahr ausgeliefert, ohne dass die chinesische Zentralregierung in Nanking oder die Botschaften in Peking ihnen irgendwie helfen konnten. Um diplomatische Krisen zu vermeiden, verweigerte die chinesische Regierung den Ausländern den Eintritt in diese Region. Diejenigen, die ohne Erlaubnis der chinesischen Regierung nach Turkestan reisten, wurden unterwegs verhaftet und zur Küste abgeschoben. In Hinsicht auf diese riskante Situation wollte Ella Maillart als Frau nicht allein reisen und entschied sich mit dem Times-Korrespondenten Peter Fleming gemeinsam diese verbotene Reise zu unternehmen. Sie hatte ihn in London kennen gelernt, und die beiden hatten anschließend in der von Japan besetzten Mandschurei als Berichterstatter zusammengearbeitet und diese Region gemeinsam bereist. Ella Maillart schätzte Peter Fleming als einen sehr erfahrenen Partner für ihre Unternehmung. Nicht zuletzt ist zu erwähnen, dass Peter Fleming Chinesisch sprach.

Im Februar 1935 brachen Ella Maillart und Peter Fleming in Peking ohne Visum für das Inland Chinas auf. Sie fuhren mit dem Zug von Peking nach Sian und von dort weiter mit dem Lastwagen nach Lantschau. Von Lantschau nach Sining ritten die beiden auf den Maultieren. Ab Sining begann die schwierigste Strecke der Route. Sie konnten sich nur auf Pferden, Kamelen, Yaks oder zu Fuß vorwärts bewegen, und mit solchen primitiven Transportmitteln durchquerten sie die folgenden Landschaften: das öde Gebiet des riesigen Salzsees Kuku Nor, Tsaidam-Becken, Tsaidam-Plateau, die berüchtigte Wüste Takla Makan, Pamir-Gebirge. Insgesamt legten sie 7000 Kilometer auf ihrer Route zurück. Auf der Reise mussten sie alle Bequemlichkeiten der Zivilisation entbehren und lebten unter harten Bedingungen. Wie die Nomaden lebten sie hauptsächlich von geringem Gerstenmehl und Jagdbeute und schliefen im Freien auf dem Boden oder im Zelt. Jeden Tag mussten sie nach Wasserquellen suchen. Die beiden waren auf der Reise stets mit Existenzproblemen konfrontiert. Oft wurden sie und ihre einheimischen Führer Monate lang von der übrigen Welt abgeschnitten, und sie konnten sich nur streckenweise großen Handelskarawanen anschließen. Der Bürgerkrieg zwischen der Regierung, den Kommunisten und den lokalen Machthabern machte die politische Lage undurchsichtig und erschwerte die Reise zusätzlich. In jeder Ortschaft hatten Maillart und Fleming die Befürchtung, verhaftet oder abgeschoben zu werden. Die zähen Verhandlungen mit den lokalen Behörden um die Durchreiseerlaubnis und um den Kauf von Lebensmitteln und Lasttieren wiederholten sich immer wieder. Mehrmals drohte das Abenteuer an der "Beamtenpest" zu scheitern. Trotz aller Schwierigkeiten verzagten die beiden jedoch nicht. Besonders Peter Fleming, der es als Mann in Asien sicher leichter hatte als Ella Maillart, zeigte sein diplomatisches Geschick im Umgang mit den Einheimischen. Es gelang ihnen, schließlich alle Hindernisse zu überwinden, und im September 1935 erreichten sie Indien. Von dort kehrten sie getrennt nach Europa zurück, Ella Maillart mit der Flugmaschine nach Paris, Peter Fleming mit der Eisenbahn nach London.

Ella Maillarts Reise nach China steht im Kontext der weit verbreiteten Abenteuerlust der Mittel- und Westeuropäer in den 20er und 30er Jahren. Anders als die

Forscher, Journalisten und Missionare, die mit konkreten Aufträgen nach China reisten und bestimmte Arbeiten zu leisten hatten, wurden zahlreiche Intellektuelle durch das "Unbehagen an der Kultur" in die Ferne getrieben. Die Erfahrung der Moderne, nach Benjamin die Langweile und Erfahrungslosigkeit im Industriezeitalter, die Gewalt und der Schrecken des Ersten Weltkriegs, die Sehnsucht nach einem Leben im Einklang mit der Natur, fern von der Maschinenwelt, all diese Umstände ließen die Intellektuellen an den abendländischen Werten zweifeln. Die Sinnfrage des Lebens und die Suche nach neuen Lebensformen führten bei ihnen oft zu individuellen Lösungen, die letzten Endes in der Flucht aus dem sinnlosen Alltag der Zivilisation zum Ausdruck kamen. Sie projizierten ihre utopischen Wünsche in die Ferne auf fremde Kulturen:

> "China - und nicht nur dieses Land, sondern der gesamte Ferne Osten - glich aus der Ferne betrachtet einem schimmernden Spiegel, in dem die eigenen Sehnsüchte, Hoffnungen und Wünsche verschwammen und leuchtender zurückgeworfen wurden."[27]

Yü-Dembski hat in ihrer Untersuchung der Reiseberichte aus den 20er und 30er Jahren gezeigt, dass unter den Reisenden, die den Traum von der Ursprünglichkeit und die Faszination des Exotischen in China suchten, sich nicht nur Kunsthistoriker, Gelehrte, Schriftsteller befanden, sondern auch schiere Abenteurer. Vor allem die Reiseberichte der Abenteurer erschienen in großer Zahl in den 30er Jahren und genossen die größte Popularität bei den zeitgenössischen Lesern aller Schichten. Für den Leser ist es der Aufbruch aus dem Alltag, aus den kleinen Annehmlichkeiten des zivilisierten Lebens. Die verbotene Reise von Peking nach Indien, von Ella Maillart selbst in ihrem Reisebericht als "Expedition" bezeichnet, wird von Yü-Dembski dem Zitat einer zeitgenössischen Rezension folgend als pures Abenteuer einer "ungewöhnlichen Frau" charakterisiert:

> „Solche Bücher lese ich ohne Zaudern. Ich entfalte ihre Karten und lasse mich von ihren Bildern in die Ferne träumen. Ich stöhne mit, wenn es über Höhe von 5000 m geht und ich erwärme mich mit an den abendlichen Lagerfeuern. Ich bewundere die Freundin der schneeigen Hänge, der steinigen Ebenen, die Brackwasser trinkt und die reine Poesie liebt, die auf dem Dach der Welt ihre Zeichen aufrichtet, die freie Frau: Ella Maillart."[28]

Ella Maillarts abenteuerliche Reise durch China ist sowohl antizivilisatorisch wie auch feministisch motiviert. Durch die Reisetätigkeit entzieht sie sich der westlichen Zivilisation und dem konventionellen Frauenleben in ihrer eigenen Gesellschaft. In der Fremde sucht sie eine naturverbundene Lebensform, eine ursprüngliche Erfahrung von Raum und Zeit sowie ihres eigenen Körpers. Das sind die Erfahrungen, die in der europäischen Zivilisation schon nicht mehr zu gewinnen sind. In ihrem abenteuerlichen Reisen sieht sie den geeigneten Weg zur Selbstbestätigung und -erkenntnis. Die Fremde fungiert in diesem Sinne als

Kulisse für diesen heroischen Vorgang. Ihr Interesse für China beschränkt sich daher nur auf die Bereiche, die von der westlichen Zivilisation noch nicht berührt sind und ihr Bedürfnis nach Natur und Freiheit zu befriedigen schienen. China wird zum ursprünglichen Naturzustand der Menschheit stilisiert. In dieser reduzierten Wahrnehmung betrachtet auch Maillart China als eine frühere Stufe einer allgemeinen Entwicklung, allerdings im positiven Sinne. Andererseits hindert sie dieses positive Urteil über China nicht, mit Überlegenheitsgefühl und Arroganz in der Fremde aufzutreten.

VI. Ernst Cordes

Ich habe bis jetzt nicht herausfinden können, ob und inwieweit Ernst Cordes den Lesern in Deutschland heute noch bekannt ist und wie seine Reiseberichte über China damals im Dritten Reich aufgenommen worden sind. Ich habe auch keine Hinweise darauf gefunden, dass seine Reisebücher in die heutige Forschung der Reiseliteratur schon einbezogen wurden. Nur sein erstes Buch "Das jüngste Kaiserreich. Schlafendes, wachendes Mandschukou" wurde von Leutner und Yü-Dembski sowie von Zhang Zhenhuan in der Forschung erwähnt. Auch von Cordes´ Leben ist nicht viel zu erfahren. Die ausführlichste Angabe über ihn ist heute in "Kürschners Deutschem Literatur-Kalender " (1973) zu finden.

Um darüber hinaus etwas über Cordes´ Leben zu erfahren, habe ich in München, wo er nach Angabe von Kürschners Deutschem Literatur-Kalender" bis 1973 gewohnt hat, nach Cordes geforscht. Die wichtigste Information über ihn verdanke ich Herrn Herbert von Borch, dem bekannten deutschen Journalisten und Publizisten, dessen Vater bis 1933 der Deutsche Gesandte in Peking war. Von Borch war ein langjähriger Freund von Cordes. Spuren von Cordes´ Schicksal findet man auch in seinen eigenen Reisebüchern sowie im Erinnerungsbuch "Flaneur im alten Peking", dessen Autor Ce Shaozhen, ein verarmter mongolischer Prinz in Peking, ein alter Freund von Cordes aus seiner Zeit in China war. Zur Information trägt auch Klaus Mehnerts Autobiographie "Ein Deutscher in der Welt" bei. Aufgrund dieser Quellen rekonstruiere ich den Lebenslauf von Cordes, wobei es selbstverständlich ist, dass meine Rekonstruktion wegen der lückenhaften Information nur eine Skizze darstellt.

Cordes wurde am 16. Oktober 1908 in China geboren. Sein Geburtsort ist nach Angabe von H. von Borch Peking, wo Cordes protestantisch getauft wurde und die Deutsche Schule besuchte. Cordes´ Mutter war indisch-chinesischer Abstammung und wurde nach chinesischer Tradition erzogen. Cordes´ Vater war Sinologe und Dolmetscher bei der deutschen Gesandtschaft in Peking Anfang dieses Jahrhunderts. Als der deutsche Gesandte Baron von Ketteler während des

Boxeraufstandes in Peking auf der Straße von einem chinesischen Offizier erschossen wurde, war Cordes' Vater bei ihm und wurde selbst schwer verletzt. Er überlebte den Anschlag durch Flucht. Nach der Ermordung des deutschen Gesandten war Cordes' Vater, nach Cordes' eigener Erzählung, für eine kurze Zeit Zivilpräfekt in Peking und nahm direkt an der Unterdrückung des Boxeraufstandes teil. Er bemühte sich jedoch, die Plünderung der Stadt durch die europäischen Soldaten zu verhindern, und dadurch gewann er bei den Chinesen viele Sympathien.[29]

Cordes' Familie gewann in China viele Freunde, die meistens als Intellektuelle, ehemalige Hofbeamte und wohlhabende Kaufleute zur Oberschicht Chinas gehörten. Erwähnenswert ist die Bekanntschaft seiner Familie mit Ku Hung-Ming, einem berühmten chinesischen Literaten, der als ein wichtiger Denker Chinas im 20. Jahrhundert gilt. Ku verbrachte viele Jahre für seine Bildung in Europa. Er war - sehr konservativ bzw. konfuzianisch gesinnt - ein scharfsinniger Kulturkritiker. Er zeigte seine Verachtung für die westliche Kultur ostentativ und sah in der Modernisierung Chinas nach dem westlichen Muster keine Lösung für die Probleme Chinas. Seine auf Englisch verfasste Schrift "Chinas Verteidigung gegen europäische Ideen" wurde Anfang dieses Jahrhunderts von Richard Wilhelm ins Deutsche übersetzt und von Alfons Paquet herausgegeben. Das Buch, hauptsächlich gegen die Engländer und deren Kultur gerichtet, wurde mit großer Begeisterung von den Zivilisationskritikern in Deutschland aufgenommen. Kus Ansichten beeinflußten Cordes' Verständnis von China nicht wenig, Cordes betrachtete ihn als einen "der aufgeklärtesten, aufgeschlossensten und, bei aller Einseitigkeit, auch objektivsten und zugleich geistreichsten chinesischen Historiker und Literaten".[30]

Als Kind besuchte Cordes die Deutsche Schule in Peking. Er wurde jedoch hauptsächlich in Deutschland in den 20er Jahren erzogen. Nach Angabe von H. von Borch wurde Cordes in den 30er Jahren von dem nationalsozialistischen Regime ohne Angabe von Gründen verhaftet. Er blieb neun Monate lang in einem Konzentrationslager bei Berlin, bis es ihm gelang, mit Hilfe der ihm Wohlgesonnenen in der Ostabteilung des Auswärtigen Amts nach China auszureisen, wo er bis in die Nachkriegszeit hinein als Auslandskorrespondent und Vertreter des Scherl-Verlags tätig war.[31] Cordes, der das Chinesische sehr gut beherrschte und außerhalb des Ausländergettos in Peking wohnte, bewegte sich zwischen der chinesischen und der westlichen Gesellschaft in China. Aus dem Erinnerungsbuch seines chinesischen Freundes ist zu schließen, dass Cordes von seinen chinesischen Freunden fast nicht mehr als Fremder wahrgenommen wurde.[32] Das alles verschaffte Cordes Erfahrungen von einer Qualität, die seine europäischen Zeitgenossen in China schwer erlangen konnten. Cordes veröffentlichte drei Reiseberichte über China von 1936 bis 1939.

Cordes befand sich in Peking, als der Krieg zwischen China und Japan im Mai 1945 zu Ende ging. Im Juli 1946 wurde er von der amerikanischen Besatzungsarmee in Peking gegen seinen Willen nach Deutschland repatriiert und wurde 24 Tage lang auf der Festung Hohenasperg interniert, wo zunächst alle aus China zurückgeführten Deutschen gefangen gehalten wurden. Es ist für mich sehr bemerkenswert, dass Cordes als ein Deutscher in der Wirrnis der Nachkriegszeit sein "eigenes kleines Privatschicksal" mit dem Schicksal seines Gastlandes China untrennbar verknüpft empfand.

> "Es war noch nicht sicher, ob ich nach Europa repatriiert werden würde. Ich wollte eigentlich noch eine Weile in China bleiben, um die Ereignisse aus der Nähe weiter verfolgen zu können." (China. Revolution innerhalb einer Revolution: S. 149)

China lag ihm offenbar näher als das Schicksal Deutschlands.

Nach dem Krieg setzte Cordes in Deutschland seine Journalistentätigkeit fort. Als die Kommunisten China erobert und die Volksrepublik gegründet hatten, publizierte er 1951 beim Safari-Verlag in Berlin sein letztes Chinabuch "China. Revolution innerhalb einer Revolution". Dieser Essayband ist der kommunistischen Wende in China gewidmet:

> "Denn ich kenne China und die Chinesen fast so wie ich mich selber kenne, und ich habe, glaube ich wenigstens, ein gewisses Recht, um, bei aller Betörung, eine eigene Beurteilung der Situation und der im Fluss befindlichen Ereignisse `drüben´ zu haben."(China. Revolution innerhalb einer Revolution: S. 11)

In München verbrachte Cordes seine letzten Jahre in bescheidenen Verhältnissen. Er war inzwischen verheiratet mit Freiin von Doblhoff aus Ungarn. Nach der Aussage von H. von Borch war Cordes niemals Beamter, wie es in Kürschners Deutschem Literatur-Kalender steht. Am 17. November 1983 starb Cordes in München und wurde dort begraben.

Cordes hat in den Jahren seines Chinaaufenthalts nicht nur in den Großstädten gelebt, sondern bereiste auch abgelegene Dörfer, wo vor ihm noch kein Ausländer gewesen war. Und jedes Verkehrsmittel war ihm recht: Das Flugzeug, das Schiff oder den Zug benutzte er ebenso selbstverständlich wie das von Treidlern gezogene Boot oder den primitiven Ochsenkarren, manchmal war er auf dem Pferd unterwegs, manchmal wurde er in der Sänfte vorwärts getragen, und wo es gar kein Verkehrsmittel gab, wanderte er zu Fuß. Das Motiv seiner unermüdlichen Unternehmungen wird von Cordes in seinen Reiseberichten nicht explizit thematisiert. Als Anhaltspunkt dienen zwei diesbezügliche Äußerungen aus der Erzählung seiner Erlebnisse:

"Wie gesagt, ich habe ja Zeit. Ich spaziere in China umher, um es kennen zu lernen."
(Kaiserreich: S.197)
"Ich halte mich seit Tagen im Überschwemmungsgebiet, in der Ebene zwischen dem
Yangtse-kiang und dem Huang-ho auf: im kleinen Dorfe Liu-dchia. Ich habe mich hier
wohnlich eingerichtet und gedenke, einige Wochen zu bleiben. Dass ich den ganzen
Tag umherstrolche (mir gefällt dieser Ausdruck, weil er das Richtige trifft), sogar ohne
die Absicht, die Chinesen zu Christen oder zu sonst etwas anderem bekehren zu wollen, auch ohne irgendeinen kaufmännischen oder politischen Ehrgeiz, oft über weite
Strecken zum Teil zu Fuß und zum Teil auf humpelnden, unbequemen Karren, denen
ich unterwegs zufällig begegne... dass ich mich in den umliegenden Dörfern mit ein-
geborenen Männlein und Weiblein, Jünglingen, Greisen, Jungfrauen und Müttern un-
terhalte, und zwar in ihrer Sprache, die ich, gottlob, seit ich den Yangtse-Strom süd-
lich gelassen habe, voll und ganz verstehe... dass ich mit den Bauern, mit dem zahnlo-
sen Dorfältesten, mit vorübereilenden Getreide- und sonstigen Händlern und vielen
anderen mehr sehr gemütliche Feierabende bei Tee, Gesang, Reiswein und manchmal
auch bei Weib verbringe... dies tue ich alles - wenn man so will - nur aus Privatver-
gnügen. (...) Ich ärgere mich auch manchmal über Kleinigkeiten. Aber wo tut man das
nicht? Ich weiß, ich bin in der Gegend weder der Klügste, noch der Geschickteste,
noch der Fleißigste. (...)
Ich bin auch nicht der Unbeliebteste, aber der Auffälligste bin ich. Die Leute wissen
nicht, woher ich eigentlich komme, warum ich hier bin, wie viel Geld ich habe. Sie
wissen, dass ich nicht zu ihnen gehöre, weil ich früher nicht da war, dass ich aus der
Ferne hergereist kam... Anfänglich nannten sie mich `Fremder Teufel´. Heute wissen
sie, wie ich heiße, ja noch mehr, sie haben mir bereits einige Spitznamen angehängt,
und dass ich kein Teufel bin, sondern auch nur ein Mensch mit gewissen Tugenden
und vielen Fehlern, wie sie alle hier, haben sie inzwischen auch herausbekommen.
Kurz, ich habe mich hier schnell eingelebt. Ich habe Verständnis für die Leute und sie
sind auch alle zu mir sehr freundlich und nett. Ich müsste lügen, wenn ich sagte, dass
ich mich hier nicht wohl fühle. Ich führe ein zeitloses Leben und lebe in den Tag hinein." (Japan - China: S.76f)

Diese Äußerungen deuten klar genug darauf hin, dass Cordes nach nichts anderem als einer Integration in die fremde Welt trachtet, indem er sich bemüht, die
Rolle eines Außenseiters abzulegen und ins alltägliche Leben der Chinesen ein-
zutauchen.

Aus welchem Grund auch immer Cordes seine Heimat Deutschland verlassen
hat, der Aufenthalt in China muss für ihn in gewissem Sinn eine Art Exil bedeutet haben. Im Lauf der Zeit wurde die Fremde zur zweiten Heimat, und in seinen
Reiseberichten zeigt sich eine zunehmende Tendenz der Integration in die chinesische Gesellschaft. In der Einleitung zu seinem dritten Reisebericht heißt es:

"Ich habe mich mit Menschen jeglichen Geschlechts und Alters, angefangen von Kindern, (...) bis zu den Mummelgreisen, (...) unterhalten, - mit Menschen jeglichen Stan-
des, jeder Einstellung und Auffassung, mit Kaufleuten, Banditen, Opiumsüchtigen, mit
Diplomaten, mit derben Bäuerinnen, mit kapriziösen Dämchen, handfesten Kulis,
mächtigen Bankmagnaten, mit Studenten, charakterfesten Patrioten, mit haltlosen

Snobs, mit Mandarinen, die noch das chinesische Kaiserreich in vollem Glanz erlebt haben. (...) Und unzählbar viel mehr habe ich erlebt und von mir geschüttelt. Aber nicht vergessen! (...)
Kreuz und quer fuhr ich durch das große, moderne, geschichtliche und legendäre China, von Norden weiter nach dem Norden und wieder hinunter nach dem Süden, nach dem tropischen Süden, über Hongkong und Kanton hinaus. Riesenhaft ist das Land und unerschöpflich mannigfaltig." (Japan - China: Zur Einführung)

An dieser Äußerung ist zu erkennen, dass China nicht bloß ein Provisorium gewesen ist. Er erlebt das Land bewusst als seine eigene Lebenswelt. Er will die Distanz überwinden und seine soziale Beziehung zur chinesischen Gesellschaft intensivieren, wobei er die Lebenswelt im engeren Sinn mit der Alltagswelt gleichsetzt. Daher sind seine Reisen in China deutlich vom Interesse am Alltag und an den Menschen geprägt. In diesem Sinne formuliert er die Zielsetzung seiner Reiseberichte, nämlich "einfache Eindrücke und Erlebnisse menschlicher, täglicher Art" in China für die Leser in Deutschland zu vermitteln.

"Wir wissen viel zu viel über die chinesischen Religionen, Theorien über chinesische Ethik, Moral, Staatsphilosophie, über die politischen Spannungen, Probleme, lauter Probleme, die einen verwirren, - kurz: über die großen ernsten Fragen von Weltbedeutung. Aber wovon wir nie etwas Richtiges und Anschauliches erfahren, was uns mehr gibt als die übliche Reisebeschreibung eines durchreisenden Mitteleuropäers, ist der wirklichkeitsnahe, lebendige `Atem´ des neuen Fernen Ostens." (Kaiserreich: Einleitung)

Aus Cordes´ Aufenthalt in China sind fünf Bücher entstanden. Das erste Buch "Das jüngste Kaiserreich" erschien 1936. In diesem Reisebericht werden Cordes´ Erlebnisse und Eindrücke auf der Reise durch die chinesische Mandschurei erzählt, wo 1934 mit Hilfe des japanischen Militärs ein von China unabhängiges Kaiserreich Mandschukuo gegründet wurde. Die Reiseroute beginnt an der russisch-chinesischen Grenze und endet auf der Großen Mauer bei Peking. Als Journalist beschäftigt sich Cordes nicht nur mit der aktuellen Politik in der Mandschurei. Die erzählten Erlebnisse und Eindrücke gehören zum großen Teil in die Bereiche der Alltäglichkeit. Cordes geht es primär darum, den Lesern die lebendige Atmosphäre des Fernen Ostens vermitteln.

1937 erschien das zweite Buch "Peking - Der leere Thron". Dieser Reisebericht kann als Fortsetzung des ersten Reiseberichts gelten und ist ausschließlich der Stadt Peking gewidmet, die für Cordes das Denkmal für die chinesische Kultur schlechthin darstellt. Es ist eine verklärende Hommage auf Peking.

Der dritte Reisebericht "Kleines Volk - Großes Volk. Japan - China" erschien 1939, nach dem Ausbruch des Krieges zwischen China und Japan. Wie der Untertitel des Buchs "Eine Gegenüberstellung japanischer und chinesischer Wesensart in Erlebnisberichten" andeutet, versucht Cordes, die unterschiedlichen Mentalitäten dieser beiden Völker Ostasiens anschaulich zu machen, und zwar durch die Erzählung seiner persönlichen Erfahrung, um die politischen Konflikte in Asien auch unter völkerpsychologischem Aspekt zu beleuchten.

Das vierte Buch "Die Lotoslaterne" wurde 1948 unter der Lizenz der Nachrichtenkontrolle der alliierten Militärregierung herausgegeben. Das Buch ist kein neues Werk von Cordes, sondern ist aus Auszügen seiner drei vorherigen Reiseberichte zusammengestellt.

Das 1951 erschienene Buch "China. Revolution innerhalb einer Revolution" schließlich enthält Essays, in denen Cordes den Kommunismus in China und die Persönlichkeit Mao Tse-Tungs erörtert und in den Rahmen seiner eigenen Lebenserinnerungen in Peking stellt. Den Erfolg der Kommunisten in China führt er auf den vermeintlich typischen "chinesischen Gefühlsstrom" und den Nationalismus zurück. Auf den ersten Blick scheint die sympathisierende Perspektive, von der aus Cordes das kommunistische China und die Person Mao Tse-Tung betrachtet, sehr subjektiv und emotionsbeladen zu sein. Daher ist es kein Wunder, dass seine Stimme in der Zeit des Kalten Krieges wenig Resonanz finden konnte. Im Rückblick scheint uns heute die Frage nicht unberechtigt, ob manche seiner Beobachtungen doch Wesentliches getroffen haben.

Ernst Cordes betrachtet das Land China als seine eigene Lebenswelt und seine zweite Heimat. In China bemüht er sich, die Distanz eines Außenseiters zu dieser Gesellschaft zu überwinden, die Menschen aus unterschiedlichen Milieus und deren Alltagsleben kennen zu lernen, indem er das Land unermüdlich bereist. Im Reisen intensiviert er seine Beziehung zur chinesischen Gesellschaft, im Reisen erfährt er gleichsam eine sekundäre Sozialisation. Er nähert sich China und den Chinesen durch persönliches Erleben und empathisches Verstehen an. Als Reisender ist er kein distanzierter Beobachter, sondern agiert selbst in der Lebenspraxis in der Fremde. Durch Interaktion mit anderen Menschen erzielt er in der Fremde die Verständigung, er ist durch ein starkes Einfühlungsvermögen ausgezeichnet. Generell sieht Cordes in der chinesischen Kultur keine fundamentale Fremdheit, für ihn stellt sie eine mögliche Daseinsform dar wie seine eigene Kultur. Dieses Bewusstsein des Kulturrelativismus ermöglicht ihm, seine Perspektive zwischen der eigenen und fremden Kultur zu wechseln und seinen Horizont zu erweitern, auch wenn dieser Relativismus in der Praxis nicht immer konsequent praktiziert werden kann. Cordes hofft auf eine Vermittlung der Kulturen und eine Völkerverständigung.

Fazit

Kritisch hat Dietrich Krusche das Vereinnahmungsbedürfnis der Europäer und Amerikaner bei der Begegnung mit Japan konstatiert.[33] Sein Urteil gilt in gleicher Weise für die Fremderfahrungen der deutschen Chinareisenden im frühen 20. Jahrhundert. Allen Formen der Begegnung mit China, die in dieser Arbeit beschrieben worden sind, ist mit einer Ausnahme mehr oder minder ausgeprägt dieses gemeinsam: In den Fremderfahrungen dieser Reisenden dominiert ein Vereinnahmungsbedürfnis, das im Drang zum Ausdruck kommt, nach China aufzubrechen, um sich dort in der Ferne vornehmlich mit sich selbst und mit der eigenen Kultur zu beschäftigen. Das kulturelle Fremde wird in Hinsicht auf das Eigene erfahren. Die Auseinandersetzung mit diesem Land geschieht daher nicht in dialogischer Partnerschaft. Es wird nicht nach dem kulturellen Selbstverständnis der Chinesen gefragt. Als Ausnahme kann allenfalls Ernst Cordes gelten. Er bemüht sich, im Vorgang der Interaktion mit den Menschen, und zwar auf der Ebene der elementaren Menschlichkeit, seine Erfahrungen von dem Fremden zu erwerben. Von diesem Standpunkt aus ist er in der Lage, in China auf die Werte und Normen seiner eigenen Kultur gewissermaßen zu verzichten und eine Horizonterweiterung zu erreichen.

Das Resultat der Untersuchung bestätigt nochmals die theoretischen Ansätze in der Forschung der Fremderfahrung: Das Fremde stellt einen Relationsbegriff dar, und das Verstehen einer fremden Kultur fundiert immer auf dem kulturellen Selbstverständnis. Wie jede soziale Handlung steht die Fremderfahrung in einem bestimmten sozialen und historischen Kontext, d.h. in einem unüberschreitbaren Rahmen. Andererseits führt diese Rahmenbedingung jedoch nicht zwangsläufig zur Negierung der Subjektivität und der Möglichkeit der Selbstbestimmung. Christiane Günther hat zur Forschung der Reiseliteratur um die Jahrhundertwende generell festgestellt: Fremde erscheint fast nie als faktisch-objektive Fremde, sie ist letzten Endes die vom Individuum erlebte fremde Welt, sie wird in der subjektiven Brechung des individuellen Bewusstseins vermittelt.[34] Das heißt: Reiseberichte sind Produkte der subjektiven Interpretation der erfahrenen Fremdheit durch die Reisenden.

Anmerkungen

[1] Zitiert nach Mechthild Leutner/ Dagmar Yü-Dembski: S.48.
[2] Zitiert nach Zhenhuan Zhang: S. 2.

[3] Alfons Paquet 1881-1944. Begleitheft zur Ausstellung der Stadt- und Universitätsbibliothek Frankfurt am Main. Herausgegeben von der Stadt- und Universitätsbibliothek Frankfurt am Main. September 1981. Vorwort. S.5.

[4] Siehe Hanns Martin Elster (Hg.): Alfons Paquet. Leben und Werk. In: Alfons Paquet: Gesammelte Werke. Band I. S.27.

[5] Siehe Alfons Paquet: Die Welt des Reisens. Gesammelte Werke. Band III. S. 15, S.18 und S.20.

[6] Alfons Paquet: Die Welt des Reisens. In: Gesammelte Werke. Band III., S.12. Vergleich aber Albert Meier: Von der enzyklopädischen Studienreise zur ästhetischen Bildungsreise. Italienreisen im 18. Jahrhundert. In Peter J. Brenner (Hg.) 1989: S.284-299. Nach der Ansicht von Meier ist die Italienreise von J. W. Goethe eine subjektivistische und ästhetische Bildungsreise, die eine selektive Wahrnehmung pflegte und nicht auf das Gewinnen des umfassenden Wissens ausgerichtet war. Was Paquet hier über Goethes Italienreise sagt, entspricht nach Meier eher der Italienreise von Goethes Vater.

[7] Peter J. Brenner (Hg.) 1989: S. 286. Vergleiche auch Bärbel Panzer: 1.2 Historische Typen von Reisebeschreibungen im 18. Jahrhundert. S. 33-51.

[8] Herbert Heckmann: Alfons Paquet - ein Frankfurter Weltbürger. In: Alfons Paquet 1881-1944. Begleitheft zur Ausstellung der Stadt- und Universitätsbibliothek Frankfurt am Main. S.15.

[9] Alfons Paquet: Die Welt des Reisens. In: Gesammelte Werke. Band III. S.13.

[10] Alfons Paquet: Die Welt des Reisens. In: Gesammelte Werke. Band III. S.16.

[11] Siehe Christina C. Günther: S.319.

[12] Karl Korn: S.126.

[13] Siehe Torsten Klug: S. 42/ Karl Albert: S. 151.

[14] Siehe Fritz K. Ringer: S.302ff. / Barbara Garthe: 119f.

[15] Siehe Barbara Garthe: II. 3. b) Philosophie als Kunst.

[16] Arthur Holitscher: Reisen. S.11f.

[17] Arthur Holitscher: Lebensgeschichte eines Rebellen. S.113.

[18] Arthur Holitscher: Lebensgeschichte eines Rebellen. S.226/ 243.

[19] Richard Hamann/ Jost Hermand: Impressionismus. Band 3. S.28. Siehe auch S. 34/ 57.

[20] Arthur Holitscher: Mein Leben in dieser Zeit. S.92. Siehe auch Marianne Bruchmann: S.95f.

[21] Siehe Arthur Holitscher: Lebensgeschichte eines Rebellen. S.228.

[22] Siehe Marianne Bruchmann: S.162f.

[23] Wolfgang Reif: Exotismus im Reisebericht des frühen 20. Jahrhunderts. In: Peter J. Brenner (Hg.) 1989: S.452/ 456f.

[24] Wolfgang Reif: Exotismus im Reisebericht des frühen 20. Jahrhunderts. In: Peter J. Brenner (Hg.) 1989: S.452.

[25] Marcus G. Patka: S. 123. Siehe auch Erdmute Prokosch: S. 178.

[26] Siehe Marcus G. Patka: S.125f.

[27] Mechthild Leutner/ Dagmar Yü-Dembski: S.55.

[28] Mechthild Leutner/ Dagmar Yü-Dembski: S.57.

[29] Siehe Ernst Cordes: Peking - Der leere Thron. S. 170fff.

[30] Ernst Cordes: China. Revolution innerhalb einer Revolution. S. 26fff.

[31] Siehe Ce Shaozhen: S. 128.

[32] Siehe Ce Shaozhen: S.84/ 128.

[33] Dietrich Krusche: Japan - Konkrete Fremde. S.10/ 98f.

[34] Siehe Christiane C. Günther: S.276/284.

Bibliografie

1. Primärliteratur

ALFONS PAQUET:
Li oder Im neuen Osten. Frankfurt am Main: Rütten & Loening, 1912.
Gesammelte Werke. Dritter Band: Reisen. Herausgegeben von Hanns Martin Elster. Stuttgart: Deutsche Verlags-Anstalt, 1970.

HERMANN KEYSERLING:
Das Reisetagebuch eines Philosophen. Erster und Zweiter Band. Fünfte Auflage. Darmstadt: Otto Reichl Verlag, 1921.
Reise durch die Zeit. Innsbruck: Verlag der Palme, 1948.

ARTHUR HOLITSCHER:
Das unruhige Asien. Reise durch Indien - China - Japan. Berlin: S. Fischer Verlag, 1926.
Reisen. Potsdam: Gustav Kiepenheuer Verlag, 1928.
Lebensgeschichte eines Rebellen. Meine Erinnerungen. Berlin: S. Fischer Verlag, 1924.
Mein Leben in dieser Zeit. Der "Lebensgeschichte eines Rebellen" zweite Band (1907-1925). Potsdam: Gustav Kiepenheuer Verlag, 1928.

EGON ERWIN KISCH:
China geheim. Berlin: Erich Reiss Verlag, 1933.
China geheim. Berlin: Aufbau Verlag, 1949.
Egon Erwin Kisch. Gesammelte Werke in Einzelausgaben. Herausgegeben von Bodo Uhse und Gisela Kisch. Band I, 1976. Band III, 1977. Berlin und Weimar: Aufbau-Verlag.
Egon Erwin Kisch: China geheim. Fotografien von Wilhelm Thiemann. Konzept und Bildredaktion: Gerd Simon und Claudia Magiera. Berlin: Elefanten Press Verlag GmbH, 1996.

ELLA K. MAILLART:
Verbotene Reise. Von Peking nach Kaschmir. Titel der französischen Originalausgabe: OASIS INTERDITES. De Péking au Cachemire. Deutsch von Hans Reisiger. Berlin: Rowohlt, 1950.
Vagabundin des Meeres. Die Segel-Abenteuer einer Frau. Aus dem Englischen von Marion Balkenhol. Stuttgart/ Wien: Edition Erdmann in K. Thienemanns Verlag, 1991.
Kleine Reiseweisheiten. In: Michael, Maurice (Hg.) : Ohne Fahrplan. Original-Beiträge über eine Philosophie des Reisens. Ins Deutsche übersetzt von Kurt Lütgen. Minden (Westfalen): Köhler, 1955.

ERNST CORDES:
Das jüngste Kaiserreich. Schlafendes, wachendes Mandschukou. Frankfurt am Main: Societäts-Verlag, 1936.
Peking - Der leere Thron. Ein Erlebnisbericht aus Nordchina. Berlin: Rowohlt, 1937.
Kleines Volk - Großes Volk. Japan - China. Eine Gegenüberstellung japanischer und chinesischer Wesensart in Erlebnisberichten. Berlin: Safari-Verlag, 1939.
Die Lotoslaterne. Erlebnisse in China. Stuttgart/ Hamburg: Rowohlt, 1948.
China. Revolution innerhalb einer Revolution. Berlin: Safari-Verlag, 1951.

45

2. Sekundärliteratur

2.1. Über die Reiseschriftsteller:

Alfons Paquet:
Alfons Paquet 1881-1944. Begleitheft zur Ausstellung der Stadt- und Universitätsbibliothek Frankfurt am Main, 1981.
Korn, Karl 1988: Rheinische Profile. Stefan George, Alfons Paquet, Elisabeth Langgässer. Pfullingen: Verlag Günther Neske.

Hermann Keyserling:
Hermann Keyserling. Ein Gedächtnisbuch. Herausgegeben vom Keyserling-Archiv Innsbruck-Mühlau. Innsbruck: M. F. Rohrer Verlag, 1948.
Dyserinck, Hugo 1970: Graf Hermann Keyserling und Frankreich. Ein Kapitel deutsch-französischer Geistesbeziehungen im 20. Jahrhundert. Bonn: H. Bouvier u. Co. Verlag.
Ganeshan, Vridhagiri 1975: Das Indienbild deutscher Dichter um 1900. Dauthendey, Bonsels, Mauthner, Gjellerup, Hermann Keyserling und Stefan Zweig. Bonn: Bouvier Verlag Herbert Grundmann.
Garthe, Barbara 1977: Über Leben und Werk des Grafen Hermann Keyserling. Inaugural-Dissertation im Fachbereich Philosophie, Geschichte und Sozialwissenschaft der Friedrich-Alexander-Universität Erlangen-Nürnberg.

Arthur Holitscher:
Bruchmann, Marianne 1972: Arthur Holitscher - Ein Dichter zwischen Literatur und Politik. Inauguraldissertation zur Erlangung des Doktorgrades an der philosophischen Fakultät der Karl-Franzens-Universität Graz.
Hermand, Jost 1996: Judentum und deutsche Kultur. Beispiele einer schmerzhaften Symbiose. Köln/ Weimar/ Wien: Böhlau Verlag.
Mattenklott, Gert 1992: Über Juden in Deutschland. Frankfurt am Main: Jüdischer Verlag im Suhrkamp Verlag.
Seifert, Heribert: Objektiv und gläubig. Einige Hinweise zu Leben und Werk Arthur Holitschers. In: Hermand, Jost/ Mattenklott, Gert (Hg.) 1988: Jüdische Intelligenz in Deutschland. Hamburg: Argument-Verlag.

Egon Erwin Kisch:
Egon Erwin Kisch. Text + Kritik. Heft 67, Juli 1980.
Geissler, Rudolf 1982: Die Entwicklung der Reportage Egon Erwin Kischs in der Weimarer Republik. Köln: Pahl-Rugenstein Verlag.
Patka, Marcus G. 1997: Egon Erwin Kisch. Stationen im Leben eines streitbaren Autors. Wien/ Köln/ Weimar: Böhlau Verlag.
Prokosch, Erdmute 1985: Egon Erwin Kisch. Reporter einer rasenden Zeit. Bonn: Keil Verlag.
Schanne, Karin 1983: Anschläge. Der rasende Reporter Egon Erwin Kisch. Stuttgart: Klett.
Schlenstedt, Dieter 1968: Egon Erwin Kisch. Leben und Werk. Berlin: Volkseigener Verlag Volk und Wissen./ 1959: Die Reportage bei Egon Erwin Kisch. Berlin: Rütten & Loening.
Siegel, Christian Ernst 1973: Egon Erwin Kisch. Reportage und politischer Journalismus. Bremen: Schünemann Universitätsverlag.
Utitz, Emil 1956: Egon Erwin Kisch. Der klassischer Journalist. Berlin: Aufbau-Verlag.

Weiskopf, F. C. 1956: Kisch-Kalender. Berlin: Aufbau-Verlag.

Ella K. Maillart:
Ella Maillart - Eine Kurzbiographie. Anhang in "Vagabundin des Meeres" (1991)
Stettler, Luzia: "Die Weite des Horizontes muß in uns sein". Ella Maillart. In: Härtel, Susanne / Köster, Magdalena (Hg.) 1997: Die Reisen der Frauen. Lebensgeschichten von Frauen aus drei Jahrhunderten. 3. Auflage. Weinheim und Basel: Beltz Verlag.

Ernst Cordes:
Ce, Shaozhen 1990: Flaneur im alten Peking. Ein Leben zwischen Kaiserreich und Revolution. Herausgegeben von Margit Miosga. München: dtv.
Mabire, Jean 1978: Blutiger Sommer in Peking. Der Boxeraufstand in Augenzeugenberichten. Übertragen aus dem Französischen von G. Steinböck und A. Baumgartner. Wien/ Berlin: Paul Neff Verlag.
Mehnert, Klaus 1983: Ein Deutscher in der Welt. Erinnerungen 1906-1981. Frankfurt am Main: Fischer Verlag.

2.2. Allgemeine Literatur:

Albert, Karl 1995: Lebensphilosophie. Von den Anfängen bei Nietzsche bis zu ihrer Kritik bei Lukács. Freiburg/ München: Verlag Karl Alber.
Brenner, Peter J. 1990: Der Reisebericht in der deutschen Literatur. Ein Forschungsüberblick als Vorstudie zu einer Gattungsgeschichte. Tübingen: Niemeyer./ (Hg.) 1989: Der Reisebericht. Die Entdeckung einer Gattung in der deutschen Literatur. Frankfurt am Main: Suhrkamp./ 1991: Reisen in die Neue Welt. Die Erfahrung Nordamerikas in deutschen Reise- und Auswandererberichten des 19. Jahrhunderts. Tübingen: Max Niemeyer Verlag.
Günther, Christiane C. 1988: Aufbruch nach Asien: kulturelle Fremde in der deutschen Literatur um 1900. München: iudicium Verlag.
Hamann, Richard/ Hermand, Jost: Deutsche Kunst und Kultur von 1870 bis zur Gegenwart. Band 1: Gründerzeit, 1971. Band 2: Naturalismus, 1972. Band 3: Impressionismus, 2. Auflage 1974. Band 4: Stilkunst um 1900, 2. Auflage 1975. Band 5: Expressionismus, 1976. München: Nymphenburger Verlagshandlung.
Klug, Torsten 1997: Grundlagen und Probleme moderner Lebensphilosophie. Aachen: Shaker Verlag.
Krusche, Dietrich 1973: Konkrete Fremde. Japan- Eine Kritik der Modalitäten europäischer Erfahrung von Fremde. München: Meta Verlag./ 1985: Literatur und Fremde. Zur Hermeneutik kulturräumlicher Distanz. München: iudicium Verlag./ 1989: Reisen. Verabredung mit der Fremde. Weinheim: Quadriga.
Krusche, Dietrich/ Wierlacher, Alois 1990: Hermeneutik der Fremde. München: Iudicium.
Leutner, Mechthild/ Yü-Dembski 1990: Exotik und Wirklichkeit. China in Reisebeschreibungen vom 17. Jahrhundert bis zur Gegenwart. München: Minerva-Publikation.
Reif, Wolfgang 1975: Zivilisationsflucht und literarische Wunschräume. Der exotische Roman im ersten Viertel des 20. Jahrhunderts. Stuttgart: Metzler.
Ringer, Fritz K. 1987: Die Gelehrten. Der Niedergang der deutschen Mandarine 1890-1933. Aus dem Englischen übersetzt von Klaus Laermann. München: dtv.
Zhang, Zhenhuan 1993: China als Wunsch und Vorstellung. Regensburg: Roderer.

JIN ZHAO

DAS DEUTSCHLANDBILD IN EINEM DEUTSCH-CHINESISCHEN JOINTVENTURE[1]

1. Das Fremdbild: Forschungsbedeutung

Mit den zunehmenden Möglichkeiten der internationalen Begegnung im Bereich des Tourismus, des wissenschaftlichen bzw. kulturellen Austausches sowie der wirtschaftlichen Zusammenarbeit gehen auch häufig Konflikte, Missverständnisse und Probleme in den kulturellen Überschneidungssituationen einher. Diesbezüglich werden in der Forschung über die Dynamik der interkulturellen Situationen vier Typen der Verhaltensregulation gezeigt, nämlich das Dominanzkonzept, das Assimilationskonzept, das Divergenzkonzept und das Synthesekonzept[2] (vgl. Thomas 2003: 47f.). Um die kulturellen Konfliktsituationen zu meistern und zur effektiven Zusammenarbeit zu führen, wird im Allgemeinen die Ausbildung einer Interkultur angestrebt, die Synergieprodukte darstellt. Denn dadurch können „eine eigene Normalität, eigene Handlungsschemata und damit auch eigene, spezifisch interkulturelle Wissensvorräte" von den an der Kommunikation Beteiligten entwickelt werden (Bolten 2000a: 13), so dass sie erfolgreich etwas gemeinschaftlich machen können. Jedoch setzt die Ausbildung einer neuen Interkultur die Abstimmung der fremden und eigenen Kultur aufeinander voraus, was wiederum verlangt, dass man das eigene kulturelle Orientierungssystem reflektiert und das fremde zur Kenntnis nimmt. Selbst in einer Phase, wo die Interkultur über eine lange Zeit hinweg existiert und für gewöhnlich gehalten wird, ist das Dissensbewusstsein von der eigenen und fremden Kultur weiterhin unentbehrlich (vgl. Bolten 2000b).

Aber der Versuch, die Fremdheit wahrzunehmen, zu bewerten und letztendlich ein Fremdbild zu erwerben, kann ohne die Selbsteinschätzung und Selbstdefinition nicht erfolgen. Denn „mein Verständnis des Fremden [ist] in erster Linie davon abhängig, wie ich mich selbst in dieser Beziehung sehe" (Bolten 2001: 53), umgekehrt geht es natürlich auch so, denn das Fremde und das Eigene stehen schließlich in einer wechselseitigen Beziehung. Konzentriert auf das Fremdbild kommt man dann zu dem Ergebnis, dass es ein Vorstellungsbild ist, das subjektive Meinungen und Bewertungen beinhaltet. Aufgrund dieser Subjektivität des Fremdbildes kommt es häufig vor, dass das Fremdbild über einen Kommunikationspartner oft von dessen Selbstbild differieren kann. Wenn diese Differenz aber zu groß oder das Fremdbild fossiliert ist und nicht differenziert werden kann (Vorurteil), können in der interkulturellen Situation erhebliche Kommunikationsprobleme verursacht werden. Insofern ist es in der Forschung zur interkulturellen Kommunikation von großer Bedeutung, Fremdbilder zu untersuchen, sie eventuell zu korrigieren, damit sich das Fremd- und Selbstbild annähern und ein Beitrag zur Konfliktvermeidung geleistet werden kann. Diese Wichtigkeit der Forschung über Fremdbilder wird ebenfalls von vielen Disziplinen mit interkultureller Forschungsperspektive erkannt und anerkannt. Dies zeigt sich zum Beispiel in den Wirtschaftswissenschaften in der Diskussion über Corporate Image und Corporate Identity (z.B. Mett 1994) oder in der Fremdsprachendidaktik in der Auseinandersetzung über Stereotypie und Wirklichkeit (z.B. Bausinger 1988).

2. Das chinesische Deutschlandbild: Forschungsstand

Die Begegnung zwischen Chinesen und Deutschen beispielsweise auf dem wirtschaftlichen Gebiet begann bereits in der Mitte des 18. Jahrhunderts (vgl. Louven 1982a: 158). Deutschland blieb jedoch bis zum Ende des 19. Jahrhunderts hinsichtlich seiner politischen, religiösen, kulturellen sowie ökonomischen Tätigkeiten in China nur ein Anhängsel von England. Obwohl in dem bereits im Jahr 1744 von Chen Lunqiong[3] geschriebenen geographischen Werk *Haiguo wenjianlu* Deutschland (Huangqi) als eins der hervorragendesten Länder in Europa erwähnt wurde (vgl. Böckelmann 1999: 173f.), gewann Deutschland, damals als Synonym von Preußen, erst durch seinen militärischen Erfolg gegen Frankreich im Jahr 1870 die Aufmerksamkeit von dem derzeitigen chinesischen Reich (vgl. Hwang 1982: 15). Der intensivere Kontakt der beiden Nationen fing mit der alleinigen deutschen Herrschaftsausübung Ende des 19. Jahrhunderts in Teilen Chinas[4] an, durchlief die „verheißungsvoll entwickelte" Phase (Machetzki 1982b: X) zwischen den beiden Weltkriegen und erfährt seit der Aufnahme diplomatischer Beziehungen von der Volksrepublik China und der Bundesrepublik Deutschland im Jahr 1972 (vgl. Machetzki 1982b), und insbesondere seit der Öffnung Chinas im Jahr 1978 einen Aufschwung.

Nach über 70 Jahren[5], wo Chinesen und Deutsche sich begegnen, sich langsam kennen lernen und einander zu verstehen versuchen, ist China für Deutsche längst nicht mehr ein „im Nebel verschwimmendes Gebiet" (Machetzki: 1982b.: IX) und umgekehrt sind Deutsche und Deutschland für Chinesen nicht mehr Barbaren bzw. ein Duodezstaat aus dem europäischen Hinterland (vgl. Hwang 1982: 15). Das chinesische Deutschlandbild, das jeder Chinese über die Medienwelt, im Berufsleben, durch touristische Begegnungen und durch politische und kulturelle Kontakte gewonnen haben mag, wurde leider bislang nur mangelhaft untersucht. In der bisherigen Forschung zu dieser Thematik fehlt es an Aktualität und Systematik. Die wenigen wissenschaftlichen Arbeiten darüber stammen meistens aus dem sinologischen Bereich in Deutschland und sie beschränken sich oft auf die politische Ebene, gebunden an historische Ereignisse zwischen beiden Ländern (z.B. Hwang 1982), oder auf die Untersuchungen der chinesischen Literatur (z.B. Yuan Zhiying 1995, Frühauf 1995), wobei zeitlich diese Arbeiten höchstens in die 80er Jahre des letzten Jahrhunderts reichen. In der chinesischen Germanistik werden seit langem Forschungen betätigt, bei denen die deutsche und chinesische Sprache pragmatisch verglichen werden (z.B. Zhu Jianhua / Gu Shiyuan 2000) oder man sich mit Deutschland in Hinsicht auf seine Politik, Wirtschaft, Wissenschaft bzw. Erziehung und Kultur auseinandersetzt (z.B. die Zeitschrift *Deutschland – Studien,* herausgegeben vom Institut für Deutschlandstudien an der Tongji-Universität). Diese Forschungsarbeiten beinhalten unvermeidlich auch das Deutschlandbild aus der chinesischen Perspektive, sie sind jedoch nicht in erster Linie für diesen Forschungszweck geschrieben und bieten lediglich Primärliteratur für die weitere Untersuchung des chinesischen Deutschlandbildes. Dasselbe gilt ebenfalls für die zahlreichen in der neueren Zeit aufkommenden Erlebnisberichte über Deutschland (z.B. Qiu Zhenhai 1997, Lu Qiutian 2003) sowie Ratgeberliteratur für chinesische Studenten oder Touristen, die nach Deutschland fahren werden (z.B. Song Jianfei 2002). Daher bleibt eine systematische Forschung zum aktuellen chinesischen Deutschlandbild noch ein Desiderat.

Im Bereich der Wirtschaft, welche ein gewichtiges Kommunikationsgebiet der Chinesen und Deutschen seit der Mitte der 90er Jahre des letzten Jahrhunderts darstellt (vgl. Zhao Jin 2002: 150), fehlen ebenfalls Forschungsarbeiten über das chinesische Deutschlandbild. Zwar gibt es auch einige Arbeiten, die Kommunikationsprobleme in der Wirtschaft zwischen Chinesen und Deutschen empirisch untersucht haben (z.B. Jin Xiufang 1994, Nagels 1996, Chen Feifei 2000), aber sie zeigen eher die Konflikte und Probleme und zielen selten auf die Ursachenanalyse sowie Verbesserungsmöglichkeiten ab. Dagegen bietet die Erforschung des chinesischen Deutschlandbildes einen Ist-Stand, dabei kann z.B. ein von der Realität weit abgewichenes Deutschlandbild die Ursache von möglichen Kommunikationsschwierigkeiten sein und es zu korrigieren den beiden Kommunikationspartnern zur erfolgreichen Verständigung verhelfen. Der folgende Bericht über die Untersuchung und Analyse des Deutschlandbildes in einem deutsch-chinesischen Jointventure[6] mag einen Beitrag zu der allgemeinen wissenschaftlichen Erforschung des chinesischen Deutschlandbildes sowie zur Ausbildung einer Interkultur in diesem Unternehmen leisten.

3. Die empirische Untersuchung in einem deutsch-chinesischen Joint Venture

Das untersuchte Unternehmen ist ein im Jahr 1998 gegründetes Jointventure in der Industriebranche mit 60% deutscher und 40% chinesischer Kapitalbeteiligung. Die Produktion begann 2001 und das ganze Investitionsprojekt wird 2006 enden. D.h., zum Untersuchungszeitpunkt hat das Unternehmen seine Produktions- bzw. Personalkapazität noch nicht erreicht. Die derzeitige Belegschaft, die knapp 400 Menschen beträgt, ist aus 95% Chinesen und 5% Deutschen zusammengesetzt. Davon sind ein Drittel in der Verwaltung und der übrige Teil als Ingenieure, Techniker und Facharbeiter in der Produktion tätig[7].

Die Untersuchung erfolgte in Form einer Fragebogenumfrage am Ende des Jahres 2003. Um ein aussagekräftiges Ergebnis zu erzielen, wurden für die Stichprobe jeweils die Hierarchieschicht, die Abteilung und das Bildungsniveau der Mitarbeiter als Merkmale berücksichtigt. Damit sollte erreicht werden, dass die Befragten prozentual gleichgewichtig auf verschiedene Gruppen der chinesischen Mitarbeiter im ganzen Unternehmen verteilt sind und man durch die Stichprobe ein repräsentatives Deutschlandbild der chinesischen Mitarbeiter in diesem Joint Venture erhalten kann.

Neben den eingangs verlangten persönlichen Angaben von den Befragten besteht der Fragebogen (s. Anhang) inhaltlich aus drei Teilen. Im ersten Teil geht es um die Erfragung geographischer, gesellschaftlicher, historischer und wirtschaftlicher Daten zu Deutschland sowie die Einstellung der Befragten zu dem Unternehmen. Inwieweit die Mitarbeiter dieses Faktenwissen besitzen, kann uns z.T. erklären, inwieweit sie Deutschland kennen. Außerdem können ihre Ansichten zu dem von Deutschen federführenden, einen berühmten deutschen Namen tragenden Unternehmen[8] ebenfalls ihr Deutschlandbild verraten oder zumindest beeinflussen. Der zweite Teil beschäftigt sich mit den allgemeinen Eindrücken der Befragten von Deutschen. Die einzelnen Aussagen stammen aus den Stereotypen, die europäische wie asiatische Völker von Deutschen haben (vgl. Zeidenitz / Barkow 1997, Lin Hua 2002, Buhlmann / Fearns /Gaspardo

2003: 105-111). Dagegen handelt es sich in dem dritten Teil eher um konkrete Situationen, in denen chinesische Mitarbeiter ihre deutschen Kollegen erlebt haben können. Daraus soll abgeleitet werden, was die Befragten von den Deutschen in dem Unternehmen halten. Diese einzelnen Fälle basieren auf den Diskussionsergebnissen mit der Personalabteilung als Voruntersuchung und orientieren sich zudem an den Kulturdimensionen von Hofstede (2001)[9].

3.1 Der Rücklauf und die Hintergrundinformationen über die Befragten

Insgesamt 70 Fragebögen wurden verteilt. Der Rücklauf betrug 57 Fragebögen.

In Bezug auf die Hintergrundinformationen der Befragten ist festzustellen, dass die persönlichen Daten nicht vollständig angegeben werden. 13 Personen haben sie sogar völlig ausgelassen. Dies mag daran liegen, dass die Befragten diesen Teil für unwichtig halten. Eine andere Möglichkeit kann aber auch sein, dass die Teilnehmer an dieser Erhebung nicht identifiziert werden wollen. Denn die ganze Untersuchung wurde unter Mithilfe von der Personalabteilung des Unternehmens durchgeführt.

Von den Befragten, die diesen Teil ausgefüllt haben, sind 68% männlich und 32% weiblich. Dabei befinden sich 59% in der Altersstufe zwischen 30 und 40 Jahren, 37% sind unter 30 und ganz wenige haben die Altersgrenze von 40 Jahren überschritten. Außerdem kommen diese jungen Mitarbeiter aus verschiedenen Abteilungen, wobei die Produktionsabteilung prozentual am stärksten vertreten ist (32%), denn sie stellt die menschenreichste Abteilung im ganzen Unternehmen dar. Die Positionen der Befragten erstrecken sich von der Ausführungsschicht (Arbeiter, Ingenieure, Sachbearbeiter, Sekretäre, Buchhalter) auf die Planungs- bzw. Organisationsschicht (Manager, Gruppenleiter, Vorsitzender der Gewerkschaft), was der erwünschten Repräsentativität der Verteilung von den Befragten entspricht. Was den Bildungsstand der Teilnehmer betrifft, so besitzen 77% eine Hochschulausbildung (Diplom, Bachelor oder ein dreijähriges Studium), wohingegen die Übrigen nur den Abschluss der Oberschule haben. Deutsch können die meisten nicht, nur einer hat darauf hingewiesen, dass er ein bisschen Deutsch gelernt habe. In dieser Hinsicht scheint ein Deutschlandaufenthalt, den 33% der Befragten vorweisen können, keinen Einfluss gehabt zu haben, zumal der Aufenthalt nur sehr kurz war (21% unter 10 Tagen, 44% zwischen 10 und 30 Tagen, 14% zwischen einem und zwei Monaten und 21% über zwei Monaten). Die Kommunikationssprache im Unternehmen zwischen chinesischen und deutschen Mitarbeitern, aber auch in Deutschland im Ausbildungskurs oder auf der Dienstreise, ist immer Englisch, was auch von der Personalabteilung bestätigt ist. Darüber hinaus haben die meisten Befragten (88%) in diesem Unternehmen erst für ein bis drei Jahre gearbeitet und sind nach meiner Einschätzung erst nach dem Beginn der Produktion im Jahr 2001 angestellt worden.

3.2 Hintergrundwissen über Deutschland und das Unternehmen

Fragen 1 bis 10 sind Selektionsfragen zu geographischen, gesellschaftlichen, wirtschaftlichen und sportlichen Daten Deutschlands, wobei eine Antwort direkt ausgewählt werden kann. Alle Teilnehmer haben diesen Teil vollständig beantwortet. Die Ergebnisse lassen sich in der folgenden Tabelle zusammenfassen:

Fragennummer	1.	2.	3.	4.	5.	6.	7.	8.	9.	10.
Richtige Antwort in Prozentsatz (%)	100	40	93	98	98	89	98	47	100	89

Tabelle 1: Die Antwortergebnisse von der Frage 1 bis 10

Aus dieser Tabelle ist zu ersehen, dass die meisten Fragen sehr gut beantwortet worden sind. Ausnahmen bleiben aber die Fragen 2 und 8. In der Frage 2 geht es um die Größe Deutschlands, wobei 32% der Befragten die Oberfläche von Deutschland auf 1,22 Millionen Quadratmeter (Antwort C.) schätzten und 13% meinten, dass sie keine Ahnung davon hätten. Die Vermutung, dass diejenigen, die schon mal in Deutschland gewesen sind, bei dieser Frage viel besser abschneiden würden, wird nicht bestätigt. Denn unter ihnen beträgt die Quote der richtigen Antwort auch nur 50%. Dies erinnert an das Untersuchungsergebnis, dass man Städte, die man aus eigener Erfahrung oder aus Medien bzw. von Kollegen kennt, der Entfernung nach oft viel „näher" einschätzt als unbekannte Städte (vgl. Bolten 2001: 53). Denn die Befragten wissen zwar, dass Deutschland erheblich kleiner als China ist, aber das bekannte und wirtschaftlich starke Deutschland kann für sie in der Relation zu China auch nicht zu klein sein. Dagegen geht es in der Frage Nummer 8 darum, welche Partei derzeit in Deutschland die Regierungspartei ist. Neben der richtigen Antwort (47%) geben 16% der Befragten keine Auskunft darüber (E. weiß nicht), während die anderen Antworten beliebig auf die übrigen Auswahlmöglichkeiten (A. CDU, B. Arbeiterpartei, C. FDP) verstreut sind. Dieses Ergebnis wird ebenfalls nicht viel davon beeinflusst, ob man direkte Deutschlanderfahrungen hat oder eine höhere Ausbildung besitzt. Dies kann m. E. im Zusammenhang mit dem eigenen chinesischen politischen System stehen. Denn man ist vom eigenen politischen System her nicht gewohnt, sich im Alltagsleben über verschiedene Parteien zu informieren. Oft reicht es zu wissen, wer der Regierungschef ist (Frage 7.).

Neben der Frage 10 geht es in der Frage 11 ebenfalls um Kenntnisse im Sportbereich. Dabei wird verlangt, unter elf Namen die deutschen Sportler zu identifizieren. 63% der Befragten haben alle 5 Deutsche und 16% 4 darunter erkannt, nur 7% von ihnen haben alle falsch gewählt oder diese Frage ausgelassen. Unter diesen fünf deutschen Sportlern ist der Torwart Oliver Kahn am bekanntesten und von 95% der Teilnehmer identifiziert worden. Darauf folgt Michael Schuhmacher (86%). Dies hängt nach meiner Vermutung unmittelbar damit zusammen, dass Kahn bei der Fußballweltmeisterschaft 2003 in Japan und Südkorea Deutschland zur Vizemeisterschaft geführt hat, was den Chinesen noch frisch in Erinnerung ist. Hingegen wird 2004 die Formel I zum ersten Mal in Shanghai stattfinden, womit selbstverständlich der vielfache Weltmeister Michael Schuhmacher verbunden ist. Denn schließlich haben die Befragten ihre Kenntnisse über Deutschland zumeist aus Zeitungen und dem Internet erworben (Frage 17).

Wenn wir uns die Frage 17 genauer anschauen, kommen wir zu dem folgenden Ergebnis:

1 = nicht zutreffend	2 = eingeschränkt zutreffend	3 = etwa zur Hälfte	4 = zum Großteil	5 = beinahe ausschließlich

	Ohne Angabe	1	2	3	4	5
aus der Zeitung	3,5	10,5	31,6	10,5	19,3	24,6
aus Textbüchern der Grund- und Mittelschule	1,8	29,7	50,9	5,3	12,3	0
aus Büchern	3,5	8,8	28,1	17,5	31,6	10,5
aus dem Fernsehen	1,8	8,8	24,5	17,5	38,6	8,8
aus dem Internet	5,2	28,1	15,8	15,8	22,8	12,3
vom Hörensagen	1,8	12,3	49,1	15,8	14	7

Tabelle 2: Wissensquelle (Frage 17) (in Prozent)

Diese Tabelle zeigt, dass Zeitungen zur Vermittlung von Informationen über Deutschland die wichtigste Rolle spielen. Immerhin haben sich 24,6% der Befragten ihre Fakten über Deutschland beinahe ausschließlich daraus angeeignet. Nicht zu vernachlässigen ist in der modernen Zeit natürlich auch das Internet in seiner Funktion als Wissensvermittler. Danach folgen die Medien Bücher und

Fernsehen. Interessant ist jedoch, dass Hörensagen in China immer noch seine
Wirkung auf die Weitergabe der Informationen hat und als Wissensquelle sogar
wichtiger als Schulbücher zu sein scheint. Denn es wird oft darauf hingewiesen,
dass in China informelle Informationswege in Form von Beziehungsnetzen im
Vordergrund stehen, während man im Westen ausschließlich von allgemein zu-
gänglichen Informationssystemen abhängt (vgl. Reisach / Tauber / Yuan 1997:
340ff.). Dagegen ist das Wissen aus der Schulbildung, wobei man in der Welt-
geschichte und Weltgeographie eigentlich auch einiges über Deutschland gelernt
hat, anscheinend ins Vergessen geraten.

Dieses Ergebnis erklärt weiterhin, warum die Antwort auf die Frage 12 über Literatur und die Frage 13 über Philosophie schlecht ausgefallen ist. Bei der Frage
12 werden die Befragten aufgefordert, den Nicht-Deutschen unter den Literaten
auszuwählen. Dabei geben lediglich 35% der Teilnehmer eine richtige Antwort
an, wohingegen 23% von ihnen Heine und 16% die Brüder Grimm für Nicht-
Deutsche halten, obwohl Übersetzungen von deren Büchern in chinesischen
Buchhandlungen überall zu finden sind. Hinzu kommt, dass 19% der Befragten
mit dieser Frage nichts anfangen können, wenn man keine Angabe als Unwissenheit ansieht. Bei der Frage 13 ist die Situation noch schwer wiegender. Nur
26% der Teilnehmer haben alle vier deutschen Philosophen und 25% zumindest
noch drei unter ihnen identifiziert. Auf der Bekanntheitsgradskala landet als erster Hegel (93%), gefolgt von Nietzsche (81%), Kant (60%) und dann mit großem Abstand Schopenhauer (32%). Das ist jedoch kein Wunder, denn deutsche
Literaten und Philosophen spielen im Alltagsleben und im Berufsleben der Befragten keine große Rolle und die Informationen darüber stehen auch nicht überall in Zeitungen und im Internet. Dies hat ausschließlich mit der Bildung zu tun.
In der Tat beträgt die Quote der richtigen Antworten von der Frage 12 bei der
Gruppe mit Hochschulausbildung gegen 50% und die von der Frage 13 bei derselben Gruppe gegen 45%.

Demgegenüber sind die Antworten auf die Fragen 14 und 15 nach deutschen
Unternehmen und deutschen Produkten mit einem Anteil von jeweils 65% und
77% richtigen Antworten zufriedenstellend. Dies kann einerseits mit dem allgemeinen Interesse der Befragten am Wirtschaftsleben im Zusammenhang stehen,
denn sie sind immerhin in einem deutsch-chinesischen Joint Venture beschäftigt.
Andererseits aber muss man auch berücksichtigen, dass Deutschland in der EU
den größten Wirtschaftspartner Chinas darstellt und sich ständig in China wirtschaftlich engagiert (z.B. beim Bau der U-Bahn und des Transrapid in Shanghai,
bei der Entwicklung des Automobilwesens in China, was man an den überall auf
der Straße fahrenden Santanas, Boras und Passats erkennen kann).

Bei der Frage 16 geht es um persönliche Erfahrungen mit deutschen Produkten. 74% der Befragten haben schon Produkte deutscher Firmen benutzt und ihre Eindrücke von diesen Produkten sehen wie folgt aus: (vielleicht wegen einem Missverständnis haben vier, manchmal aber auch 5 Befragte, die die Antwort B angekreuzt haben, ebenfalls die darauffolgende Tabelle ausgefüllt. Ihre Fragebögen werden unten auch mitgerechnet).

1 = sehr schlecht	2 = schlecht	3 = normal	4 = gut	5 = sehr gut

	1	2	3	4	5
Qualität	0	0	17	27,7	55,3
Preis	6,5	15,2	36,9	21,7	19,7
Design	2,1	8,5	36,2	38,3	14,9
Haltbarkeit	2,1	0	12,8	34	51,1
After-Sales Service	0	15,2	41,2	19,7	23,9

Tabelle 3: Eindrücke von deutschen Produkten (Frage 16) (in Prozent)

Aus dieser Tabelle ergibt sich, dass die Qualität sowie die Haltbarkeit von Produkten deutscher Firmen bei den Befragten einen sehr guten Eindruck hinterlassen haben. Das entspricht dem allgemeinen Image von deutscher Qualität oder „Made in Germany", welches auch durch die Werbung in China vermittelt wird. Dagegen fallen das Design und insbesondere der Preis deutscher Produkte nicht besonders positiv auf.

Frage 18 bis 21 beziehen sich auf das Unternehmen, wo die Befragten arbeiten. Fast alle Teilnehmer wissen eindeutig, dass ihr Unternehmen ein Joint Venture ist (Frage 18), nur einer hat die Antwort E. „Weiß nicht" angekreuzt. Auch die meisten Befragten (89%) kennen den Namen von dem Generalmanager, aber auf die Frage, wer der Vorstandsvorsitzende der Firma ist, ist die Quote der richtigen Antwort wesentlich niedriger (47%) (Frage 19). Dies hängt sicherlich damit zusammen, dass der Generalmanager im Berufsleben der Mitarbeiter eher eine wichtigere Rolle spielt.

Die Frage 20 zielt darauf ab, die Einstellung der Befragten zu der Firma und der Arbeit zu ermitteln:

1 = trifft nicht zu	2 = trifft nur eingeschränkt zu	3 = könnte man so sagen	4 = trifft weitgehend zu	5 = trifft vollkommen zu

	Ohne Angabe	1	2	3	4	5
A. Auf meiner jetzigen Arbeitsstelle sind meine Fähigkeiten gefordert worden.	3,5	1,6	24,7	40,4	14	15,8
B. In dieser Firma habe ich noch Entwicklungs- und Karrierechancen.	8,8	0	12,3	43,8	12,3	22,8
C. Ich mag das Arbeitsklima unserer Firma.	8,8	1,6	15,8	42,2	10,5	21,1
D. Ich möchte hier länger arbeiten.	7	0	3,5	50,8	14	24,7

Tabelle 4: Einstellung zu der Firma und der Arbeit (Frage 20) (in Prozent)

Die obige Tabelle vermittelt uns ein typisches Bild der chinesischen „Goldenen Mitte"[10], denn am meisten wurde die Aussage „könnte man so sagen" angekreuzt, d.h., dass man keine klare Meinung dazu äußert. Das mag zwar auf die chinesische Zurückhaltung oder Indirektheit zurückzuführen sein, sagt aber zumindest auch aus, dass die Einstellung der Befragten zu dem Unternehmen und ihrer Arbeit nicht eindeutig positiv ist. Oder anders gesagt, stehen die Befragten gerade mit Enttäuschung aber auch Hoffnung dem Unternehmen gegenüber. Denn nur 15,8% der Befragten glauben vollkommen und 14% weitgehend, dass ihre Fähigkeiten bei der Arbeit gefordert sind, dagegen haben 26,3% der Befragten („trifft nicht zu" + „trifft eingeschränkt zu") eine negative Meinung dazu (A.). Trotzdem gehen immer noch 35,1% von ihnen („trifft weitgehend zu" + „trifft vollkommen zu") davon aus, dass sie in dieser Firma noch Entwicklungs- und Karrierechancen haben (B.). Aber wenn diese Ansicht später nicht bestätigt wird oder dieser Wunsch nicht in Erfüllung gehen kann, werden sie die Firma verlassen. Denn in der Frage 21 haben 21,1% der Befragten als Grund für ihre mögliche Kündigung angesehen, dass sie sich nicht weiter entwickeln, nicht entfalten oder nicht mit konstruktiven Vorschlägen in die Firma einbringen können. Dies betrifft insbesondere die Gruppe mit einem höheren Ausbildungsniveau, da ihre Unzufriedenheit mit der Firma auch dementsprechend größer ist. Insgesamt nur 13% von ihnen („trifft weitgehend zu" + „trifft vollkommen zu") sind mit ihrer Arbeitsstelle zufrieden (A.), wobei 10% („trifft nicht zu" + „trifft eingeschränkt zu") sogar keine Hoffnung mehr auf ihre weitere berufliche Entwicklung in der Firma setzen (B.).

Außerdem stellt das Arbeitsklima ein gewisses Problem dar. Lediglich 21,1% der Befragten mögen vollkommen und 10,5% weitgehend die berufliche Atmosphäre in diesem Unternehmen (C.). Dabei weisen viele Befragte in der Frage 21 darauf hin, dass die Hardware der Firma ausgezeichnet, aber die Software (z.B. das Verwaltungssystem) noch viel zu verbessern sei. Sie verlangen mehr zwischenmenschliche Kommunikation, besonders zwischen Managern und Arbeitern bei der Produktion. Schließlich brauchen sie eine Art Sicherheitsgefühl im Beruf, d.h., dass es dem Unternehmen gut geht und sie auch langfristig dort arbeiten können. In der Tat wollen ganz wenige Befragte (3,5%) nur kurzfristig in der Firma arbeiten, dagegen aber 38,7% („trifft weitgehend zu" + „trifft vollkommen zu") länger bei der Firma bleiben (D.). Jedoch spielt hierbei das Einkommen keine unwichtige Rolle. Wenn man im Vergleich mit anderen Unternehmen schlechter bezahlt wird oder die Verteilung des Geldes an den Einzelnen in der Firma nicht gerecht ist, wollen 39% der Befragten ohne weiteres kündigen, was besonders die Meinung von der Gruppe mit niedrigerem Bildungsstand (50%) präsentiert. Außerdem gibt es für 16% der Teilnehmer noch andere objektive Gründe für ein Verlassen der Firma, z.B. wenn die Firma zahlungsunfähig wäre und die Mitarbeiter entlassen würden (Frage 21).

3.3 Mein Bild von den Deutschen

In diesem Teil wird versucht, die allgemeinen Eindrücke der Befragten von Deutschen herauszufinden. Diese mögen sich in ihrer Sozialisation, in ihrem gesellschaftlichen Leben, durch Medien oder in ihrem Beruf herausgebildet haben. Letzteres überschneidet sich leider z.T. mit dem dritten Teil, obwohl es beim Teil „Die Deutschen in unserer Firma" eher um konkrete Situationen und Kommunikation geht.

1 = keine Über-einstimmung	2 = größtenteils nicht einverstanden	3 = weiß nicht	4 = größtenteils einverstanden	5 = vollkommen einverstanden

	1	2	3	4	5	Häufigkeits-reihenfolge
A. Deutsche sind extrem fleißig und leistungsfähig.	1,8	22,7	8,8	38,6	28,1	d.
B. Deutsche legen großen Wert auf Pünktlichkeit.	1,8	10,5	8,8	45,6	33,3	c.
C. Deutsche arbeiten ernsthaft und verantwortungsbewusst.	5,3	3,5	14	36,8	40,4	b.
D. Deutsche sind ehrlich, warmherzig und vertrauenswürdig.	3,5	14	25,3	31,6	24,6	g.

E. Deutsche lieben Ordnung und Sauberkeit.	1,8	10,5	12,3	49,1	26,3	f.
F. Deutsche sind zielstrebig.	3,5	12,3	19,3	36,8	28,1	e.
G. Deutsche sind umweltbewusst und achten immer auf die Umsetzung des Umweltschutzes.	1,8	3,5	14	38,6	42,1	a.
H. Deutsche treffen Entscheidungen als Mehrheitsentscheidungen, Minderheiten werden ignoriert.	5,3	15,8	49,1	19,3	10,5	k.
I. Deutsche sind von sich selbst überzeugt und arrogant.	1,8	15,8	31,6	35	15,8	h.
J. Deutsche arbeiten unflexibel und haben keinen Humor.	1,8	14	38,6	36,8	8,8	l.
K. Deutsche sind unbeständig. Man kann sie nicht verstehen.	10,5	21,1	47,3	12,3	8,8	n.
L. Deutsche arbeiten pausenlos, wie eine Maschine.	5,3	26,3	21,1	35	12,3	j.
M. Deutsche sind bürokratisch.	1,8	14	56,1	12,3	15,8	i.
N. Deutsche sind kriegslüstern und angriffslustig.	3,5	21,1	54,4	17,5	3,5	o.
O. Deutsche sind rassistisch.	12,3	5,3	59,6	14	8,8	m.

Tabelle 5: Allgemeine Eindrücke von Deutschen (in Prozent)

Die obige Tabelle vermittelt uns, dass die Befragten tendenziell ein positives Bild von den Deutschen und ihrer Mentalität haben. Sehr beeindruckt sind sie vor allem von dem deutschen Umweltbewusstsein (G.) und ihrer ernsthaften wie verantwortungsbewussten Arbeitsmoral (C.). Daneben sind Pünktlichkeit (C.), Fleiß bzw. Leistungsfähigkeit (A.) und Zielstrebigkeit (F.) ebenfalls imponierend. Darauf folgend sind noch 26,3% bzw. 24,6% der Befragten vollkommen der Meinung, dass Deutsche sehr viel Wert auf Ordnung sowie Sauberkeit legen (E.) und sie ehrlich, warmherzig bzw. vertrauenswürdig sind (D.). Dagegen sind die negativen Eigenschaften eher von weniger Befragten mit Deutschen identifiziert worden, obwohl immer noch jeweils 15,8% von ihnen vollkommen damit einverstanden sind, dass Deutsche arrogant (I.) und bürokratisch (M.) sind. Interessant ist jedoch dabei, dass die Stereotypen Kriegslüsternheit bzw. Angriffslustigkeit (N.) und Rassismus der Deutschen auf der Skala ganz unten angesiedelt sind, mit denen die Deutschen in Europa oft etikettiert werden. Wie eingangs bereits erwähnt wurde, hat Deutschland abgesehen von der kurzen Herrschaftsausübung in der Jiaozhou-Bucht vor etwa einhundert Jahren eher eine freundschaftliche Beziehung mit China. Vielleicht kann dies das relativ gute Image Deutschlands in China erklären.

3.4 Die Deutschen in der untersuchten Firma

In dem untersuchten Unternehmen sind Deutsche nicht nur auf der Verwaltungsebene, sondern auch in der Produktion tätig. Insofern haben fast alle chinesischen Mitarbeiter in verschiedenen Hierarchieschichten Möglichkeiten, mit deutschen Kollegen zu kommunizieren. Im Folgenden wird versucht, ihre konkreten Einstellungen zu ihren deutschen Mitarbeitern zu untersuchen.

1 = keine Über-einstimmung	2 = größtenteils nicht einverstanden	3 = weiß nicht	4 = größtenteils einverstanden	5 = vollkommen einverstanden

	1	2	3	4	5
A. Während der Arbeit sind die Deutschen sehr gewissenhaft, sie arbeiten sehr korrekt.	0	12,3	17,6	52,5	17,6
B. Deutsche wollen immer besser sein als andere.	1,8	10,5	36,8	42,1	8,8
C. Deutsche kritisieren ihre Mitarbeiter häufig in der Öffentlichkeit, was bei diesen zu Gesichtsverlust führt.	0	24,6	43,8	24,6	7
D. Wenn Deutsche bei der Arbeit glauben, sie hätten recht, dann werden sie auf ihrer Meinung bestehen.	0	7	17,6	45,6	29,8
E. Deutsche erledigen Dinge strikt nach Plan, sie sind nicht flexibel.	0	15,8	14	47,4	22,8
F. Beim Umgang mit chinesischen Kollegen sind Deutsche nach außen höflich, nach innen aber kalt.	3,5	15,8	26,3	36,8	17,6
G. In unserem Betrieb sind die Deutschen hochnäsig, gegenüber chinesischen Untergebenen fehlt es an Toleranz.	10,5	22,8	33,3	24,6	8,8
H. Chinesische und deutsche Kollegen sind bei der Arbeit vollkommen gleichberechtigt.	12,3	40,4	10,5	22,8	14
I. Wenn es bei der Arbeit Probleme gibt, helfen mir die deutschen Kollegen nicht gerne.	15,8	40,4	33,3	8,8	1,7
J. Außerhalb der Arbeitszeiten gehen deutsche und chinesische Kollegen zusammen zum	7	12,3	40,4	26,3	14

Sport oder gehen gemeinsam anderen Freizeitaktivitäten nach.					
K. Die deutschen Kollegen sind mir gegenüber distanziert und kümmern sich nicht um meine Meinung.	8,8	26,3	52,5	10,5	1,7
L. Deutsche sind nicht sehr kreativ, ihnen kommen kaum neue Ideen.	8,8	31,6	33,3	24,6	1,7
M. Deutsche bewerten die Fähigkeiten eines Mitarbeiters überwiegend nach seiner Leistung, nicht nach seinem Alter oder der Dauer seiner Betriebszugehörigkeit.	0	12,3	47,4	26,3	14
N. Deutsche lieben es, Entscheidungen allein zu treffen. Sie konsultieren erfahrene chinesische Kollegen nicht.	3,5	19,3	54,4	14	8,8
O. Während der Arbeit achten Deutsche sehr stark auf die Arbeitssicherheit, sowohl bei sich selbst als auch bei anderen.	3,5	7	14	33,3	42,1
P. Deutsche sind sehr pünktlich. Wenn ich zu spät komme, können sie sehr wütend werden.	1,7	5,3	22,8	38,6	31,6

Tabelle 6: Kommunikation mit Deutschen (in Prozent)

Die in diesem Unternehmen beschäftigten deutschen Mitarbeiter haben ihren chinesischen Kollegen das Image vermittelt, dass sie während der Arbeit sehr auf die Arbeitssicherheit (O.) achten, Pünktlichkeit sowohl von sich selbst als auch von ihren chinesischen Mitarbeitern verlangen (P.) und auf ihrer eigenen Meinung bestehen (D.), wenn sie glauben, dass sie richtig ist. Dabei sind jeweils 42,1%, 31,6% und 29,8% der Befragten vollkommen dieser Ansicht. Darüber hinaus sind noch 17,6% der Teilnehmer vollkommen und 52,5% größtenteils damit einverstanden, dass ihre deutschen Kollegen sehr gewissenhaft und sehr korrekt arbeiten (A.). All dies schätzen die chinesischen Mitarbeiter sehr an ihren deutschen Partnern, denn 24,6% der Befragten haben die Gewissenhaftigkeit (A.), 22,8% die Pünktlichkeit (P.), 19,3% das Achten auf Arbeitssicherheit (O.) und 8,8% das Bestehen auf richtige Meinungen als Eigenschaften, die sie für besonders gut halten, extra erwähnt. Außerdem vertreten 22,8% der Befragten vollkommen und 47,4% größtenteils die Ansicht, dass ihre deutschen Kollegen Dinge strikt nach Plan erledigen und nicht flexibel sind (E.). Ob dies gut oder schlecht ist, darüber sind die Meinungen jedoch geteilt, da jeweils 7% der Befragten diese deutsche monochrone Arbeitsweise sehr schätzen bzw. nicht leiden können.

Aus der obigen Tabelle ist zudem noch ersichtlich, dass die Beziehung zwischen chinesischen und deutschen Kollegen in diesem Unternehmen eher distanziert ist. Tendenziell schließen sich mehr als die Hälfte der Befragten der Meinung an, dass ihre deutschen Mitarbeiter lediglich eine äußere Höflichkeit pflegen (F.) („vollkommen einverstanden" + „größtenteils einverstanden" = 54,4%) und die beiden Gruppen bei der Arbeit nicht gleichberechtigt sind bzw. eine gewisse Hierarchie zwischen ihnen besteht (H.) („keine Übereinstimmung" + „größtenteils nicht einverstanden" = 52,7%). Die Beziehung zwischen ihnen ist höchstens eine Arbeitsbeziehung und in der Freizeit haben die beiden Gruppen anscheinend wenig Kontakt zueinander, denn zu der Aussage, ob außerhalb der Arbeitszeit deutsche und chinesische Kollegen zusammen zum Sport gehen oder gemeinsam anderen Freizeitaktivitäten nachgehen, nehmen 40,4% der Befragten nicht Stellung (J.). Wahrscheinlich haben viele chinesische Mitarbeiter nie oder selten engere Kontakte mit Deutschen, so dass 52,5% der Befragten nicht einmal einschätzen können, ob die deutschen Kollegen ihnen gegenüber distanziert sind und sich um ihre Meinung kümmern (K.). Jedoch akzeptieren die chinesischen Mitarbeiter diese Situationen in der Firma und daher gibt es keine negativen Reaktionen von Seiten der Befragten. Denn in den Augen ziemlich vieler Befragten sind die deutschen Partner bei der Arbeit hilfsbereit (I.) („keine Übereinstimmung" + „größtenteils nicht einverstanden" = 56,2%) und tendieren zur Kreativität (L.) („keine Übereinstimmung" + „größtenteils nicht einverstanden" = 40,4%). Insbesondere schätzen die Chinesen an den Deutschen in ihrer Firma (von 8,8% der Befragten erwähnt), dass diese die Fähigkeiten eines Mitarbeiters überwiegend nach seiner Leistung und nicht nach Kriterien wie Alter oder Arbeitsdauer bewerten (M.), wobei diese Meinung von 40,3% der Befragten tendenziell geteilt wird („vollkommen einverstanden" + „größtenteils einverstanden").

7% der Befragten halten es für besonders negativ, dass Deutsche immer besser sein wollen als andere und sich gern hervortun. Dabei glauben 8.8% der Befragten vollkommen und 42,1% größtenteils, dass sich ihre deutschen Kollegen bei der Arbeit so verhalten (B.). Zwar gibt es keine einheitliche Meinung dazu, ob die Deutschen in der Firma überheblich sind (G.), Kritik an ihren Kollegen ohne Bedenken in der Öffentlichkeit ausüben (C.) oder Entscheidungen allein fällen, ohne erfahrene chinesische Kollegen zu konsultieren (N.). Die chinesischen Mitarbeiter können dies aber nicht leiden. Denn 17,6% der Befragten haben einstimmig darauf hingewiesen, dass sie sehr unzufrieden mit der Überheblichkeit der Deutschen sind. 7% bzw. 3,5% von ihnen haben direkt zum Ausdruck gebracht, dass sie die Verhaltensweise der deutschen Kollegen, nämlich allein Entscheidungen zu treffen und damit das Gesicht des Gegenübers zu verletzen, nicht leiden können.

Als positive Eigenschaften von den deutschen Partnern wird noch ergänzt, dass die Deutschen umweltbewusst und sauber sind, viel Wert auf die Qualität legen, gerecht und ehrlich sind und logisch denken können. Dagegen gibt es auch noch als einige weitere Kritikpunkte an den Deutschen, dass sie zu ernsthaft bzw. humorlos sind, kaum näher kontaktiert werden können und sogar weibliche Kollegen für minderwertig halten. Eine zusätzliche Anmerkung, sie mag ein bisschen extrem klingen, ist, dass manche deutsche Mitarbeiter es lustig finden, Schwächen bzw. Nachteile der chinesischen Kollegen gezielt herauszufinden. Und dementsprechend würden, so eine Anmerkung der Befragten, die Deutschen darauf hingewiesen, dass sie auf chinesischem Boden seien und mehr auf ihre Verhaltensweisen aufpassen sollten.

Anmerkungen

[1] Dieser Artikel ist Ergebnis eines Forschungsprojektes, unterstützt von der Stiftung für Geisteswissenschaften der Tongji-Universität.
[2] Nach Bolten (2001: 18) bezeichnet „Synthese" eine statische quantitative Zusammensetzung, „Synergie" dagegen die Ausbildung einer neuen Qualität von verschiedenen Elementen. Obwohl Thomas (2003: 48) unter „Synthesekonzept" auch die Verschmelzung von bedeutenden Elementen beider Kulturen zu einer neuen Qualität versteht, wird aus dem Grund der begrifflichen Einheitlichkeit im nachfolgenden Text der Begriff „Synergie" benutzt.
[3] In Bezug auf chinesische Namen, Bezeichnungen, Buchtitel usw. wird in der vorliegenden Arbeit die Pinyin-Umschrift benutzt.
[4] Dies bezieht sich auf die deutsche Teilnahme an dem Einspruch – zusammen mit Russland und Frankreich – gegen den chinesisch-japanischen Friedensvertrag im Jahr 1895 und die Besitznahme von der Jiaozhou-Bucht im Jahr 1897.
[5] Wie oben bereits beschrieben wurde, besteht der intensivere chinesisch-deutsche Kontakt nach Machetzki (1982b) aus drei Phasen. Die erste Phase dauert zwanzig Jahre zwischen 1895 und dem Ausbruch des Ersten Weltkriegs, während die zweite zwischen 1918 und dem Beginn des Zweiten Weltkriegs ebenfalls ungefähr einen Zeitraum von zwanzig Jahren umfasst. Da sich die Volksrepublik China nach der Gründung 1949 lange Jahre von außen abgeriegelt hatte und selbst der Kontakt mit dem sozialistischen Bruderland, der ehemaligen DDR, oft von der Politik geleitet wurde, begann die richtige Kontaktaufnahme zwischen Chinesen und Deutschen erst in den 70er Jahren.
[6] Auf Wunsch von dieser Firma bleibt der Firmenname anonym.
[7] Diese Informationen kommen aus dem Gespräch mit der Personalchefin dieses Unternehmens.
[8] Dieses Unternehmen war bereits in den 1880er Jahren an der militärischen Ausrüstung der Qing-Regierung beteiligt und ist auch bei dem Bau des Transrapid in Shanghai Anfang des 21. Jahrhunderts dabei. Insofern ist der Firmenname in China bekannt und kann in gewissem Sinne Deutschland vertreten.
[9] Die von Hofstede erforschten Kulturdimensionen sind Machtdistanz, Individualismus/Kollektivismus, Unsicherheitsvermeidung und Maskulinität/Femininität. Zwar gibt es noch viele Probleme, anhand dieser Kulturdimensionen die einzelnen Kulturen zu identifizieren

(vgl. Layes 2003: 70ff.), sie bieten aber praktische Instrumente, um eine grobe Orientierung zu gewinnen.

[10] Das ist eine konfuzianische Denkweise und bedeutet etwa „Innehalten der Mitte". D.h., man soll im gesellschaftlichen Leben und im zwischenmenschlichen Umgang gemäßigte Ansichten haben und Kompromisse eingehen.

Bibliografie

Bausinger, Hermann 1988: Stereotypie und Wirklichkeit. In: *Jahrbuch Deutsch als Fremdsprache 14*. S. 156-170

Bolten, Jürgen 2000a: Können internationale *mergers* eine eigne Identität ausbilden? Unternehmensfusionen aus der Perspektive der interkulturellen Wirtschaftskommunikationsforschung. In: Bolten, Jürgen (Hrsg.): *Globalisierung und kulturelle Differenz. Theoretische und kulturspezifische Überlegungen zu Globalisierungsprozessen in der internationalen Wirtschaft.* (= Jenaer Skripten zur Interkulturellen Wirtschaftskommunikation; Band 5) (masch. Verv.) S. 6-16

Bolten, Jürgen 2000b: Konsens durch die Anerkennung von Dissens: Ein Kapitel aus der ökonomischen Standardisierungsproblematik. In: Bolten, Jürgen (Hrsg.): *Globalisierung und kulturelle Differenz. Theoretische und kulturspezifische Überlegungen zu Globalisierungsprozessen in der internationalen Wirtschaft.* (= Jenaer Skripten zur Interkulturellen Wirtschaftskommunikation; Band 5) (masch. Verv.) S. 17-21

Bolten, Jürgen 2001: *Interkulturelle Kompetenz.* Thüringen: Landeszentrale für politische Bildung.

Böckelmann, Frank 1999: *Die Gelben, die Schwarzen, die Weißen.* Frankfurt a.M.: Eichborn.

Buhlmann, Rosemarie /Anneliese Fearns / Nello Gaspardo 2003: *Präsentieren und Verhandeln.* Warschau: Poltext.

Chen, Feifei 2000: Zhongde sanziqiye zhong kuawenhua jingjihezuo de yanjiu (Forschung zu der interkulturellen Wirtschaftszusammenarbeit in chinesisch-deutschen Joint-Ventures). In: Zhu, Jianhua / Gu Shiyuan (Hgg.) 2000, S. 235-244

Frühauf, Heiner 1995: Deutschland in der chinesischen Reiseliteratur der zwanziger und dreißiger Jahre. Kubin, Wolfgang 1995 (Hrsg.), S. 283-299

Hofstede, Geert 2001: *Lokales Denken, globales Handeln. Interkulturelle Zusammenarbeit und globales Management.* 2., durchgesehene Auflage. München: Deutscher Taschenbuch Verlag.

Hwang, Shen-chang 1982: Das Deutschlandbild der Chinesen. In: Machetzki, Rüdiger (Hrsg.) 1982a, S. 13-24

Jin, Xiufang 1994: *Kontakte, Konflikte und Kompromisse: Interkulturelle Kommunikation zwischen Deutschen und Chinesen in einem Joint-Venture.* Saarbrücken: Verl. Für Entwicklungspolitik Breitenbach. (= Studien zur Interkulturellen Kommunikation;11)

Kubin, Wolfgang 1995 (Hrsg.): *Mein Bild in deinem Auge. Exotismus und Moderne: Deutschland – China im 20. Jahrhundert.* Darmstadt: Wissenschaftliche Buchgesellschaft.

Layes, Gabriel 2003: 1.4. Kulturdimensionen. In: Thomas, Alexander / Eva-Ulrike Kinast / Sylvia Schroll-Machl (Hgg.): *Handbuch Interkulturelle Kommunikation und Kooperation.* Göttingen: Vandenhoeck & Ruprecht. S. 60-73

Lin, Hua 2002: *„Choulou" de ouzhouren (Die hässlichen Europäer).* Beijing: Der Verlag für chinesische Entwicklung

Louven, Erhard 1982a: Die frühen Wirtschaftsbeziehungen: Von den preußischen Handelskompanien bis zum Zweiten Weltkrieg. In: Machetzki, Rüdiger (Hrsg.) 1982a, S. 157-176

Louven, Erhard 1982b: Deutsch-chinesischer Wirtschaftsverkehr seit 1945: Der lange Weg zur beständigen Zusammenarbeit. In: Machetzki, Rüdiger (Hrsg.) 1982a, S.177-203

Lu, Qiutian 2003: *Chayi – Yiwei zhongguo dashi yanzhong de tongxifang siwei (Unterschiede – Östliche und westliche Denkweise im Auge eines chinesischen Diplomaten).* Shanghai: Sanlian-Buchladen in Shanghai

Machetzki, Rüdiger (Hrsg.) 1982a: *Deutsch-chinesische Beziehungen. Ein Handbuch.* Hamburg: Institut für Asienkunde.

Machetzki, Rüdiger 1982b: Einführung. In: Machetzki, Rüdiger (Hrsg.) 1982a, S. IX-XII

Mett, Daniela 1994: Die Differenz zwischen Eigen- und Fremdbild eines Unternehmens am Beispiel des Jahreszeiten-Verlag BmbH. In : Bungarten, Theo (Hrsg.): *Selbstdarstellung und Öffentlichkeitsarbeit, Eigenbild und Fremdbild von Unternehmen.* Tostedt: Attikon. (= Beiträge zur Wirtschaftskommunikation; Bd.10). S. 49-71

Nagels, Kerstin 1996: *Interkulturelle Kommunikation in der Deutsch-Chinesischen Zusammenarbeit.* Bremen: Fachbereich Wirtschaft der Hochschule Bremen. (= Schriftenreihe des Fachbereichs Wirtschaft der Hochschule Bremen; Bd. 57)

Qiu, Zhenhai 1997: *Deguo: yige dongtian zhihou de shenghua (Deutschland: Ein Märchen nach dem Winter).* Shanghai: Verlag der Fudan-Universität.

Reisach, Ulrike / Theresia Tauber / Xueli Yuan 1997: *China – Wirtschaftspartner zwischen Wunsch und Wirklichkeit: ein Seminar für Praktiker.* Wien: Wirtschaftsverlag.

Song, Jianfei (Hrsg.) 2002: *Yi shi zhi xing zai deguo (Leben in Deutschland).* Beijing: Verlag für Lehre und Forschung der Fremdsprachen.

Thomas, Alexander 2003: 1.3 Das Eigene, das Fremde, das Interkulturelle. In: Thomas, Alexander / Eva-Ulrike Kinast / Sylvia Schroll-Machl (Hgg.): *Handbuch Interkulturelle Kommunikation und Kooperation.* Göttingen: Vandenhoeck & Ruprecht. S. 44-59

Yuan, Zhiying 1995: Das Deutschlandbild in der chinesischen Literatur des zwanzigsten Jahrhunderts. In: Kubin, Wolfgang 1995 (Hrsg.), S. 245-281

Zeidenitz, Stefan / Ben Barkow 1997: *Die Deutschen Pauschal.* Frankfurt a.M.: Fischer.

Zhao, Jin 2002: *Wirtschaftsdeutsch als Fremdsprache: ein didaktisches Modell – dargestellt am Beispiel der chinesischen Germanistik-Studiengänge.* Tübingen: Narr (= Forum für Fachsprachen-Forschung; Bd. 59)

Zhu, Jianhua / Gu Shiyuan (Hgg.) 2000: *Zhongde guawenhuajiaoji luncong (Arbeiten zur Interkulturellen Kommunikation Chinesisch-Deutsch).* Shanghai: Verlag der Tongji-Universität.

Anhang: Der Fragebogen

Fragebogen

Geschlecht: Alter: Abteilung: Position:

Bildungsstand: Deutschkenntnisse:

Wie viele Jahre arbeiten Sie schon in diesem Unternehmen?

Waren Sie schon einmal in Deutschland?

Wie viel Zeit haben Sie insgesamt in Deutschland verbracht?

1. Teil: Hintergrundwissen über Deutschland und das Unternehmen

1. In welchem Kontinent liegt Deutschland?
   A. Ozeanien   B. Südamerika   C. Europa   D. Asien   E. weiß nicht
2. Wie groß ist die Oberfläche Deutschlands ungefähr (in Tausend qkm)?
   A. 8000   B. 4150   C. 1220   D. 360   E. weiß nicht
3. In welchem Jahr fand die deutsche Wiedervereinigung statt?
   A. 1995   B. 1990   C. 1985   D. 1980   E. weiß nicht
4. Welches ist die deutsche Hauptstadt?
   A. Berlin   B. Köln   C. Bonn   D. Hamburg   E. weiß nicht
5. Aus welchen drei Farben setzt sich die deutsche Nationalfahne zusammen?
   A. blau-weiß-rot   B. schwarz-rot-gold   C. rot-blau-gelb
                D. weiß-schwarz-blau   E. weiß nicht
6. Die bekannte Figur der deutschen Geschichte, die die von oben gelenkte Einigung Deutschlands mit der „Blut-und-Eisen-Rede" einleitete, war
   A. Brandt   B. Bismarck   C. Hitler   D. Kohl   E. weiß nicht
7. Der momentan amtierende deutsche Kanzler heißt
   A. Schröder   B. Kohl   C. Stoiber   D. Schmidt   E. weiß nicht
8. Welche der nachfolgenden Parteien ist momentan deutsche Regierungspartei?
   A. CDU   B. Arbeiterpartei   C. FDP   D. SPD   E. weiß nicht
9. Welche Branche ist die Stütze der deutschen Wirtschaft?
   A. Industrie B. Landwirtschaft   C. Forst- und Viehwirtschaft
                D. Fremdenverkehr   E. weiß nicht
10. Welchen Platz belegte Deutschland bei der Fußball-Weltmeisterschaft 2002?
    A. 1. Platz B. 2. Platz   C. 3. Platz   D. 4. Platz   E. weiß nicht
11. Welche der nachfolgenden Sportler sind Deutsche?

	Deutsche / Deutscher	kein(-e) Deutsche / Deutscher
David Beckham		
Oliver Kahn		
Raul Gonzalez		
Filippo Inzaghi		
Michael Ballack		
Boris Becker		
Steffi Graf		
Andre Agassi		
Michael Jordon		
Alexander Popov		
Michael Schumacher		

12. Welcher der nachfolgenden Schriftsteller ist nicht Deutscher?
    A. Goethe   B. Schiller   C. Salinger   D. die Gebrüder Grimm
    E. Heine   F. weiß nicht
13. Viele berühmte Philosophen kamen aus Deutschland. Bitte stellen Sie fest, welche der
    unten aufgeführten Vertreter Deutsche sind.

	Deutscher	kein Deutscher
Kant		
Hegel		
Schopenhauer		
Nietzsche		
Aristoteles		

14. Wie viele der folgenden sechs Firmen sind deutsche Industriebetriebe?
    Volkswagen, BMW, DaimlerChrysler, Bayer, BASF, Siemens
    A. 3   B. 4   C. 5   D. 6   E. weiß nicht
15. Welche der nachgenannten Marken ist nicht deutsch?
    A. Adidas   B. Puma   C. Nivea   D. Nike   E. Wella   F. weiß nicht
16. Haben Sie schon einmal Produkte deutscher Firmen verwendet? Wenn dem so sein sollte, welchen Eindruck haben sie bei Ihnen hinterlassen?
    A. Ich habe schon einmal deutsche Produkte verwendet.   (   )
    B. Ich habe noch nie deutsche Produkte verwendet.   (   )

1 = sehr schlecht	2 = schlecht	3 = normal	4 = gut	5 = sehr gut

	1	2	3	4	5
Qualität					
Preis					
Design					
Haltbarkeit					
After-Sales Service					

17. Wie haben Sie die den vorangegangenen Antworten zugrundeliegenden Kenntnisse erworben?

1 = nicht zutreffend	2 = eingeschränkt zutreffend	3 = etwa zur Hälfte	4 = zum Großteil	5 = beinahe ausschließlich

	1	2	3	4	5
aus der Zeitung					
aus Textbüchern der Grund- und Mittelschule					
aus Büchern					
aus dem Fernsehen					
aus dem Internet					
vom Hörensagen					

18. Wie ist die Struktur der Firma, in der Sie arbeiten?
    A. ausländische Direktinvestition   B. staatlicher Betrieb   C. Joint Venture
    D. Unternehmen der Privatwirtschaft   E. weiß nicht
19. Wer ist der Generalmanager bzw. der Vorstandsvorsitzende Ihrer Firma?
    Generalmanager _____
    Vorstandsvorsitzender _____

20. Wie ist Ihre Einstellung zu der Firma, in der Sie arbeiten und Ihrer Arbeit?

1 = trifft nicht zu	2 = trifft nur eingeschränkt zu	3 = könnte man so sagen	4 = trifft weitgehend zu	5 = trifft vollkommen zu

	1	2	3	4	5
A. Auf meiner jetzigen Arbeitsstelle sind meine Fähigkeiten gefordert worden.					
B. In dieser Firma habe ich noch Entwicklungs- und Karrierechancen.					
C. Ich mag das Arbeitsklima unserer Firma.					
D. Ich möchte hier länger arbeiten.					

21. Wenn ich diese Firma verlassen würde, dann aus folgenden Gründen:

2. Teil: Mein Bild von Deutschen

Bitte bewerten Sie die untenstehenden Aussagen nach dem Grad Ihrer Übereinstimmung mit diesen. (Bitte kreuzen Sie die entsprechende Zahl an!)

1 = keine Übereinstimmung	2 = größtenteils nicht einverstanden	3 = weiß nicht	4 = größtenteils einverstanden	5 = vollkommen einverstanden

	1	2	3	4	5
A. Deutsche sind extrem fleißig und leistungsfähig.					
B. Deutsche legen großen Wert auf Pünktlichkeit.					
C. Deutsche arbeiten ernsthaft und verantwortungsbewusst.					
D. Deutsche sind ehrlich, warmherzig und vertrauenswürdig.					
E. Deutsche lieben Ordnung und Sauberkeit.					
F. Deutsche sind zielstrebig.					
G. Deutsche sind umweltbewusst und achten immer auf die Umsetzung des Umweltschutzes.					
H. Deutsche treffen Entscheidungen als Mehrheitsentscheidungen, Minderheiten werden ignoriert.					
I. Deutsche sind von sich selbst überzeugt und arrogant.					
J. Deutsche arbeiten unflexibel und haben keinen Humor.					
K. Deutsche sind unbeständig. Man kann sie nicht verstehen.					
L. Deutsche arbeiten pausenlos, wie eine Maschine.					
M. Deutsche sind bürokratisch.					
N. Deutsche sind kriegslüstern und angriffslustig.					
O. Deutsche sind rassistisch.					

3. Teil: Die Deutschen in unserer Firma

Bitte bewerten Sie die untenstehenden Aussagen nach dem Grad Ihrer Übereinstimmung mit diesen.

1 = keine Über-einstimmung	2 = größtenteils nicht einverstanden	3 = weiß nicht	4 = größtenteils einverstanden	5 = vollkommen einverstanden

	1	2	3	4	5
A. Während der Arbeit sind die Deutschen sehr gewissenhaft, sie arbeiten sehr korrekt.					
B. Deutsche wollen immer besser sein als andere.					
C. Deutsche kritisieren ihre Mitarbeiter häufig in der Öffentlichkeit, was bei diesen zu Gesichts-verlust führt.					
D. Wenn Deutsche bei der Arbeit glauben, sie hätten recht, dann werden sie auf ihrer Mei-nung bestehen.					
E. Deutsche erledigen Dinge strikt nach Plan, sie sind nicht flexibel.					
F. Beim Umgang mit chinesischen Kollegen sind Deutsche nach außen höflich, nach innen aber kalt.					
G. In unserem Betrieb sind die Deutschen hoch-näsig, gegenüber chinesischen Untergebenen fehlt es an Toleranz.					
H. Chinesische und deutsche Kollegen sind bei der Arbeit vollkommen gleichberechtigt.					
I. Wenn es bei der Arbeit Probleme gibt, helfen mir die deutschen Kollegen nicht gerne.					
J. Außerhalb der Arbeitszeiten gehen deutsche und chinesische Kollegen zusammen zum Sport oder gehen gemeinsam anderen Freizeit-aktivitäten nach.					
K. Die deutschen Kollegen sind mir gegenüber distanziert und kümmern sich nicht um meine Meinung.					
L. Deutsche sind nicht sehr kreativ, ihnen kom-men kaum neue Ideen.					
M. Deutsche bewerten die Fähigkeiten eines Mit-arbeiters überwiegend nach seiner Leistung, nicht nach seinem Alter oder der Dauer seiner Betriebszugehörigkeit.					
N. Deutsche lieben es, Entscheidungen allein zu treffen. Sie konsultieren erfahrene chinesische Kollegen nicht.					
O. Während der Arbeit achten Deutsche sehr stark auf die Arbeitssicherheit, sowohl bei sich selbst als auch bei anderen.					

P. Deutsche sind sehr pünktlich. Wenn ich zu spät komme, können sie sehr wütend werden.					

Welche Eigenschaften schätzen Sie an Ihren deutschen Kollegen? (sowohl Aspekte aus den vorangegangenen 16 Punkten als auch eigene Ergänzungen möglich)

_____

_____

_____

Gibt es an Ihren deutschen Kollegen Eigenschaften, die Sie wirklich nicht leiden können? Welche Verhaltensweisen finden Sie besonders unangenehm? (sowohl Aspekte aus den vorangegangenen 16 Punkten als auch eigene Ergänzungen möglich)

_____

_____

_____

Sie haben alle Fragen beantwortet. Vielen Dank für Ihre Mitarbeit!

SHING-LUNG CHEN

WIE VERHANDELT MAN DAS GEHALT BEI DER STELLENBEWER-BUNG?

EINE ANALYSE CHINESISCHER UND DEUTSCHER BEWER-BUNGSGESPRÄCHE

1. Einleitung

Mit zunehmenden Wirtschaftskontakten zwischen China, Taiwan, Hongkong einerseits sowie Österreich und Deutschland andererseits sind tiefgehende Kenntnisse über die deutsche(n) und chinesische(n) Kultur(en) unabdingbar. Es ist festzustellen, dass sich Hightech-Firmen nicht auf ein bestimmtes Land als Standort beschränken, sondern ihren Absatzmarkt erweitern. Dies hat zur Folge, dass sich Firmen und Konzerne aus diesem Bereich verstärkt international orientieren.

Eine falsche Personalauswahl kann den wirtschaftlichen Erfolg gefährden und im schlimmsten Falle zum Konkurs der Firma führen. In Anbetracht dieses Risikos investieren die Firmen viel Zeit und Energie in die Personalauswahl (vgl. Laske / Weiskopf 1996: 297). Bei gespannter Arbeitsmarktlage ist der Erfolg eines Bewerbungsgesprächs besonders wichtig. Dazu schreibt Grießhaber:

> „Bei der Bewerberauswahl spielt die persönliche Vorstellung eine kaum zu unterschätzende Rolle: auch bei Verwendung standardisierter Testverfahren gilt der unmittelbare persönliche Kontakt weiterhin als entscheidende Grundlage für die endgültige Auswahl" (1987: 1).

Trotz ihrer Wichtigkeit können Bewerbungsgespräche wegen der Schwierigkeiten, diese Gespräche aufzunehmen, nur selten untersucht werden. Bewerbungsgespräche sind „das bestgehüteteste Geheimnis in sozialen und wirtschaftlichen Institutionen" (Lepschy 1995: 15).

Bezüglich des Mangels an empirischen Untersuchungen von Bewerbungsgesprächen vertritt Grießhaber eine ähnliche Ansicht:

> „Trotzdem [trotz der Bedeutung der Einstellungsgespräche] war das Einstellungsgespräch wissenschaftlichen Untersuchungen schwer zugänglich. Zum einen gab es keine authentischen reproduzierbaren Aufzeichnungen von solchen Gesprächen, wodurch sich Analysen auf Gesprächsnotizen oder simulierte Gespräche stützen mussten. Zum anderen können die bislang fast ausschließlich verwendeten statistischen Untersuchungsmethoden (an überwiegend durch Simulation gewonnenem Datenmaterial) wesentliche Charakteristika natürlicher Kommunikation nicht erfassen" (1987: 1).

Meine Untersuchung erhebt ihre empirischen Daten aus realen Bewerbungssituationen. Bis jetzt beschränkten sich alle entsprechenden Untersuchungen auf nur eine Kultur. Die vorliegende Arbeit untersucht zwei Kulturen (die deutsche und die chinesische). Ein kultureller Kontrast wird aber nicht in dem Sinn erforscht, welche interkulturellen Missverständnisse entstehen, wenn Interviewer und Bewerber aus unterschiedlichen Kulturen entstammen. Stattdessen werden die Bewerbungshandlungen unabhängig voneinander in der deutschen und taiwanischen Kultur untersucht und in einem weiteren Schritt miteinander verglichen. Durch den daraus resultierenden Kontrast werden einerseits deren jeweilige kulturabhängige Handlungsqualitäten komplex verdeutlicht. Andererseits ergänzen sich die Bewerbungshandlungen der beiden Kulturen und die Vielfalt der Handlungsqualitäten der Bewerbungen kommt vollständig zum Vorschein.
Als Forschungsmethode verwende ich die seit 1972 von Ehlich und Rehbein entwickelte Diskursanalyse. Diese betrachtete Kommunikation als eine Interaktion zwischen Sprecher und Hörer. Außerdem berücksichtigt sie noch den gesellschaftlichen Zweck, von dem die Kommunikation ausgeht und der in der Kommunikation vollendet wird. Diesbezüglich bilden sich im gesellschaftlichen Entwicklungsprozess bestimmte sprachliche Handlungsformen heraus, die zur Befriedigung der sich wiederholenden gesellschaftlichen Bedürfnisse dienen.

> „Sprachliche Handlungsmuster, oder abkürzend gesagt, Muster, sind also die Formen von standardisierten Handlungsmöglichkeiten, die im konkreten Handeln aktualisiert und realisiert werden. Die Handelnden verwirklichen in ihrem Handeln ihre Zwecke. Die einzelnen Muster bilden Potentiale für die Realisierung von Zwecken, derer sich die Handelnden ... bedienen" (Ehlich / Rehbein 1979:250)

Bei der Rekonstruktion dieser Handlungsmuster werden die mentalen Prozesse von Sprecher und Hörer miteinbezogen:

„Die Analyse des sprachlichen Handelns als gesellschaftlicher Tätigkeit im Zusammenhang anderer gesellschaftlich determinierter Tätigkeiten des Menschen muß die mentalen Tätigkeiten der Handelnden als eigene Prozesse und Sachverhalte mit in die Analyse aufnehmen" (ebd.: 256).

Im Unterschied zur amerikanischen Konversationsanalyse, die sich nur auf die sprachliche Oberfläche beschränkt, bezieht die Diskursanalyse den gesellschaftlichen Zweck sowie die mentalen Prozesse des Sprechers und des Hörers in die Analyse mit ein (ebd.). So können trotz der Vielfalt der sprachlichen Äußerungen die notwendigen Haupthandlungen und somit deren Handlungsmuster ermittelt werden, welches die grundlegende Struktur des jeweiligen Diskurses darstellt. Das Untersuchungsmaterial der Diskursanalyse ist hauptsächlich die Kommunikation in Institutionen wie z.B. Arzt-Patient-Kommunikation, die Interaktion in Gerichtsverhandlungen, Kommunikation in der Schule usw. Dies gilt auch für die von mir erhobenen Bewerbungsgespräche in einer wirtschaftlichen Institution, dem Softwareunternehmen *Trend Micro*.

2. Datenkorpus

Im Folgenden gehe ich auf die Auswahl der Institution und auf die der Bewerbungsgespräche ein.

2.1 Auswahl der Institution

Um die grundlegende Charakteristik der chinesischen und der deutschen Bewerbungsgespräche zu ermitteln, müssen die Gespräche vor Ort aufgenommen werden. Um weiterhin eine Vergleichsbasis der Ergebnisse zu ermöglichen, sollten die zu analysierenden Gespräche von derselben Firma stammen. Dabei kann es sich entweder um eine deutsche Mutterfirma mit einer taiwanischen Niederlassung oder um eine taiwanische Firma mit einer deutschen Niederlassung handeln. Da die deutschen Niederlassungen in Taiwan meistens einen deutschen Vorgesetzten haben und die leitenden Mitarbeiter in aller Regel Deutsch sprechen sollen, sind solche Bewerbungsgespräche durch den überwiegenden Gebrauch der deutschen Sprache und der damit verbundenen Konventionen bestimmt. Deswegen wählte ich eine taiwanische Mutterfirma aus, die eine Niederlassung in Deutschland besitzt und dort einen deutschen Geschäftsführer hat. Somit ist die Vergleichbarkeit zwischen chinesischen und deutschen Bewerbungsgesprächen gewährleistet. *Trend Micro* ist eine der wenigen taiwanischen Firmen, die eine Niederlassung in Deutschland haben.

2.2 Auswahl der Bewerbungsgespräche

Als Ort der Untersuchung habe ich das Softwareunternehmen *Trend Micro* ausgewählt, und zwar das Mutterhaus der Firma in Taipeh wie auch die Zweignie-
derlassung Petershausen in der Nähe von München. Dort wurden die Bewerbungsgespräche bezüglich der ausgeschriebenen Stellen für Vertriebsleiter, Vertriebsmitarbeiter und Marketingmanager aufgenommen. Die Mutterfirma hatte
einen taiwanischen Vertreter nach Deutschland zur Beobachtung der Bewerbungsgespräche geschickt. Er ist am dritten Tag der Bewerbungsgespräche in
Deutschland angekommen. Seit seiner Anwesenheit waren die Bewerbungsgespräche deutsch-englisch gestaltet. In Deutschland wurden 30 und in Taiwan 18
Bewerbungsgespräche aufgenommen. Für die Analyse und Interpretation wurden weitere Materialien herangezogen:

A. Stellenanzeigen als erster Kontakt zu Bewerbern (deutsch und chinesisch)
B. Selbstdarstellung der Firma (deutsch und chinesisch)
C. die Bewerbungsunterlagen (deutsch und chinesisch)
D. Vorbereitungsbesprechung für die Bewerbungsgespräche und Interne Vor-
   auswahl (nur deutsch)
E. Bewertungsdiskussion bzw. schriftliche Kommentare über die einzelnen
   Bewerber (deutsch und chinesisch)
F. Inhalte der verschiedenen Tests (deutsch und chinesisch)

Ich habe sowohl mündliche Kommunikationen (Vorbereitungsbesprechung für
die Bewerbungsgespräche, Bewerbungsgespräche, Bewertungsdiskussionen) als
auch schriftliche Kommunikationen (Stellenanzeigen, Bewerbungsschreiben,
Bewerbungsunterlagen, Arbeitszeugnisse usw.) archiviert, um die Ermittlung der
Handlungsqualitäten der Bewerbungsgespräche zu vervollständigen und zu erleichtern. Die schriftliche und mündliche Kommunikation ergänzen sich und
stehen in einem kontinuierlichen Zusammenhang: Der Inhalt der Bewerbungsunterlagen bezieht sich auf die betreffende Anzeige und dient als „Vorgriff auf
das Vorstellungsgespräch" (Kranz 1991: 342; vgl. dazu Grießhaber 1987: 87).
Die Bewerbungsdiskussion bzw. der schriftliche Kommentar greifen auf die jeweiligen Bewerbungsgespräche zurück.

3. Formaler Ablauf des Bewerbungsgesprächs in Deutschland und in Tai-
wan

Hier wird zunächst der gemeinsame Ablauf der deutschen Bewerbungsgespräche
skizziert und anschließend der chinesischen Bewerbungsgespräche in Taiwan.

3.1 Bewerbungsgespräche in Deutschland

In Deutschland beginnt das Bewerbungsgespräch mit einer formalen Begrüßung an, die zur Konvention der Höflichkeit gehört. Danach geht der deutsche Interviewer auf die Fachqualifikation des Bewerbers ein (Lebenslauf, Lücken im Lebenslauf, Studium, Ausbildung, Praktikum, Berufserfahrung usw.). Dies hilft dem Interviewer, eine Einschätzung vorzunehmen, ob der Bewerber den Anforderungen der Stelle gewachsen ist. Daraufhin geht er noch auf die Fremdsprachenkenntnisse des Bewerbers ein: Zunächst soll der Bewerber selbst einschätzen oder bewerten, wie gut er Englisch spricht. Wenn der Bewerber den Interviewer nicht überzeugen kann oder der Interviewer den Eindruck gewinnt, dass die Englischkenntnisse des Bewerbers nicht ausreichen, schaltet der Interviewer das Gespräch sofort von Deutsch auf Englisch um und stellt den Bewerber auf die Probe. Falls dieser Auslandserfahrungen (z.B. Auslandsstudium, Berufspraktika bei einer ausländischen Firma usw.) hat, stellt er ihn nicht auf die Probe. Darauf folgt ein schriftlicher Test über Internetkenntnisse. Dabei werden sowohl schriftliches Fachenglisch als auch Internetkenntnisse geprüft. Dann findet ein Rollenspiel für Verkaufsstrategie statt. Während der Interviewer den Test korrigiert, hat der Bewerber fünf Minuten Zeit, sich anhand von Prospekten Informationen über die Produkte zu erarbeiten. Daraufhin soll er den Interviewer überzeugen, die Produkte der anzustrebenden Firma zu kaufen. Dann bespricht der Interviewer mit dem jeweiligen Bewerber das Testergebnis.

Anschließend soll der Bewerber eine eigene Gehaltsvorstellung nennen. Trotzdem bietet der Interviewer nur das geplante Gehalt an. Für Salesmanager bietet die deutsche Firma 6.500 DM (3.323,11 Euro) brutto als Grundgehalt und jeweils 2% Provision sowohl vom eigenen Verkaufsumsatz als auch vom gesamten Umsatz der drei unterstellten Mitarbeiter an. Ein Vertriebsmitarbeiter verdient 4.500 DM (2.300,61 Euro) brutto als Grundgehalt und dazu noch 4% Provision vom eigenen Verkaufsumsatz. Daraufhin wird der Interviewer das Bewerbungsgespräch kommentieren. Davor allerdings ermuntert er den Bewerber, seine Fragen bezüglich der Stelle und der Firma zu äußern. Zum Schluss zeigt der Interviewer dem Bewerber noch die Räumlichkeit der Firma und verabschiedet sich.

3.2 Bewerbungsgespräche in Taiwan

Nach der Ankunft und vor dem Bewerbungsgespräch soll der Bewerber das standardisierte Formular ausfüllen und einige Fragen schriftlich beantworten. Auf dem Formular gibt der Bewerber persönliche Daten an (Name, Anschrift, Schulbildung / Studium, Berufserfahrung, Ausbildung, anzustrebende Stelle,

Hobbies, Fremdsprachenkenntnisse, Militärdienst, Antrittsdatum / Anfangsdatum usw.). Die schriftlichen Fragen können im Bewerbungsgespräch wiederholt vorkommen. Es wird beispielsweise nach der Einschätzung der eigenen Leistung im Studium oder auf der vorhergehenden Stelle gefragt, und es werden Englischkenntnisse, Beweggründe, Motivation für eine Bewerbung um die zur Disposition stehende Stelle usw. hinterfragt. Sie dienen dazu, dass der Interviewer nach dem Bewerbungsgespräch noch das entsprechende Wissen aktivieren kann und die Personalabteilung die entsprechenden Daten für die zukünftige Personalauswahl zur Verfügung hat. Außerdem soll der Bewerber entweder vor oder nach dem Bewerbungsgespräch einen schriftlichen Test ablegen. Der Test ist am IQ (Intelligenz-Quotient) und EQ (Emotionaler Quotient) orientiert. Im Bewerbungsgespräch geht der jeweilige taiwanische Interviewer nach der Begrüßung sofort auf den Lebenslauf und die Berufserfahrungen des Bewerbers ein, um einzuschätzen, ob der Bewerber prinzipiell die offene Stelle übernehmen kann. Dann findet eventuell noch ein Rollenspiel statt. Ein Rollenspiel kommt in der Regel nur bei den besten Kandidaten vor. Zum Schluss lässt der taiwanische Interviewer dem jeweiligen Bewerber Zeit, um seinerseits Fragen zu stellen. Daraufhin stellt der taiwanische Interviewer den weiteren Bewerbungsprozess dar oder kommentiert eventuell seinen Gesamteindruck des Bewerbungsgesprächs. Dann verabschiedet er sich.

3.3 Bewerbungsgespräche im Vergleich

Sowohl in Deutschland als auch in Taiwan gehen die Interviewer nach der Begrüßung auf die Fachqualifikation ein (Lebenslauf, Berufserfahrungen usw.) und lassen vor der Gesprächsbeendigung dem jeweiligen Bewerber Zeit, Fragen zu stellen. In den beiden Ländern findet auch ein schriftlicher Test statt. In Deutschland bezieht sich der Test auf die Internetfachkenntnisse. In Taiwan werden beim IQ-Test grundlegende Begriffe aus Physik, Geometrie und Mathematik sowie zur Logik der Computerprogramme geprüft. Der EQ-Test versucht die Persönlichkeitsqualifikation der Bewerber festzustellen. Sowohl in Deutschland als auch in Taiwan werden die Englischkenntnisse ermittelt. In Deutschland fragt der Interviewer im Bewerbungsgespräch direkt nach den Englischkenntnissen, während diese in Taiwan beim Bewerbungsgespräch kaum berücksichtigt werden[1]. Vor dem Bewerbungsgespräch soll der Bewerber selbst einschätzen, wie gut die eigenen Englischkenntnisse sind, und diese Selbsteinschätzung auf dem Anmeldeformular eintragen (schlecht, angemessen, gut, sehr gut). In Deutschland kommt das Rollenspiel fast bei jedem Bewerber vor, dagegen in Taiwan fast nur bei den besten Kandidaten. Somit stellt in Taiwan die Durchführung eines Rollenspiels einen Indikator für eine positive Bewertung durch den Interviewer dar.

4. Struktur des Bewerbungsgesprächs

Aus den Pilotstudien werden folgende Musterpositionen (Hauptschritte des Bewerbungsprozesses) ermittelt, die in Bewerbungsgesprächen zugrunde liegen:

Ratifizierung der Fachqualifikation

Bewertung der Persönlichkeitsqualifikation

Rollenspiel

Besprechung der Gehaltsfrage

Feststellung des Antrittstermins

Zeit für Fragen der Bewerber

Kommentar

4.1 Ratifizierung der Fachqualifikation

Im Bewerbungsgespräch erfolgt nach der kurzen Begrüßung und/oder der Eröffnungsphase die *Ratifizierung der Fachqualifikation*. Die fachliche Qualifikation dient als die Voraussetzung dafür, ob der Bewerber die Stelle übernehmen kann. Deswegen ist deren Bewertung ein wesentlicher Zweck des Bewerbungsgesprächs. Obwohl die Firma bei den schriftlichen Unterlagen die Fachqualifikation des Bewerbers bereits überprüft hat, kann sie die beruflichen Erfahrungen sowie die Umsetzung der fachlichen Qualifikation in die Praxis nur in der *Face-to-Face*-Kommunikation einschätzen. Somit handelt es sich beim Bewerbungsgespräch um eine Wiederholung der Feststellung der Fachqualifikation. Sehr viele Bewerber denken, dass sie bereits schriftliche Belege für die Fachqualifikation geliefert haben, und können diese Handlung im Bewerbungsgespräch nicht dekodieren. Beim Bewerbungsgespräch sollen sie im Zusammenhang des Bedarfs der Firma und ihrer Berufserfahrung wesentliche Teile ihrer Fachqualifikation zusammenfassen.

4.2 Bewertung der Persönlichkeitsqualifikation

Neben der Fachqualifikation, wobei man die fachliche Fähigkeit des Bewerbers zur Übernahme der Stelle ratifiziert, ist die Feststellung wichtig, ob sich der jeweilige Bewerber von der Persönlichkeit her dem Arbeitsklima der Firma auch anpassen kann. Der Hauptzweck besteht darin, festzustellen, ob die Persönlichkeit des Bewerbers der Unternehmenskultur entspricht und er zur Erfüllung der Stellenanforderungen bereit ist. Dabei kommen viele emotionelle Faktoren ins Spiel. Es handelt sich hauptsächlich um Motivation, Arbeitshaltung, Flexibilität, Fähigkeit zur Teamarbeit, Sozialkompetenz, Zielstrebigkeit usw. Wenn der Bewerber keine entsprechende Persönlichkeitsqualifikation aufweisen kann, versucht der Interviewer immer wieder diese auszuloten, und somit ergeben sich hier viele Rekursionen zwischen dem Interviewer und dem Bewerber.

4.3 Rollenspiel

Wenn der Bewerber sowohl bei der *Fach-* als auch bei der *Persönlichkeitsqualifikation* positiv bewertet wird, erfüllt er die wesentliche Voraussetzung, die Stelle zu übernehmen. Dabei wird die grundlegende Bewertung über den Bewerber vollendet. Um diese Bewertung noch einmal zu überprüfen, führen der Interviewer und der Bewerber oft ein Rollenspiel durch.

Das Rollenspiel versetzt den Bewerber in eine Realsituation, die ihn in simulierter Weise mit seinem neuen Aufgabenfeld konfrontiert. Das Rollenspiel kann als Ratifizierung funktionieren, entweder für die Fach- oder für die Persönlichkeitsqualifikation. Wenn der Bewerber sich im Rollenspiel bewährt, sind die einzigen Möglichkeiten, die das Bewerbungsgespräch noch zum Misslingen führen können, die Gehaltsfrage und der Antrittstermin.

4.4 Besprechung der Gehaltsfrage

Zum Schluss überprüfen sowohl der Interviewer als auch der Bewerber noch, ob die Entgeltung der Leistung, also das Gehalt, den Vorstellungen der beiden entspricht.

Es gibt zwei Möglichkeiten: Der Interviewer bietet ein geplantes Gehalt an, dabei spielen sowohl die Berufserfahrungen als auch das Alter des Bewerbers keine Rolle. So erfolgt die Bekanntmachung der Gehaltshöhe. Im anderen Fall kann der Bewerber das gewünschte Gehalt nennen. Dann entscheidet sich der Interviewer, ob er es annimmt oder mit dem Bewerber verhandelt.

Das Gehalt muss höher liegen als der Betrag, der zur Erhaltung der Existenz des Bewerbers vonnöten ist. Falls die endgültige Entscheidung erst nach mehreren Gesprächen getroffen wird, wird das Gehalt zumeist im letzten Gespräch behandelt.

4.5 Feststellung des Antrittstermins

Die *Feststellung des Antrittstermins* kann zwar mittels einer Frage schnell erfüllt werden, aber oft zum Misslingen des Bewerbungsprozesses führen. Deswegen ist sie als eine Musterposition der *Bewerbung* qualifiziert: Falls der Bewerber nicht zum gewünschten Termin der Firma einsatzbereit ist, ist die Firma manchmal gezwungen, auf den besten Kandidaten zu verzichten. Dies ist auch der Grund, warum eine angemessene Kündigungsfrist nötig ist. Sie soll vermeiden, dass die Funktionen der Firma wegen unerwarteten Mangels an Arbeitskräften versagen.

4.6 Zeit für Fragen der Bewerber

Da der Interviewer die Macht hat, den Bewerber auszuwählen, ist seine Stellung meistens höher anzusiedeln als die des Bewerbers. Der Bewerber lässt auch den Interviewer das Gespräch strukturieren und verhält sich kooperativ. Die Musterposition *Zeit für Fragen der Bewerber* kann vor oder nach dem Gesamtkommentar (also vor der Beendigung des Gespräches) eingelegt werden. Dabei übergibt der Interviewer das Strukturierungsrecht des Gespräches an den Bewerber. Die meisten Bewerber werden versuchen, Unklarheiten zu bereinigen oder mehr Informationen über die neue Stelle anzufordern. Sie verwenden oft die sprachliche Form *Fragen*, um Unverstandenes zu klären bzw. Wissenslücken zu schließen.

4.7 Kommentar / Feststellung des Interesses an der neuen Stelle

Der *Kommentar* kann vor oder nach der *Gehaltsbesprechung* erfolgen. Wenn sowohl das Gehalt als auch der Antrittstermin als Kriterien für die Entscheidung gelten, kommt der Kommentar als die endgültige Entscheidung erst nach diesen beiden Musterpositionen vor. Im anderen Fall erfolgt er vor der *Gehaltsbesprechung*. Wenn über die Stellenvergabe erst nach zwei oder drei Bewerbungsgesprächen entschieden wird und es sich nicht um das letzte Bewerbungsgespräch handelt, gibt der Interviewer statt einer Zusage nur einen Kommentar über das vergangene Bewerbungsgespräch ab. Wenn die endgültige Entscheidung über die Vergabe der Stelle mittels eines einzigen Bewerbungsgesprächs getroffen wird, wird der Interviewer bei positiv bewerteten Bewerbern hier entweder fest-stellen, ob der Bewerber weiterhin Interesse an der ausgeschriebenen Stelle hat, oder eventuell schon die Stelle vergeben.

4.8 Verabschieden

In Deutschland stellt der Interviewer – unabhängig von der Bewertung – vor dem Abschied noch die Räumlichkeiten der Firma vor. Das Anliegen dabei ist, zu zeigen, wie die Firma räumlich strukturiert ist, wer wo sitzt und wo sich vor-aussichtlich der künftige Arbeitsplatz befindet.

In Taiwan wird ein positiv bewerteter Bewerber möglichst sofort zur zweiten Runde des Bewerbungsgesprächs weitergeleitet. Meistens erklärt der Intervie-wer noch, wie lange der Interviewprozess andauern wird.

Dann verabschieden sich die Beteiligten. Falls der Bewerber noch den IQ-EQ-Test ablegen soll, wird er dies in der Regel im Sitzungsraum erledigen, wobei der Interviewer bereits den Raum verlässt.

4.9 Vergabe der Stelle / Absage

Die Stellenvergabe wird meistens am Ende des letzten Gespräches bekannt ge-geben. Trotz der mündlichen Zusage erfolgt die endgültige Stellenvergabe schriftlich. Die Verschiebung der Zusage auf einen späteren Termin gewährt der Firma einen gewissen Spielraum, alle positiv bewerteten Bewerber noch einmal miteinander zu vergleichen. Außerdem kann der Interviewer oft nicht allein die-se Entscheidung treffen. Der Hauptchef der betreffenden Abteilung, die Vorge-setzten der anderen Abteilungen und eventuell der Personalchef wirken bei die-sem Entscheidungsprozess mit. Bietet der Interviewer dem Bewerber die Stelle an, so hat jener das Entscheidungsvorrecht. Nur wenn der Interviewer zu einer positiven Entscheidung gelangt, wird die Entscheidung des Bewerbers erst rele-vant.

Mit einer schriftlichen Absage kann die Firma eventuelle Komplikationen und Streitereien während des Bewerbungsgesprächs vermeiden. Bei einer Ablehnung beendet der Bewerber den Bewerbungsprozess. Bei einer Annahme kommt es zu einem Vertragsabschluss.

5. Besprechung der Gehaltsfrage

Aus Platzgründen gehe ich nur auf einen der wichtigen Hauptschritte des Bewerbungsgesprächs ein, nämlich die Besprechung des Gehalts:

Das Gehalt spielt sowohl für den Bewerber als auch für den Interviewer eine entscheidende Rolle. Für die meisten Bewerber dient das Gehalt als Existenzgrundlage, während es für den Interviewer eine finanzielle Ausgabe der Firma bedeutet. In dieser Hinsicht befinden sich beide in einer gegensätzlichen Position. Dabei vergleichen und kalkulieren sowohl der Interviewer als auch der Bewerber das Leistungspotential mit dem Gehalt, ähnlich wie bei *Kauf und Verkauf* (vgl. Franke 1985; Hundsnurscher / Franke 1985).

Es kommt bei manchen Bewerbungsprozessen keine *Gehaltsbesprechung* vor, vor allem wenn das Gehalt schon bei der Anzeige genannt wird. Dazu Lepschy:

> „Die Gehaltsfrage ... spielt bei Stellenbesetzungen im sozialen Bereich in der Regel keine zentrale Rolle, da je nach Tätigkeit und Berufsabschluss festgelegte Gehaltseinstufungen vorliegen, die meistens bereits in der Stellenanzeige aufgeführt sind" (1995 : 222).

Im öffentlichen Dienst werden generell die Gehaltsstufen genannt. Dagegen geben die meisten Firmen in den Stellenanzeigen selten ein Gehalt an. Lepschy behandelt keine authentischen Bewerbungsgespräche, sondern die entsprechenden Rollenspiele und behauptet, dass das Gehalt keine zentrale Rolle spiele. Die meisten Rollenspiele behandeln weder das Gehalt noch den Kommentar. Dies liegt hauptsächlich daran, dass es sich hier um eine simulierte Situation handelt, so dass weder der Bewerber noch der Interviewer sich dafür interessieren, wie hoch das Gehalt ist und ob die neue Stelle vergeben wird.

Die meisten Firmen geben in den Stellenanzeigen kein Gehalt an. Damit behalten sie sich einen Spielraum vor, den besten Kandidaten durch ein hohes Gehalt zu einer positiven Entscheidung für die Firma zu überzeugen. Bei dem hier vorliegenden Untersuchungsmaterial wird sowohl in Deutschland als auch in Taiwan kein Gehaltsrahmen in der Anzeige genannt. Dieser wird erst im Gespräch besprochen.

In Deutschland findet die *Gehaltsbesprechung* meistens vor dem *Rollenspiel* statt. Da sie bei jedem Bewerber vorkommt, handelt es sich hierbei um eine geplante Gesprächshandlung. In Taiwan muss der Bewerber zwei, drei Bewerbungsgespräche bestehen und führt meistens erst kurz vor der Einstellung ein weiteres Gespräch über das Gehalt mit dem Personalchef durch.

Trend Deutschland als eine Niederlassung muss sich selbst finanzieren und zusätzlich der Mutterfirma Abgaben leisten. Da der Geschäftsführer selbst die Buchhaltung führt, entscheidet er über das Gehalt. Er spricht mit dem Bewerber schon im ersten Gespräch über das Gehalt. In der Anzeige hat die Firma kein Gehalt genannt und stattdessen wird jeder Bewerber gebeten, eigene Gehaltsvorstellungen zu nennen. Dazu hat das Handbuch *Optimale Vorbereitung für Ihr Bewerbungsgespräch* beim Muster-Bewerbungsbrief vorgeschlagen, das jetzige oder das gewünschte Gehalt anzugeben (Berk 1992: 13). Jedoch sind die meisten Bewerber diesem Ratschlag nicht gefolgt. Daraus lässt sich schlussfolgern, dass die Besprechung des Gehalts ein heikles Thema ist. Es wird in schriftlichen Unterlagen kein Gehalt genannt, damit der Interviewer nicht wegen des hohen Gehalts abgeschreckt wird. Bei einem niedrigen Gehaltsvorschlag seinerseits wird der Bewerber allerdings benachteiligt. Deswegen wollen die meisten Bewerber in einem persönlichen Gespräch diskutieren, um eine für die beiden befriedigende Lösung zu ermitteln. Trotzdem spricht im Gespräch fast nur der Interviewer aus eigener Initiative das Thema an, aber kaum der Bewerber. Sowohl in Deutschland als auch in Taiwan werden die besten Bewerber wegen ihrer hohen Gehaltsvorstellungen nicht eingestellt. Da das Gehalt eine Ausgabe der Firma bedeutet, wird bei ähnlich qualifizierten Bewerbern derjenige bevorzugt angestellt, der ein niedrigeres Gehalt verlangt. In diesem Fall dient das Gehalt auch als Auswahlkriterium (Entscheidungskriterium).

Obwohl der deutsche Interviewer nach dem gewünschten Gehalt der Bewerber fragt, bietet er doch nur ein bereits geplantes Gehalt an: für Salesmanager 6.500 DM (3.323,11 Euro) und für Vertriebsmitarbeiter 4.500 DM (2.300,61 Euro) brutto. Da die Höhe des Gehaltes von der ausgeschriebenen Stelle, aber nicht von der Qualifikation des jeweiligen Bewerbers abhängt, ersieht man, dass Berufserfahrungen, Alter, der Abschluss des Bewerbers usw. bei diesem Thema keine Rolle spielen. Das Gehalt besteht aus einem Fixum und einer Provision. Die Höhe der Provision hängt vom Verkaufsumsatz ab. Sowohl der Vertriebsleiter als auch der Vertriebsmitarbeiter verdienen 4% des Nettoverkaufswertes. Der Salesmanager verdient jeweils 2% vom eigenen Verkauf und vom Verkaufswert der unterstellten Mitarbeiter[2] und der Vertriebsmitarbeiter 4% vom eigenen Verkaufsumsatz. Da der deutsche Interviewer ein fixes Gehalt anbietet, wird die Gehaltsbesprechung mit der gleichen Reihenfolge wie auch fast mit denselben Ausdrücken der Gehaltsnennung durchgeführt, als wenn der deutsche Interviewer einen Vortrag halten würde (Verkettung der Sprechhandlung).

In Taiwan dagegen wird je nach Berufserfahrung, Alter sowie nach Abschluss ein unterschiedliches Gehalt angeboten. Dort weiß kein Mitarbeiter, wie viel seine Kollegen jeweils verdienen. Alle Gehälter kontrolliert der Personalchef. Da jeder Mitarbeiter unterschiedliche Erfahrungen und verschiedene Leistungen

(Verkaufsumsatz) hervorbringt, akzeptiert man, dass jeder unterschiedlich verdient. In Taiwan geht der Personalchef auf die Wünsche des Bewerbers ein: Wenn ein Bewerber ein hohes Gehalt verlangt, bekommt er weniger Provision oder einen geringeren Bonus. So erreicht der Personalchef das Ziel, dass jeder bei gleicher Leistung ein ähnliches Gehalt bekommt. Wie in Deutschland wird in Taiwan auch ein Gehalt angeboten, das aus einem Festbetrag und aus einer Provision besteht. Um den Verkaufsumsatz zu fördern, ist beim Vertrieb eine leistungsorientierte Provision üblich. In den ersten drei Monaten, die als Probezeit dient, bekommt man keine Provision.

In Deutschland kann ein Bewerber maximal ein doppeltes Gehalt bekommen, z.B. beim Salesmanager dann 13.000 DM (6.646,22 Euro), beim Vertriebsmitarbeiter 9.000 DM (4.601,23 Euro) brutto. Die Tatsache, dass die Mitarbeiter nur maximal ein doppeltes Gehalt bekommen, verfolgt einen bestimmten Zweck: Die Firma will erstens vermeiden, dass ein Mitarbeiter mehr als der Vorgesetzte verdient. Zweitens braucht man nicht mehr zu arbeiten, wenn man einen guten Kunden mit hohem Umsatz hat und die Provision auf einmal gerechnet wird. Damit der Mitarbeiter die Kundenbetreuung nicht auf den nächsten Monat verschiebt, kann der Überschuss auf den nächsten Monat übertragen werden. In Taiwan bekommt man nicht einmal das Grundgehalt, wenn man das Umsatzminimum nicht erreicht. In Deutschland kann man aber auch bei schlechtem Verkauf das Grundgehalt behalten.

Auch wenn der deutsche Interviewer ein geplantes Gehalt anbietet, wird dies nicht in der Anzeige angegeben. Das geschieht mit der Intention, einen Verhandlungsspielraum zu haben, mit dessen Hilfe gute Kandidaten zu einer Entscheidung für die Firma bewegt werden können. Bei den besten Kandidaten wird ein Gehaltsvorschlag vorgelegt und dann besprochen.

(B. 1) *Peter ist der beste Kandidat. Obwohl die Stellenanzeige verlangt, eine Gehaltsvorstellung zu nennen, wird dieses Thema erst im Bewerbungsgespräch angesprochen.*

B: Bewerber, I: Interviewer

110
B:
I: oder so. So, was habe ich noch von Ihnen. Ein großes Fragezeichen bei der Gehalts-

111
B: Ich kenne Sie nicht, und da habe ich mir gesagt, bevor du da irgendetwas
(lacht)
I: Vorstellung. Ja, klar.
(lacht laut)

112
B: schreibst, erst mal vernünftig mal argumentieren. Ich nehme an, Sie haben da so
I: Jaa.

113
B: *Variablen und Fix und/*   *Ja.*
I: *So ist es. Genau dieses. Was, was stellen Sie sich vor, wenn*

114
B: *Ich bin da flexibel. Das Geld ist nicht das wichtigste.*   *Das*
I: *ich fragen darf?*   *OK, gut.*

115
B: *habe ich inzwischen auch schon gelernt.*   *Ich habe meine Erfahrungen*
(lacht)
I:
(lacht)

116
B: *gesammelt.*
I: *Ja, gut, was uns vorschwebt, Sie müssen jetzt erst einmal sagen, ob Sie*

117
B:
(lacht verlegen)
I: *damit leben können, dann reden wir weiter.*   *Wir haben ein monatliches*
(lacht ironisch)

118
B: *Mhm.*   *Mhm.*
I: *Fixum brutto von 6.500 Mark, 13 Monatsgehälter. Das ist das Fixum. Die ersten drei*

119
B: *Mhm.*
I: *Monate keine Provision, Probezeit. Nach den drei Monaten zwei Prozent Provision*

* 150
B:
I: *Umsatzsumme jetzt hier bei 3,6 Millionen liegt, kriegen Sie eine zusätzliche Zahlung*

151
B: *Mhm.*   *Jaja, Geld ist ja nicht*
I: *von 20.000.*   *Ich weiß nicht, Können Sie mit so was leben?*

152
B: *das Interessanteste. Weil da hab ich inzwischen schon meine Erfahrungen gesam-*
I:

Nach der Firmenvorstellung durch den Interviewer erfolgt die *Gehaltsbespre-chung*: *So, was habe ich noch von Ihnen. Ein großes Fragezeichen bei der Ge-haltsvorstellung* (110-111). Mit *so* will der Interviewer das letzte Thema (*Vor-stellung der Firma*) abschließen und dann auf die nächste Frage übergehen: die *Besprechung des Gehaltes*. Mit dem Adjektiv *groß* beim *großes Fragezeichen* deutet der Interviewer an, dass er dies dringend wissen will. An der Tatsache, dass der Interviewer die Fachqualifikation des Bewerbers kaum überprüft und dann bereits auf die Gehaltsfrage zu sprechen kommt, sieht man, dass der Inter-viewer die Bewerbungsunterlagen des Bewerbers sehr positiv bewertet. Aus dem Lebenslauf kann man ablesen, dass der Bewerber schon Salesmanager ist und gute Leistungen erbracht hat. Der Interviewer fragt zwei Male hintereinander nach der Gehaltsvorstellung (110-111, 113-114), der Bewerber bleibt jedoch schweigsam. Beide scheinen zu erkennen, dass die *Diskussion über das Gehalt* das Bewerbungsgespräch zum Scheitern bringen kann und sie gehen mit diesem Thema sehr vorsichtig um. An der Reaktion des Bewerbers gegenüber dem Verlangen der Gehaltsnennung von Seite des Interviewers *Ich kenne Sie nicht* (111) und an der Behauptung, dass der Bewerber erst beim Gespräch darüber sprechen will (111-112), sieht man, dass das Gehalt ein heikles Thema ist und sich der Bewerber rechtfertigen will, wieso er erst beim Bewerbungsgespräch die Höhe seiner Gehaltsvorstellung nennen will.

Da der Bewerber aus eigener Initiative die übliche Art des Gehalts beim Vertrieb andeutet (112-113: *Ich nehme an, Sie haben da so Variablen und Fix ...*) und daraufhin der Interviewer auf das Gehalt eingeht, liegt der Schluss nahe, dass er den Interviewer anregen will, die Gehaltsvorstellung der Firma zu nennen. Da der Bewerber sich weiterhin über die eigenen Gehaltsvorstellungen ausschweigt, formuliert der Interviewer mit Hilfe eines Nebensatzes (113-114: *wenn ich fragen darf)* seine Frage in Form einer Bitte und fordert damit den Bewerber auf, seine Gehaltswünsche zu nennen. Die Antwort des Bewerbers ist doppeldeutig *Das habe ich inzwischen auch schon gelernt. Ich habe meine Erfahrung gesammelt* (114-116). Einerseits will er damit andeuten, dass er viel über das heikle Thema Gehalt gelernt hat. Er will das Vorrecht beibehalten und zunächst wissen, wie viel die Firma anbietet. Andererseits will er wahrscheinlich auch andeuten, dass er viele Berufserfahrungen hat und der Gehaltsvorschlag nicht zu niedrig sein darf. Damit bereitet er den Interviewer vor. Mit dem Ausdruck *... dann reden wir weiter* (117) lässt der Interviewer vor der Darlegung des geplanten Gehaltes einen Spielraum für die Gehaltsverhandlung zu (116-117) und nimmt noch darauf Rücksicht, ob der Bewerber mit dem Gehalt zufrieden ist (151)[3]. Daran erkennt man, dass der Interviewer aus den Bewerbungsunterlagen sowohl die Leistung als auch das Gehalt des Bewerbers ablesen kann und der Bewerber mehr als das geplante Gehalt verdient: Der Umsatz des Bewerbers beträgt bisher 2 Millionen (1.022.494,8 Euro) bis 20 Millionen DM (1.0224.948 Euro). Dies ist offenbar der Grund, warum der Interviewer im Vergleich zu den anderen Bewerbern bei diesem vor der Darlegung des geplanten Gehalts lange zögert und davor den Bewerber wiederholt dazu bewegen will, seine eigenen Gehaltsvorstellungen zu nennen.

Im Gegensatz zu den meisten Bewerbern, bei denen der Interviewer nur das geplante Gehalt darstellt, geht er bei diesem Bewerber wiederholt darauf ein, ob der Bewerber das Gehalt annehmen will. Dadurch will der Interviewer den Bewerber zu einer positiven Entscheidung bewegen. An der Tatsache, dass der Bewerber die Stelle annimmt, lässt sich ablesen, dass das Gehalt bei dieser Firma doch zufrieden stellend ist.

Ein weiteres Beispiel:

(B. 2) *Wolfgang ist der andere ausgezeichnete Kandidat für die Stelle als Vertriebsleiter. Er war CEO¹ bei einer Firma der Informationstechnologie, die selbst Sicherheitssoftware entwickelt. Er hat sowohl technische Kenntnisse, Saleserfahrungen als auch Erfahrungen in der Buchhaltung. Sein einziger Nachteil besteht darin, dass er mit 52 viel älter als die anderen Bewerber ist.*

I: Interviewer, B: Bewerber, T: Vertreter des Taiwanischer Mutterhauses

216

B:	*Ah, wissen Sie, das ist etwas...*
I: *Was ich vermisst habe, war eine Gehaltsvorstellung.*	
T:	

217

B: *Salary*	*that's something, that's something you might negotiate, when*
I:	
T: *Right, right, please go!*	

218

B: *you are sitting face to face. Ja.*	*Hm... here is one thing what I need... the other*
I:	
T:	*Right.*

219

B: *thing is I would like to have...*	
	(laughing)
I: *Mhmm...* *OK. What do you need?*	*That's my question,*
	(laughing)
T: *Right...*	

* 229

B: *is that common, common rule.* *Ja.*	*Ich hätte*
I: *So, what do you need?*	
	(laughing)
T: *OK, OK.*	

230

B: *gerne ein Zieleinkommen von 150.000.*	
I: *Mhm. Ist das netto? Mhm...das ist erreichbar,*	
T:	

231

B:	
I: *sag ich mal... mit einer 50/50 Regelung. Was wir uns vorgestellt haben, ist a basic*	
T:	

232

B: *Ja.*	
I: *salary von 6.500 monatlich. 13-mal, das ist fix, das nächste, Sie haben maximal er-*	
T:	

233

B:	
I: *reichbar monatlich 13.000 und das basiert auf einer Provision des gesamten Ver-*	
T:	

* 262

B:	*Geht die*
I: *sollte, was wir uns jetzt so vorstellen, gibt es noch einen Bonus von 20.000.*	
T:	

263

B: Firma nicht an die Börse?
(lacht)
I: Doch, doch, doch, aber voraussichtlich erst Ende nächs-
T:

264

B:
I: ten Jahres in Japan. He asked about stock.
T: In public, no problem, no problem, two

265

B:
I: Ja... Ja... OK, I just discuss your financial
T: year later, not yet, not yet. In Japan, in Japan, OK.

266

B: Ja... Ja... Ja...
(überlegt kurz)
I: situation, could you accept this? It's OK... It could be
T:

Nach dem Beweggrund geht der deutsche Interviewer direkt auf das Gehalt ein. Der Bewerber soll zunächst eine eigene Gehaltsvorstellung nennen. Trotzdem bietet der Interviewer das ursprünglich geplante Gehalt an. Dabei spielen die Fachqualifikation, die Erfahrungen sowie das Alter des Bewerbers keine Rolle. Daran, dass der Interviewer im Bewerbungsgespräch die fehlende Gehaltsvorstellung feststellte (216) und der Bewerber das Gehalt erst beim Gespräch verhandeln wollte (217-218), erkennt man, dass der Bewerber keine Gehaltsvorstellung in den Bewerbungsunterlagen genannt hat. Als der Interviewer nach dem Gehalt fragte, antwortete der Bewerber nicht direkt, sondern deutete an, dass so etwas nur bei der Face-to-Face-Verhandlung möglich wäre (ebd.). Daran erkennt man, wie vorsichtig der Bewerber mit diesem heiklen Thema Gehalt umgeht, um das Misslingen des Gespräches und somit die negative Bewertung zu vermeiden. Daraufhin weist er auf einen Widerspruch hin: Er steht vor dem Widerspruch zwischen dem, was er braucht und was er haben will (218-219). Der Interviewer will aber nur wissen, was der Bewerber braucht, aber nicht, was dieser will. Hier ist deutlich, dass *wollen* höher als *brauchen* sein kann, und der Interviewer erkennt auch, dass das geplante Gehalt offenbar niedriger als das jetzige des Bewerbers ist.

Der Interviewer lässt aber zunächst den Bewerber sein gewünschtes Gehalt bekannt machen mit dem Zweck, dass er bei der Nennung des geplanten Gehalts auf die Differenz eingehen kann, damit die Gehaltsvorstellungen einander angenähert werden können. Das Zieleinkommen des Bewerbers beträgt 150.000 DM (76.687,12 Euro) Jahreseinkommen (230). Das monatliche Gehalt würde somit 12.500 DM (6.377,55 Euro) betragen. Bei *Trend Deutschland* bekommt ein Salesmanager 6.500 DM (3.323,11 Euro) als Festgehalt und kann aber leicht das

Doppelte erreichen (13.000 DM = 6.646,22 Euro) (232-233). Außerdem bekommt der Bewerber einen Bonus von 20.000 DM (10.224,95 Euro), falls der Jahresnettoverkaufswert mehr als 3.6 Millionen DM (1.840.490,7 Euro) beträgt (262).

Der Interviewer bietet dem Bewerber aber kein höheres Gehalt an. Dies kann daran liegen, dass der vorige Bewerber, Peter, der einen großen Umsatz mitbringen kann, mit dem geplanten Gehalt zufrieden ist. Wenn der Interviewer bereits einen guten Kandidaten in Sicht hat, übt er weniger Nachsicht mit den folgenden Bewerbern. Weil nach der Gehaltsdarlegung des Interviewers der Bewerber statt einer Entscheidung noch die Frage stellt *Geht die Firma nicht an die Börse?* (262-263), erkennt man, dass es zwischen dem angebotenen und dem gewünschten Gehalt eine große Differenz gibt und dass ihn nicht der versprochene Bonus von 20.000 DM, sondern erst der Gewinn an der Börse befriedigen könnte. Die ironische Bemerkung mit der Börse stellt eine hilflose Beschwerde dar. Sowohl in Amerika als auch in Japan ist die Firma *Trend* bereits an der Börse, aber in Deutschland wird dies erst in zwei Jahren der Fall sein (263-265). Da der Bewerber immer noch nicht wörtlich sagt, ob er annimmt, fragt ihn der Interviewer dann direkt: ... *could you accept this?* (266). Die Antwort fällt positiv aus (ebd.). An der Tatsache, dass der Interviewer nicht nur das geplante Gehalt darstellt, sondern feststellen will, ob der Bewerber es akzeptiert, ersieht man, dass der Bewerber positiv bewertet wird.

Normalerweise wird das Gehalt erst nach der positiven Bewertung besprochen. Da *Trend Deutschland* jedoch ein geplantes Gehalt anbietet, will der Interviewer zunächst feststellen, ob der Bewerber das Gehalt annimmt. Weil die *Besprechung der Gehaltsfrage* bei allen Bewerbern vorkommt, erkennt man, dass es hierbei um eine geplante Handlung geht. Die Handlung, dass der Interviewer nur die positiv bewerteten Bewerber (Peter und Wolfgang) danach fragt, ob sie das Gehalt annehmen können, weist darauf hin, dass die Frage als Indikator für eine positive Bewertung dient. Da eine große Differenz zwischen dem gewünschten und dem geplanten Gehalt das Bewerbungsgespräch misslingen lassen kann, wird der Interviewer statt nach der Gehaltsvorstellung nach dem aktuellen Gehalt fragen[5]. Diese Taktik verwendet der taiwanische Personalchef, damit der Bewerber nicht ein beliebiges Gehalt nennt.

(B. 3) *Der Bewerber Tong hat bereits zwei Bewerbungsgespräche bestanden und kommt zum Gespräch mit dem Personalchef. Dabei wird das Gehalt besprochen.*

I: Interviewer, B: Bewerber

177

I: OK, ich habe zum Schluss noch einige Fragen an Sie, weil wir bis jetzt wohl noch
B: Ja.

178
I: nicht über das Gehalt gesprochen haben. Darf ich wissen, wie Ihr Gehalt aussieht?
B:

179
I: 37.000. Noch etwas anderes dazu?   Alles dabei, OK.
B: 37.000.   Schon alles inklusiv.   Ich

180
I: Wie viele Monate haben Sie pro
B: denke, wohl beim jetzigen, mit meinem jetzigen/

181
I: Jahr bekommen?   650.000? Dann haben Sie
B: Im Jahr. Pro Jahr ungefähr 650.000.

182
I: doch viele Monate bekommen.
B: Weil in den letzten Jahren in der Firma/ Es ist jährlich

183
I: Meinen Sie, dass Sie vielleicht dieses Jahr etwas bekommen und im
B: unterschiedlich.

184
I: nächsten Jahr dann nichts?   Haben Sie noch Fragen?
B: Mhm.   Momentan habe ich keine.

Nach der *Feststellung des Antrittstermins* will der Interviewer wissen, wie viel der Bewerber zur Zeit im Monat verdient. Der Interviewer fragt nicht nach dem gewünschten Gehalt, sondern nach dem jetzigen. Daran erkennt man, dass der Interviewer vermeiden will, dass der Bewerber ein beliebiges hohes Gehalt nennt. Nach seinen Angaben verdient der Bewerber monatlich 37.000 NT (ca. 1.186,66 Euro)[6]. Für den deutschen Leser ergibt sich hier eine Besonderheit: Der Interviewer geht neben der Gehaltshöhe noch darauf ein, wie viel der Bewerber pro Jahr verdient. Dies lässt sich damit erklären, dass man in Taiwan aus der Gehaltshöhe nicht die Gesamtsumme des Verdienstes erschließen kann. Da in Taiwan jede Firma ein unterschiedliches Gehaltssystem hat (z.B. meistens 13 Monate Gehalt, aber bei *Telekom Taiwan* 16 Monate), geht der Interviewer noch darauf ein, wie viele Monate er pro Jahr verdient (180-181). An der Tatsache, dass dem Interviewer das Jahreseinkommen von 650.000 NT (20.846,70 Euro) sehr hoch erscheint (181-182), wird deutlich, dass er bereits eine geplante Summenzahl als Gehalt im Kopf hat. Aber er will den Bewerber zunächst das eigene Gehalt nennen lassen, um es mit seinem Gehaltsvorschlag zu vergleichen. Das ist die übliche Taktik bei Gehaltsverhandlungen.

6. Zusammenfassung und Kommentar

Das Gehalt ist für die meisten Bewerber der wichtigste Entscheidungsfaktor bei der Stellenannahme. Aber bei vielen ähnlich qualifizierten Bewerbern stellt für den Interviewer das Gehalt ein Auswahlkriterium dar. Beim Gehalt wird das

Leistungspotential mit der Auszahlung verglichen und kalkuliert, um einen für beide befriedigenden Betrag als Gehalt zu ermitteln. Da dieses Thema auch ein Faktor zum Misslingen des Bewerbungsgesprächs sein kann, dient das Gehalt als Musterposition bei der Personalauswahl.

In Deutschland ist die *Besprechung des Gehalts* eine geplante Handlung und kommt bei allen Bewerbern vor. Dagegen kommt in Taiwan die *Besprechung der Gehaltsfrage* erst nach einer positiven Bewertung zum Tragen. Die *Gehaltsbesprechung* kann hier als ein Indikator für eine positive Bewertung betrachtet werden.

Sowohl in Deutschland als auch in Taiwan kann der Interviewer mittels der Höhe des Gehaltes eine positive Entscheidung des Bewerbers herbeiführen. Da in Deutschland der beste Kandidat mit dem geplanten Gehalt einverstanden ist, bleibt der Interviewer bei seinem geplanten Gehaltvorschlag. Der Bewerber kann aber auch durch zu hohe Gehaltsforderungen bedingt negativ bewertet werden. Deswegen wollen weder der Interviewer noch der Bewerber schon vor dem Bewerbungsgespräch das Gehalt nennen. Die Gehaltswünsche bzw. -vorstellungen spielen auf beiden Seiten die Rolle der letzten Karte im Bewerbungsgespräch. Dies kann letztlich über Erfolg oder Misserfolg der Bewerbung entscheiden.

Anmerkungen

[1] Nur in einem von 18 chinesischen Bewerbungsgesprächen wurde auf englische Sprachkenntnisse Bezug genommen.

[2] Der Salesmanager bekommt 2% der Provision von Vertriebsmitarbeitern. Daran sieht man, dass seine Aufgabe darin besteht, die Mitarbeiter zu motivieren und den Verkauf durch sie zu fördern.

[3] Wegen des nur begrenzt zur Verfügung stehenden Platzes der vorliegenden Arbeit können bei der Einführung der Gesprächsbelege nur wichtige Handlungen zitiert werden. Das Aussparen der Zeilen wird durch das Symbol „*" gekennzeichnet.

[4] Der CEO (Chef Executive Officer) ist derjenige, der die Hauptpolitik der Firma bestimmt.

[5] Bei der Nennung des Gehaltes geben manche Bewerber direkt das gewünschte Gehalt an. Manche Bewerber verlangen mehr als auf ihrer alten Stelle, weil sie wie bei der Stellung auch beim Gehalt befördert werden wollen.

[6] Nach der offiziellen Angabe im Juni 2001 des *Directorate General of Budget Accounting and Statistics Executive Yuan* (行政院主計處: http://140.129.146.192/dgbas03) beträgt das durchschnittliche Gehalt in Taiwan 37.819,66 NT (1.212,55 Euro).

Bibliografie

Auer, P. / Birkner, K. / Kern, F. 1997: Spiegel der Wende in der biographischen Selbstdarstellung von ostdeutschen Bewerberinnen und Bewerbern in Bewerbungsgesprächen. In: Deutsche Sprache 25, 144-156

Becker-Mrotzek, M. 1992: Diskursforschung und Kommunikation in Institutionen. Heidelberg (Studienbibliographien Sprachwissenschaft, Bd. 4)

Berk, D. 1992: Optimale Vorbereitung für Ihr Bewerbungsgespräch: so bekommen Sie Ihren Traumjob. Wien

Brinker, K. 2001: Bewerbungsgespräche mit Ost- und Westdeutschen. Eine kommunikative Gattung in Zeiten gesellschaftlichen Wandels. Tübingen.

Ehlich, K. 1981: Schulischer Diskurs als Dialog? In: Schröder, P. / Steger, H. (Hg.): Dialogforschung. Düsseldorf, 334-369

ders. 1986: Funktional-pragmatische Kommunikationsanalyse – Ziele und Verfahren. In: Hartung, W. (Hg.): Untersuchungen zur Kommunikation – Ergebnisse und Perspektiven. Berlin, 15-40

ders. 1991: Funktional-pragmatische Kommunikationsanalyse- Ziele und Verfahren. In: Flader, D. (Hg.): Verbale Interaktion. Studien zur Empirie und Methodologie der Pragmatik. Stuttgart, 127-143

Ehlich, K. / Rehbein, J. 1972: Zur Konstitution pragmatischer Einheiten in einer Institution: Das Speiserestaurant. In: Wunderlich, D. (Hg.): Linguistische Pragmatik. Frankfurt a. M., 209-254

dies. 1975: Begründen. Kommunikation in der Schule. Arbeitspapier I. Düsseldorf: Seminar für Allgemeine Sprachwissenschaft

dies. 1979: Sprachliche Handlungsmuster. In: Soeffner, H. G. (Hg.): Interpretative Verfahren in den Sozial- und Textwissenschaften. Stuttgart, 243-274

dies. 1986: Muster und Institution. Untersuchungen zur schulischen Kommunikation. Tübingen

Franke, W. 1985: Das Verkaufs-/Einkaufsgespräch. Entwicklung eines dialoggrammatischen Beschreibungskonzepts. In: Wirkendes Wort 35, 53-72

Grießhaber, W. 1987: Authentisches und zitierendes Handeln. Bd. 1: Einstellungsgespräche. Tübingen

ders.: 1988: Entscheidungsfindung in Einstellungsgesprächen. In: Bungarten, Th. (Hg.): Sprache und Information in Wirtschaft und Gesellschaft. Tostedt, 486-502

Gumperz, J. J. et al. 1979: Crosstalk. A Study of Cross-Cultural Communication. Background Materials and Notes to Accompany the B.B.C. Film. Southall: National Centre for Industrial Language Training

Günthner, S.: 1993: Diskursstrategien in der interkulturellen Kommunikation. Analyse deutsch-chinesischer Gespräche. Tübingen

Hundsnurscher, F. / Franke, W. 1985: Das Verkaufs-/Einkaufsgespräch. Eine linguistische Analyse. Stuttgart

Ibelgaufts, R. 1990: „Bewerbungsstrategien für Frauen": Karriereplanung mit System. Niederhausen/Ts.

Jung, M. 1983: Das Vorstellungsgespräch. In: Personal. Mensch und Arbeit 7, 267-270

Kallmeyer, W. 1996: Gesprächsrhetorik. Rhetorische Verfahren im Gesprächsprozeß. Tübingen

Knebel, H. 1973: Das Vorstellungsgespräch. Vorbereitung, Durchführung, Auswertung. München

Knoblauch, R. 1983: Personalauswahl: Neue Wege zur Analyse des Lebenslaufs. In: Personal. Mensch und Arbeit 5, 187-190

Komter, M. 1991: Conflict and Cooperation in Job Interview: A Study of Talk, Task and Ideas. Amsterdam

Kranz, B. 1991: Das Vorstellungsgespräch als Gegenstand der Dialoganalyse. In: Stati, S. / Weigand, E. / Hundsnurscher, F. (Hg): Dialoganalyse III. Referat der 3. Arbeitstagung Bologna 1990. Tübingen, Band I, 341-352

Laske, S. / Weiskopf, R. 1996: Personalauswahl – Was wird denn da gespielt? Ein Plädoyer für einen Perspektivenwechsel. In: Zeitschrift für Personalforschung 4, 295-330

Lepschy, A. 1995: Das Bewerbungsgespräch. Eine sprechwissenschaftliche Studie zur gelingenden Kommunikation aus der Perspektive von Bewerberinnen und Bewerbern. St. Ingbert

Shackleton, V. / Newell, S. 1991: Management Selection: A Comparative Survey of Methods Used in Top British and French Companies. In: Journal of Occupational Psychology 64, 23-26

Shirey, E. G. 1986: A Rhetorical Anaysis of Interviewer Talk During the Job Interview Questioning Process. Dissertation. The Pennsylvania State University

Tenckhoff, P. 1993: Arbeitsmarkt und Personalbeschaffung. In: Wittmann, W. / Kern, W. u.a. (Hg.): Handwörterbuch der Betriebswirtschaft. Teilband 1. 5. Aufl. Stuttgart, 132-151

Westerwelle, A. / Fuchs, A. / Küppers, I. 1999: Berufsführer Informatik. Wien

Zybatow, L. 1994: Sprachstereotyp, Denkstereotyp und interkulturelle Kommunikation. In: König, P. P. / Wiegers, H. (Hg.): Satz-Text-Diskurs. Akten des 27. Linguistischen Kolloquiums. Tübingen, Band 2, 307-312

DEZHANG LIU

SPRACHKOMPETENZ ALS SCHLÜSSELQUALIFIKATION IN DER INTERKULTURELLEN KOMMUNIKATION

1. Einleitung

Im Prozess der Internationalisierung unserer Kontakte, der Verflechtung der Kulturen und der Globalisierung der Weltwirtschaft gewinnt der praktische Dialog zwischen den Kulturen in der Wirtschaft und Wissenschaft bzw. in ihren Institutionen zunehmend an Bedeutung, da territoriale Abgrenzung Menschen mit unterschiedlichem Kulturhintergrund immer seltener trennt und die internationale Mobilität zunimmt. Diese Tendenz wurde auch durch verschiedene Studien in der Wirtschaft und Wissenschaft bestätigt, z.B. setzt sich der Arbeitstag von Führungskräften nach der Beobachtungsstudie von Mintzberger bis zu 80% aus zumeist ungeplanten und relativ kurzen, mündlichen Kommunikationssituationen zusammen (vgl. Kammhuber 2000: 137). Bereits heute beschäftigen deutsche Großunternehmen wie Bayer, Volkswagen, Daimler Chrysler oder Siemens mehr als 50% nicht-deutsche Mitarbeiter, daher werden die Kommunikation und Kooperation mit ausländischen Kollegen oder Partnern immer mehr zu einer alltäglichen Erfahrung auf in- und ausländischen Arbeitsplätzen (vgl. Kühlman / Stahl 2000: 152). In diesem Zusammenhang wird die Lernersprachenkommunikation oder die Lingua franca-Kommunikation, in der sich alle oder die meisten Teilnehmer als Fremdsprachensprecher in einer für sie fremden Sprache verständigen müssen, immer mehr denn je. Entscheidend für das Funktionieren oder Misslingen einer solchen Kommunikation ist neben den interkulturellen, sozialen, fachlichen, intermedialen bzw. methodischen Kompetenzen der an der Kommunikation Beteiligten, über die oft diskutiert wurde und wird, m.E. die

Sprach- bzw. Fremdsprachenkompetenz, weil diese der Kommunikationskompetenz, der interkulturellen Kompetenz sowie den oben erwähnten vier Kompetenzen zugrunde liegt.

Es gab in der letzten Zeit und gibt zur Zeit eine Reihe von Ansätzen über die Ausbildung bzw. Entwicklung interkultureller Kompetenz aus verschiedenen Disziplinen. Es wird auf verschiedene Weise versucht, die interkulturellen Kommunikationsprozesse herzustellen und weiterzuentwickeln, wobei verstärkt jene sprachlichen und nicht sprachlichen Barrieren in den Blick genommen werden, die diese Kommunikation behindern können (vgl. Krumm 2003: 416). Trotzdem sind die Frage, wie die Sprach- bzw. Fremdsprachenkompetenz der Fremdsprachenlerner bzw. -studierenden im interkulturellen Kontext ausgebildet und entwickelt werden sollen und die vielfältigen Funktionen sprachlicher Kommunikation immer noch ein wichtiges Thema in der Diskussion über die Ausbildung der interkulturellen Kompetenz. Viele Fragen zu dem Problem sind unbeantwortet und erfordern deshalb ausgedehnte Forschung. Aus diesem Grund möchte ich im Folgenden zunächst aus der linguistischen Perspektive auf das Organon-Modell der Sprache von Karl Bühler sowie die daraus abgeleiteten drei Partialsprachkompetenzen und ihre Entwicklung eingehen. Anschließend werden der Zusammenhang zwischen der interkulturellen Kommunikation und der Sprachkompetenz sowie deren Ausbildung und Entwicklung versuchsweise dargestellt.

2. Bühlerscher Organon-Modell und Sprachkompetenz

Bis jetzt hat man in der Linguistik viel versucht, ihren Gegenstand aus verschiedenen Perspektiven zu definieren und auf die Frage, was die Sprache sei und worin ihr Wesen bestehe, viele verschiedene Ansichten erhalten. Aus dem funktionalen Aspekt kommen die folgenden Antworten wie „Die Sprache ist ein Werkzeug des Denkens und Handelns", „Die Sprache ist ein Mittel der Verständigung", „Die Sprache ist das wichtigste Kommunikationsmittel" etc. (Gross 1990: 20). Hier wird die Sprache als ein *Werkzeug* oder ein *Mittel* dem Denken, der Verständigung bzw. der Kommunikation unter- oder zugeordnet. Dadurch wird ihr Wesen zur menschlichen Kommunikation betont. D.h. mit diesem Werkzeug oder Mittel teilt einer dem anderen etwas über Gegenstände bzw. Sachverhalte mit, und somit kommunizieren sie miteinander.

In diesem Zusammenhang haben Wissenschaftler bei der Beschäftigung mit der gesprochenen Sprache auch Kommunikationsmodelle entwickelt. Zu nennen ist das von Karl Bühler entwickelte bekannte Organon-Modell, das häufig zitiert bzw. angeführt wurde und wird. In seinem Modell greift Bühler die funktionale

Bestimmung der Sprache auf, unterscheidet die dialogische von der adialogi-
schen / monologischen Funktion der Sprache und benennt dazu jeweils drei
Funktionen, zu der ersten nämlich *Ausdruck*, *Appell* und *Darstellung* (vgl. Fischer / Uerpmann 1996: 23). Hier erklärt Bühler das Wesen der Sprache aus ihrer Stellung im Akt der Kommunikation. Wenn eine Person sich äußert, betrifft
dies drei Bezüge dieser Äußerung, nämlich den Sprecher (Sender), den Hörer
(Empfänger) und die Gegenstände oder Sachverhalte, über die etwas geäußert
wird. Die Funktion Ausdruck, die sich auf den Sprecher selbst bezieht, gibt die
Auskunft über die innere Befindlichkeit des Sprechers. Die zweite, nämlich auf
den Hörer bezogene Funktion Appell drückt aus, dass der Sprecher im Hörer
eine bestimmte Reaktion auslösen will. Mit der dritten Funktion Darstellung gibt
der Sprecher einen Verweis auf etwas, was in der Welt geschieht (vgl. Kammhuber 2000: 139; Fischer / Uerpmann 1996: 24).

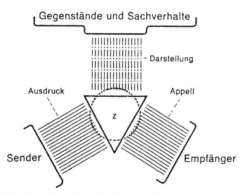

Das Organon-Modell der Sprache von Karl Bühler (Fischer / Uerpman 1996: 23)

Hier zu erwähnen ist, dass sich die Unterscheidung von den drei Funktionen
Ausdruck, Appell, Darstellung nur in der Theorie vollziehen lässt. In der Wirklichkeit kann nur vom Überwiegen der einen oder anderen Funktion gesprochen
werden. Aber aus dem Bühlerschen Organon-Modell können, wie Kammhuber
dargestellt hat, drei Partialkompetenzen abgeleitet werden, die als Grundlage der
Sprachkommunikation, nämlich als sprachliche Kompetenz in der intra- und interkulturellen Kommunikation fungieren können, nämlich 1. *Darstellungskompetenz*, 2. *Ausdruckskompetenz*, 3. *Gesprächskompetenz* (Kammhuber 2000:
140).

Wie uns allen bekannt ist, verfügt jeder Mensch über eine kommunikative Kompetenz und damit auch über die Fähigkeit, sich in seiner Kultur sprachlich im allgemeinen angemessen zu verhalten, wobei kommunikative Kompetenz nicht nur kulturelle Kompetenz, sondern auch die Sprachkompetenz voraussetzt, da nicht jeder Sprecher über dieselben sprachlichen Fähigkeiten verfügt. Daher kann beobachtet werden, dass auch in der intrakulturellen Kommunikation oft Missverständnisse oder falsche Vorstellungen zwischen den Gesprächspartnern vorkommen. Dies ist freilich auf die Kenntnisse, Erfahrungen und Weltvorstellungen der an der Kommunikation Beteiligten zurückzuführen. Aber dies bezieht sich ohne Zweifel auch auf die sprachlichen Elemente einer Äußerung. In diesem Sinne sind die oben erwähnten drei partialen sprachlichen Kompetenzen für die intra- bzw. interkulturelle Kommunikation äußerst wichtig.

Was die Darstellungskompetenz anbelangt, umfasst sie kommunikative Leistungen einer Person, wie Präsentieren, Erklären, Informieren und Argumentieren. Ziel ist, einen Sachverhalt oder Gegenstand so verständlich und überzeugend dem Gesprächspartner vermitteln zu können, so dass der geschilderte Sachverhalt oder Gegenstand aus der Senderperspektive wahrgenommen und beurteilt werden kann. Dabei sind einige von Kammhuber betonte, wichtige Kriterien wie Verständlichkeit, Einfachheit, Gliederung und Ordnung, Kürze und Prägnanz, Anregung und Interesse, hörerbezogene Sprechweise zu berücksichtigen (vgl. Kammhuber 2001: 140f.).

Die Ausdruckkompetenz dominiert in all jenen sprachlichen Äußerungen, die von einem Sprecher normalerweise mit dem Blick auf seinen Gesprächspartner gemacht werden, um etwa einen seelischen Zustand, nämlich seine in einer sprachlichen Äußerung enthaltenen Gefühle, auszudrücken, die auf seinen Gesprächspartner einen Eindruck machen und somit von ihm interpretiert werden oder als Orientierung für dessen Handlung dienen, wobei neben dem Inhalt einer Äußerung die begleitenden nonverbalen Signale für die Eindrucksbildung eine wichtige Rolle spielen.

Die Gesprächkompetenz beinhaltet die Fähigkeit, die in einer sprachlichen Äußerung enthaltene Intention, d.h. seinen ausgedrückten Willen für den Kommunikationspartner deutlich machen und ihn dadurch zu einer Stellungnahme bringen zu können. Daher wird die Fähigkeit gefordert, sensibel für die verbalen und nonverbalen Signale des Kommunikationspartners zu sein, aktiv zuzuhören, zu überzeugen statt zu überreden (vgl. Kammhuber 2000: 144).

All diese oben kurz dargestellten Partialkompetenzen, die zu entwickeln sind, werden vorausgesetzt, dass die Kommunikationspartner als kompetente Sprecher einer Sprache kommunizieren. Sie sind entweder Muttersprachler oder

Fremdsprachensprecher, die eine Fremdsprache auf einem hohen Niveau sprechen. Daraus kann gezogen werden, dass die oben kurz angeführten Partialkompetenzen einen wichtigen Faktor für eine gelungene oder misslungene Kommunikation darstellen, insbesondere für die interkulturelle Kommunikation. Daher werden die oben erwähnten drei Partialkompetenzen in diesem Beitrag als Sprach- bzw. Fremdsprachenkompetenz im weiteren Sinne betrachtet. Ursprünglich wird unter dem Begriff *Kompetenz* nach Chomsky das abstrakte, intuitive und kreativ verfügbare sprachliche (bzw. grammatische) Wissen eines idealisierten Sprechers oder Hörers verstanden, auf dem seine Performanz beruht. In der Tat verfügt aber nicht jeder Sprecher/Hörer über dieselben sprachlichen Fertigkeiten, weshalb Hymes den Begriff *Kommunikative Kompetenz* geprägt hat. Im Allgemeinen wird hier damit die Fähigkeit eines Sprechers, die drei Partialkompetenzen, bezeichnet, seine Sprache in verschiedenen Kontexten angemessen zu gebrauchen (Apeltauer 1996: 778).

In diesem Sinne gilt die Sprach- bzw. Fremdsprachenkompetenz im interkulturellen Kontext als eine Schlüsselqualifikation, da sich einerseits die meisten Teilnehmer in einer Lingua-franca-Kommunikationssituation befinden und eine Fremdsprache sprechen und da andererseits es in vielen Fällen von der Sprach- bzw. Fremdsprachenkompetenz der Teilnehmer abhängt, ob das Kommunizieren effektiv und erfolgreich ablaufen kann. Nehmen wir an, dass unsere Kommunikationspartner unsere Sprache sprechen, aber auf keinem hohen Niveau. Um alle Unklarheiten zu beseitigen, sind zusätzliche Erklärungen erforderlich, in vielen Fällen werden auch nonverbale Mittel verwendet. Aber dies alles kann doch nicht garantieren, dass alle Missverständnisse vermieden werden, denn eine Verständigungssprache (egal, ob unsere Erst- oder Zweitsprache) kann immer täuschen, weil dadurch fälschlich der Eindruck entstehen kann, dass alle ein gemeinsames Hintergrundwissen besitzen (vgl. Apeltauer 1996: 779). Darüber hinaus können zwar *Verstehenslücken* in der Kommunikation von den Teilnehmern toleriert werden, aber diese Toleranz hat ihre Grenze und ist von den jeweiligen Interaktionspartnern abhängig. Zu viele Unklarheiten können zu einem Misserfolg oder gar einem Kommunikationsabbruch führen. Dies wird durch die Beobachtung des Verfassers bei einem interkulturellen Workshop zwischen den chinesischen, deutschen und US-amerikanischen Studenten bestätigt, der im Juni 2001 in Qingdao stattfand.

Für den Workshop hatte man sich auf die Arbeitssprache Deutsch geeinigt, weil sowohl die chinesischen als auch die deutschen und die US-amerikanischen Studierenden Germanistikstudenten waren. Aber die Sprachkompetenz war ungleich verteilt, was vorher nicht genug beachtet wurde. Von wenigen Muttersprachlern abgesehen, verständigten sich die meisten Teilnehmer in einer für sie fremden Sprache, wobei das sprachliche Niveau der Fremdsprachensprecher

stark differenzierte. D.h. die US-amerikanischen Teilnehmer waren alle gradua-
te-students und sprachen Deutsch auf einem sehr hohen Niveau, während sich
die chinesischen Teilnehmer alle im dritten Studienjahr des Bachelor-
Studiengangs befanden und Deutsch auf einen niedrigeren Niveau sprachen. Bei
Diskussionen über konfliktreiche Themen mit Menschen aus verschiedenen Kul-
turkreisen konnten sie gegenüber den Muttersprachlern und fortgeschrittenen
US-amerikanischen Fremdsprachensprechern wegen ihres schwachen Fremd-
sprachenniveaus den Vorträgen und Diskussionen nicht folgen, hörten beunru-
higt zu und schwiegen, während die Muttersprachler, aber auch fortgeschrittene
Fremdsprachensprecher die meiste Redezeit in Anspruch nahmen, was schließlich zu Verhaltensunsicherheit, Stress, Missverständnissen und Vorurteilen bzw.
zum Misslingen der interkulturellen Begegnung führte (vgl. Wilke 2001: 459).
Dieser Misserfolg ist in diesem Kontext nach meiner Beobachtung mehr auf die
schwache Fremdsprachenkompetenz der an dem Workshop beteiligten Studenten aus Qingdao zurückzuführen. Freilich gibt es für die fehlgeschlagene Kommunikation auch andere Faktoren, wie z.B. die Teilnehmer haben sich erst in
Qingdao kennen gelernt und somit kennen sie sich nicht gut. Daher fehlt es bei
manchen Referenten, gemeint hier die Muttersprachler und fortgeschrittene
Fremdsprachensprecher, an der Bewusstheit, sich hinsichtlich Vortragslänge,
Sprechtempo und Wortwahl auf Fremdsprachensprecher einzustellen.

3. Entwicklung der Sprach- bzw. Fremdsprachenkompetenz

Das oben erwähnte Beispiel hat noch mal gezeigt, von welcher Bedeutung die
Sprach- bzw. Fremdsprachenkompetenz für das Gelingen der interkulturellen
Kommunikation ist. Entscheidend ist hier die Frage, wie sich die oben angeführten Partialsprachkompetenzen entwickeln sollen. Dafür gab und gibt es zahlreiche Versuche und verschiedene didaktische bzw. methodische Konzepte (wie
audiolinguale, kommunikative, Ganzheitskonzepte etc.). Daraus wurden auch
relativ gelungene Erfahrungen gesammelt, z.B. das an chinesischen Hochschulen betonte und praktizierte, aber konzeptuell und methodisch variierte Training
der fünf Fertigkeiten (Hören, Sprechen, Lesen, Schreiben und Übersetzen /
Dolmetschen), wodurch sich die Studierenden während des Studiums die grund-
legenden Kenntnisse der Fremdsprachen und fremdsprachigen Literatur erwerben sollen. Aber hier muss darauf hingewiesen werden, dass die Fremdspra-
chenvermittlung bzw. die Ausbildung der Fremdsprachenkompetenz nicht nur
auf Aussprache, Lexik und Grammatik reduziert werden darf, weil die bei der
Kommunikation zwischen Menschen aus unterschiedlichen kulturellen oder eth-
nischen Gruppen vorkommende Verständigungsprobleme nur teilweise an der
mangelnden Beherrschung der oben genannten fünf Fertigkeiten liegen. D.h. um
die Intention einer sprachlichen Äußerung erfassen zu können, reicht nicht aus,

wenn nur die sprachlichen Elemente einer Äußerung berücksichtigt werden. Ein Empfänger oder Interpret wird automatisch auf seine Kenntnisse, Erfahrungen und Wertvorstellungen zurückgreifen. In diesem Fall nimmt er normalerweise an, dass sein Gesprächspartner über die gleichen Voraussetzungen verfügt, wie er selbst. Dies ist in der intrakulturellen Kommunikation meist der Fall. Außerdem wird er die Eindrücke vom nonverbalen Verhalten seines Gesprächpartners für seine Interpretation nutzen, so dass daraus ein für ihn verständlicher Sinnzusammenhang entsteht. Denn sprachliches Verstehen ist immer auch das Verstehen von Nichtsprachlichem (Apeltauer 1996: 774). In diesem Sinne kann doch formuliert werden, dass die Sprach- oder Fremdsprachenkompetenz doch durch viel Nichtsprachliches verbessert und entwickelt werden kann.

Wie oben bereits erwähnt wurde, hat jeder Mensch die Fähigkeit, sich in seiner Kultur sprachlich angemessen zu verhalten, d.h. seine kommunikative Kompetenz bzw. Sprachkompetenz setzt kulturelle Kompetenz voraus. Dies zu verstehen ist wichtig für die Ausbildung bzw. Entwicklung der Sprachkompetenz des Fremdsprachenlerners oder -studierenden. Darüber hinaus können die meisten Fremdsprachenlerner bzw. Fremdsprachenstudierenden in ihrer Nichtmuttersprache nur Teilkompetenz entwickeln. Bikulturelle Kompetenz dürfte also eher die Ausnahme sein. Dies bedeutet, dass neben sprachlichen Interferenzen auch kulturellspezifische Interferenzen vorkommen werden (vgl. Apeltauer 1996: 778), da die Sprache Kulturträger und somit Bestandteil der jeweiligen Kultur ist, wie Hermanns folgendes dargestellt hat:

> „Der Zusammenhang einer Kultur und der in ihr gesprochenen Sprache besteht zunächst darin, dass die Sprache – ob als Wissen oder als gewohnheitsmäßiges Verhalten – so zusagen quantitativ ein Teil der Kultur ist. >>Sprache und Kultur<< kann deshalb nur bedeuten: >>Sprache und der Rest der Kultur<< (Hocker 1950) Doch ist eine Sprache außerdem auch immer *mit-konstitutiv* für die gesamte Kultur der sozialen Gruppe, deren Sprache sie ist. Die in einer Kultur gängigen Verhaltens- und Denkweisen würden ohne ihre Sprache weder praktiziert noch tradiert werden können, Religionen, Ideologien, Wissenschaften und Institutionen würden ohne diese Sprache nicht existieren. Ohne ihre spezifische Sprache kann es daher auch eine spezifische Kultur nicht geben. Und da sie durch diese ihr spezifisch eigene Sprache mitgeprägt ist, zeigt sich die Kultur in ihrer Sprache. Eben deshalb kann ein Sprachvergleich erhellend sein im Sinne auch eines Kulturvergleiches, der auf andere als die sprachlichen Unterschiede und Gemeinsamkeiten von Kulturen abhebt" (Hermanns 2003: 365).

Aus diesem Grund müssen der Spracherwerb bzw. der Fremdsprachenunterricht von vornherein kulturell orientiert und gestaltet werden, da Sprache und sprachliches Verhalten wie oben dargestellt kulturell geprägt sind und insofern jeder Fremdsprachenunterricht Zugang zu einer anderen und zur eigenen Kultur bedeutet, d.h. der Fremdsprachenerwerb bzw. die Sprachkompetenzentwicklung zugleich ein Prozess des Selbst- und Fremdverstehens ist, d.h. Fremdsprache wird immer vor dem Hintergrund eigener Sprache gelernt, Fremdkultur wird immer von der Position des Besitzes eigener Kultur aus kennen gelernt (Liu 2001: 440; Krumm 2003: 414).

Somit wird das für die Ausbildung und Entwicklung der interkulturellen bzw. Sprachkompetenz ganz entscheidende bewusste Lernen entstehen. Das bewusste Lernen bedeutet auf der affektiven Ebene, dass ethnozentrische Auffassungen und Einstellungen dem Anderssein aufzugeben sind. Auf der kognitiven Ebene wird die Fähigkeit erfordert, Beziehungen zwischen der eigenen und der fremden Kultur herzustellen, d.h. zu vergleichen bzw. zu diskutieren und dabei auch Widersprüche aushalten und Missverständnisse aushandeln zu können (vgl. Krumm 2003: 414; Neuner 2003: 422). Hier ist entscheidend, im Unterricht zu einem Phänomen den entsprechenden soziokulturellen Kontext aufzubauen, d.h. bewusst zu machen, dass in der eigenen und in der fremden Kultur unterschiedliche Kontexte bestehen und unterschiedliche Konnotationen vorhanden sein können. Dies ist vor allem für Begriffsbildung (Wortschatzlernen) und – auf einer komplexeren Ebene – für Textverständnis in der fremden Sprache wichtig (Neuner 2003: 422), wobei für das oben erwähnte bewusste Lernen ein entscheidender Faktor ist, dass Lehrende von vornherein mit der Bewusstheit als kulturelle Mittler arbeiten sollen, die neben der fachwissenschaftlichen auch selbst über eine interkulturelle Kompetenz verfügen müssen.

Um die Sprach- bzw. Fremdsprachenkompetenz sowie die interkulturelle Kompetenz zu entwickeln, sind die vielfältigen Funktionen der sprachlichen Kommunikationen zu berücksichtigen, z.B. ihre Funktion, soziale Beziehungen herzustellen, aufrechtzuerhalten und zu verändern. Gemeint ist die Interaktionskompetenz. Das bedeutet, dass die Qualität der Beziehung zum Gesprächspartner von entscheidender Bedeutung ist, sowohl für die intrakulturelle als auch für die interkulturelle Kommunikation, weil die Verständlichkeit einer Darstellung nicht aus sich selbst heraus oder aus der Perspektive des Redenden heraus ist, sondern einzig und allein aus der Sicht des Empfängers. Die Steuerung des Ausdrucks liegt in der Hand des Sprechenden, die Bildung des Eindrucks vollzieht sich in der wahrnehmenden Person. Aus diesem Grund ist die Funktion der Sprache keineswegs auf die der Informationsübermittelung zu reduzieren.

Ferner kann die Sprach- bzw. Fremdsprachenkompetenz und die interkulturelle Kompetenz nicht einzig und allein durch den Fremdsprachenunterricht und aus Lehrbüchern im Klassenzimmer oder in Seminarräumen erworben werden, sondern erfordert die praktische Erfahrung sprachlicher, wirtschaftlicher und kultureller Fremde. Aus diesem Grund muss die Ausbildung und Entwicklung der sprachlichen und interkulturellen Kompetenz durch organisierte Aktivitäten wie Workshops zwischen den Studierenden mit unterschiedlichem Kulturhintergrund, Kulturveranstaltungen oder außeruniversitäres Praktikum ergänzt und erweitert werden. Mit dem Praktikum soll den Fremdsprachenlernern oder -studierenden die Gelegenheit gegeben werden, ihre bisher im Studium erworbenen Kenntnisse auf konkrete hochschul- bzw. unternehmensspezifische und sich auf deutsch – chinesische Wissenschafts- und Wirtschaftskooperation beziehende Fragestellungen anzuwenden. Das Praktikum zielt ferner darauf ab, die Fremdsprachenlernenden oder -studierenden in die Lage zu versetzen, Grundbedingungen und Prozesse von Organisationsabläufen in wirtschaftlichen Betrieben kennen zu lernen, sich durch Mitarbeit an Projekten mit dem sozialen, wirtschaftlichen und organisatorischen Umfeld vertraut zu machen und ihre sprachliche, soziale und interkulturelle Kompetenz anhand von praktischen Erfahrungen zu entwickeln und zu vertiefen. (vgl. Liang / Liu / Hernig / Qian 2003: 607).

In diesem Zusammenhang ist zu erwähnen, dass es bis heute sehr wenige Professoren der Fächer der Fremdsprachenphilologie gibt, die Arbeits- und Realitätserfahrung außerhalb der Universität gesammelt haben und diese in ihren Lehr- und Forschungshorizont integrieren könnten (vgl. Reich / Wierlacher 2003: 208). Diesen Wirklichkeitsverlust sollen wir vermindern und vermeiden helfen, wobei dieser m.E. mindestens durch das oben angesprochene Praktikum ersetzt werden kann. Ferner können durch das Praktikum die anderen Kompetenzen wie fachliche, methodische und intermediale, von denen eine gelungene oder misslungene Kommunikation im intra- oder interkulturellen Kontext abhängig ist, weiterentwickelt und vertieft werden.

4. Zusammenfassung

Nun komme ich zum Schluss und fasse das oben Gesagte im Hinblick auf die Sprach- bzw. Fremdsprachenkompetenz zusammen. Die in der interkulturellen Kommunikation als Schlüsselqualifikation fungierende Sprach- bzw. Fremdsprachenkompetenz ist ein komplexes System. Gleichzeitig dient sie auch als eine wichtige Komponente der interkulturellen Kompetenz. Sie ist daher eine entscheidende Voraussetzung für eine gelungene Kommunikation bzw. interkulturelle Kommunikation. In diesem Zusammenhang bedingen die Ausbildung sowie die Entwicklung der oben dargestellten drei Partialkompetenzen, nämlich der Sprachkompetenz, andere Kompetenzen und Faktoren, wie kulturelle, interaktive, kognitive Kompetenz sowie Kenntnisse, Erfahrungen, Weltvorstellungen der Kommunizierenden. Aus diesem Grund kann die Sprach- bzw. Fremdsprachenkompetenz nicht allein und schließlich durch Beherrschung von Sprachkenntnissen, sondern im Besonderen durch Kulturwissen einschließlich der Bereitschaft und Übung, auf Menschen anderer Sprachen und Traditionen zuzugehen, erworben werden.

Darüber hinaus kann die Sprach- bzw. Fremdsprachenkompetenz nicht nur durch Sprach- bzw. Fremdsprachenunterricht im Klassenzimmer erworben werden. Sie muss durch verschiedene außeruniversitäre Aktivitäten und Veranstaltungen, insbesondere durch das organisierte Praktikum ergänzt und erweitert werden. Was die sinnliche Erfahrung kultureller Fremde anbelangt, ist ein Auslandssemester im Laufe des Gesamtstudiums unverzichtbar.

Zu erwähnen ist, dass das kulturdifferente rhetorische Verhalten, die Lehr- und Lernmethoden bzw. das Bildungssystem die Entwicklung der Sprachkompetenz der Fremdsprachenlerner beeinträchtigen könnten. Dies zu verstehen ist sehr wichtig für die Fremdsprachenlerner bzw. –studierenden, die es gewohnt sind, im Studium alles auswendig zu lernen. Sie müssen sich klar sein, dass Sprach- und Kulturwissen in mancher Hinsicht nicht zu übernehmen oder auswendig zu lernen, sondern zu erarbeiten ist. In diesem Sinne begreift das oben erwähnte bewusste Lernen Wissen auch als einen Prozess und nicht nur als ein Produkt.

Bibliografie

Ernst Apeltauer 1996: Lernziel: Interkulturelle Kommunikation. In: Wierlacher, Alois/Stötzel, Georg (Hg.): Blickwinkel: Kulturelle Optik und interkulturelle Gegenstandskonstitution. Akten des III. internationalen Kongresses der Gesellschaft für Interkulturelle Germanistik Düsseldorf 1994. München iudicium. S. 773-786.

Fischer, Hans-Dieter / Uepermann, Horst 1996: Einführung in die deutsche Sprachwissenschaft: Ein Arbeitsbuch. 4., erw. und aktualisierte Aufl. München.

Gross, Harro 1990: Einführung in die germanistische Linguistik. iudicium Verlag München.

Hermanns, Fritz 2003: Interkulturelle Linguistik. In: Wierlacher Alois und Bogner Andrea (Hg): Handbuch interkulturelle Germanistik. Verlag J.B. Metzler. S. 363-373.

Hinnenkamp, Volker 1993: Interkulturelle Kommunikation – strange attractions. In: Zeitschrift für Literaturwissenschaft und Linguistik 93, S. 46-74.

Kammhuber, Stefan 2000: Kommunikationskompetenz als Schlüsselqualifikation für globales Management. In: Wierlacher, Alois (Hg): Kulturthema Kommunikation. Résidece Verlag. S. 136-148.

Knapp-Potthoff, Annelie 1994: Training interkultureller Kommunikationsbewusstheit. In: Bungarten, Theo (Hg.): Kommunikationstraining und -trainingsprogramm im wirtschaftlichen Umfeld. Tostedt. S. 160-177.

Krumm, Hans-Jürgen 2003: Interkulturelle Fremdsprachendidaktik. In: Wierlacher Alois und Bogner Andrea (Hg): Handbuch interkulturelle Germanistik. Verlag J.B. Metzler. S. 413-417.

Kühlmann, Tosten M. / Stahl, Günter K. 2000: Internationale Personalentwicklung: Anspruch und Wirklichkeit. In: Wierlacher, Alois (Hg): Kulturthema Kommunikation. Résidece Verlag. S. 149-157.

Liang, Yong / Liu, Dezhang (Hg.) 1999: Interkulturelle Deutschstudien. Shanghai

Liang, Yong / Liu, Dezhang / Hernig, Marcus / Qian, Minru 2003: Ansätze interkultureller Germanistik in China. In: Wierlacher Alois und Bogner Andrea (Hg): Handbuch interkulturelle Germanistik. Verlag J.B. Metzler. S. 602-608.

Liu, Dezhang 2001: Modellsuche der chinesischen Germanistik. In: Jahrbuch Deutsch als Fremdsprache 27. S. 433-448.

Müller, Bernd-Dietrich 1993: Interkulturelle Kompetenz. In: Jahrbuch Deutsch als Fremdsprache 19. S. 63-76.

Neuner, Gerhard 2003: Interkulturelle Aspekte der Lehrplanentwicklung und Lehrwerkgestaltung für Deutsch. In: Wierlacher Alois und Bogner Andrea (Hg): Handbuch interkulturelle Germanistik. Verlag J.B. Metzler. S. 417-424.

Palumbo, Enrico A 2002: Interkulturelle Kompetenz- ein unklarer Begriff? In Hans-Seidel-Stiftung (Hg.): Politische Studien 383, 53. Jahrgang, München ISSN 0032-3462. S. 72-79.

Reich, Hans R. / Wierlacher Alois 2003: Bildung. In: Wierlacher Alois und Bogner Andrea (Hg): Handbuch interkulturelle Germanistik. Verlag J.B. Metzler. S. 203-210.

Thomas, Alexander 2000: Zur Fremdheitsthematik in der interkulturellen Managementausbildung. In: Wierlacher, Alois (Hg): Kulturthema Kommunikation. Résidece Verlag. S. 188-194.

Wierlacher, Alois 1987: 'Deutsch als Fremdsprache' als Interkulturelle Germanistik. Das Beispiel Bayreuth. In Wierlacher, Alois (Hg.): Perspektiven und Verfahren interkultureller Germanistik. München. S. 167 – 180.

Wierlacher, Alois 1994: Zu Entwicklungsgeschichte und Systematik interkultureller Germanistik. In: Jahrbuch Deutsch als Fremdsprache 20. S. 37-56.

Wilke, Barbara 2001: Zwischen Theorie und Praxis. Bericht über einen Workshop chinesischer, deutscher und US-amerikanischer Studenten an der Universität Qingdao (China). In: Jahrbuch Deutsch als Fremdsprache 27. S. 449-462.

JINFU TAN

RITUALE UND SYMBOLISCHE HANDLUNGEN IN DER
INTERKULTURELLEN GESCHÄFTSKOMMUNIKATION AM
BEISPIEL DEUTSCHLAND-CHINA

1. Einführung ins Thema

1.1 Rituale

Im eigenen Land mit Landsleuten zu kommunizieren fällt meist keinem schwer, denn die Kommunikationspartner befolgen gleiche Handlungsnormen, sie kennen die Handlungsstrategie des Gegenübers und sind in der Lage, dementsprechend die eigenen Strategien und Interaktionen zu regulieren, um die Kommunikationsziele dadurch erfolgreich zu erreichen. Besonders die häufig auftretenden Kommunikationssituationen wie Erstbegegnung, Abholen, Begrüßung, Abschied, gemeinsames Gehen und Sitzen kann man meist problemlos normenangemessen bewältigen. Sie haben im Verlauf der Geschichte feste Formen angenommen, und das wiederholte Erleben dieser Situationen im alltäglichen wie im geschäftlichen Leben macht ihre Bewältigung leicht.

In der interkulturellen Kommunikation ist dies nicht der Fall. Dort treffen zwei Parteien aufeinander, die keine gemeinsamen Handlungsstrategien, sondern eigene Repertoires an rituellen Handlungen haben. So kann es leicht passieren, dass man nicht weiß, nach welchen Konventionen man handeln soll. Nach den eigenen? Oder nach denen der anderen? Der Gastgeber weiß nicht genau, wie, wo und wie lange er den ausländischen Gast empfangen soll. Ihm ist es auch nicht immer klar, worüber sie sprechen können oder nicht sprechen dürfen. Die Unwissenheit über die gängigen Rituale im Alltag, im Beruf und in Geschäftstätigkeiten in der fremden Kultur führt oft zu Stress, Frustration, psychischem Spannungszustand, Unsicherheit in der Handlung und nicht selten auch zum Beziehungsbruch. Dabei sind es gerade die genormten, die ritualisierten Handlungen und Handlungsabläufe, die noch am ehesten bewusst werden und lernbar sind. Sie sind es, die man vor allem in der Ratgeberliteratur und in Fremdenführern findet. Doch ganz so einfach, wie sie dort dargestellt werden, sind sie nicht.

Rituale werden in der anthropologischen, linguistischen und soziologischen Literatur als "streng, standardisierte und konventionalisierte menschliche Handlungen" definiert. (Knuf / Schmitz 1980: 3)

Für Erving Goffman sind Alltagsrituale "nicht nur stark standardisierte, formalisierte und vorgeschriebene Handlungs- und Kommunikationsformen wie Begrüßungen und Verabschiedungen, sondern ebenfalls alle Arten von Fürsorglichkeiten und Gefälligkeiten eines Gastgebers, höflicher `small talk` und der gesamte Bereich der Etikette bzw. höflicher Umgangsformen." (Knuf / Schmitz 1980: 33)

Beispiel 1

Das folgende Beispiel präsentiert ein übliches Begrüßungsritual, das wir im Alltag öfters erleben.

Personen:
A: Gastgeber   B/C: Gäste

A: (hört Klingeln, geht zur Tür und öffnet) Hallo! Schön, dass ihr gekommen seid.
B./C.: Hallo!
A: (gibt zuerst der Dame die Hand, dann dem Herrn) Habt ihr schnell hierher gefunden?
B.: Na ja, nicht ganz einfach, aber jetzt sind wir da.
A.: Stimmt. Bitte kommt ´rein!
(In dem Flur)
A.: Wollt ihr? (Er gibt den Gästen die Kleiderbügel, hilft der Dame) So, darf ich bitten?

Solche Begrüßungsrituale sind alltäglich und doch situationsspezifisch. Z. B. läuft das Begrüßungsritual für einen Staatsbesuch auf dem Flughafen anders ab. Dazu gehören Händedruck der Regierungschefs an Bord, Begrüßung durch Minister und das diplomatische Korps, ausgerollter Teppich, Militärkapelle, das Abschreiten der Ehrengarde des Militärs, das Salutieren der Staatsflagge, die Ansprache des Gastes usw. Die Begrüßung ist konventionalisiert und verläuft streng rituell, und man nennt dies das "diplomatische Protokoll".

Aus den angeführten Beispielen sind einige wichtige Merkmale des Rituals ersichtlich:

1. Rituale haben einen festgelegten Verlauf.
2. Rituale müssen gemeinsam vollzogen werden, und jedem Beteiligten kommt eine unverwechselbare Rolle zu.
3. Inhalt der Rituale ist die Form.
4. Rituale sind die Voraussetzung von Verhandlungen.
5. Rituale sind kulturspezifisch.

In einem Ritual signalisieren sich die Kommunikationsteilnehmer gegenseitig, in welchem Rahmen, in welchem Kontext der Austausch stattfinden soll, auf welche Art und Weise sie sich zueinander verhalten, und sie bekunden dadurch ihre gegenseitige Wertschätzung (als Personen oder in einer Rolle).

Mit einem Handlungssritual bestätigen die Interaktanten „nicht nur global und abstrakt die Gültigkeit einer sozialen Ordnung oder eines Gefüges von etablierten Interaktionsnormen, gleichzeitig wird immer auch die Beziehungsebene mitgestaltet". (Lüger 1992: 25)

Abgesehen von rituell gestalteten Kommunikationssituationen im Alltag kann man in Unternehmen viele Formen von Ritualen beobachten, wie Mitarbeiterbesprechung, Begrüßung neuer Kollegen, Abschiedsfeier für ausscheidende Kollegen, Auszeichnungsfeier für besondere Leistungen einzelner Mitarbeiter sowie Technikwettbewerbe usw. Sie stellen die Unternehmenskultur zur Schau und vermitteln bleibende, motivierende Eindrücke.

In den interkulturellen Geschäftstätigkeiten gibt es immer, besonders in der Phase der Erstkontakte, sehr formelle Kommunikationssituationen, in denen Rituale ablaufen, wie zum Beispiel Erstbegegnung, Vorphasen der Verhandlung, Verhandlungsprozedur, Bankett, gemeinsame Feier usw. Diese Rituale und auch viele andere muss man nicht nur kennen, sondern auch situationsadäquat und professionell daran teilnehmen.

1.2. Symbole und Symbolische Handlungen

Wir begegnen Symbolen heute überall: Verkehrsschilder, Logos, Firmenzeichen, Vereinsfahnen oder Staatsflaggen, politische oder religiöse Embleme, Wappen von Familien, Städten, Ländern, Universitäten.

Bei diesen Gegenständen erkennt man auf den ersten Blick ihren Symbolcharakter. Man kann mit ihnen oder durch sie also kommunizieren. Neben der verbalen und nonverbalen Kommunikation stellt die Symbol-Kommunikation eine weitere wichtige Kommunikationsform dar. Dinge im Alltag werden als Symbole in den Kommunikationsprozess eingesetzt, wie z. B. bestimmte Geschenke, Blumen, Autos, extravagant eingerichtete Wohnzimmer usw. Die Verwendung von Dingen als Symbolen in der Kommunikation ist in hohem Maße veränderbar und kulturabhängig. Viele Chinesen verstehen nicht, warum vor den Bauernhäusern in Bayern meist ordentlich aufgeschichtetes Brennholz steht; die Deutschen begreifen nicht, warum in China bei Festessen oft Hühnerkrallen, oftmals schwarze, aufgetischt werden, die man in Deutschland nicht isst. Um in der interkulturellen Kommunikation Missverständnisse zu vermeiden, wird umfassendes Wissen um die zentralen Symbole der fremden Kultur verlangt.

Symbole sind nicht nur materielle Gegenstände, sondern auch Gesten, Gefühle, Worte und Handlungen, denen eine Bedeutung zugeordnet wird. (Wahrlich 1991: 29)

Eine symbolische Handlung ist eine Handlung wie z. B. das Taufen. Beim Taufen wird per Hand Wasser über die Stirn eines Kindes geschüttet, hier steckt hinter der kontextfreien Bedeutung die eigentliche Botschaft, die von dem Adressaten wahrgenommen und interpretiert wird. C. G. Jung drückt dies folgendermaßen aus: „Ein Wort oder ein Bild ist symbolisch, wenn es mehr enthält, als man auf den ersten Blick erkennen kann." (Heinz-Mohr 1970: 9)

Symbolische Handlungen sind oft Teile von Ritualen, z. B. ist die Visitenkartenübergabe Teil des Rituals des Sich-Kennenlernens in Erstbegegnungen, aber die Art und Weise der Kartenübergabe ist eine symbolische Handlung. Hier geht es um eine Konvention, die zugrunde legt, wie man die Visitenkarte übergibt. Es ist ein Zeichen der Wertschätzung, ein Zeichen für etwas, also ein Symbol. Die Visitenkartenübergabe mit beiden Händen, diese Handlung hat also offensichtlich symbolischen Charakter.

Man kann für symbolische Handlungen viele Beispiele nennen. Wenn sich der Universitätspräsident vor Ihnen über das schwüle Wetter beklagt und seine Krawatte abmacht, und wenn der Nobelpreisträger für Literatur am Rednerpult sein Publikum fragt: "Darf ich mein Sacko ausziehen? Es ist hier sehr warm", dann sind das Arten einer symbolischen Handlung. Durch die Handlung wird das Symbol "Solidarität" ausgedrückt: wir sind eigentlich gleich, wir haben die gleichen körperlichen Bedürfnisse. Dadurch wird eine bestimmte Atmosphäre, eine bestimmte Basis geschaffen. Und: Es wird vermieden, das Ausziehen des Jacketts ohne Kommentar als Entwürdigung einer hochgestellten Person oder als Verletzung der situativen Konventionen symbolisch zu deuten!

Die Relevanz der symbolischen Handlungen soll vor dem Hintergrund gesehen werden, dass man im Ausland, im speziellen China, im Alltag ständig darauf achten muss, ob eine Handlung symbolischen Charakter annimmt oder nicht. Gerade weil man in China seine Intention oft nicht direkt bekundet, werden „kleine Gesten", Handlungen und Objekte gern zum Ausdruck von Gefühlen oder Intentionen benutzt.

2. Definitionen und Begriffsbestimmungen

Fremdheit spürt man am stärksten am Esstisch im fremden Land. Es ist richtig, dass das angebotene Essen fremd wirkt, aber es ist genauso richtig, dass die Fremdheit in erster Linie von dem Ritual des Essens herrührt. Wenn eine chinesische Gastgeberin ununterbrochen Speisen auf den Teller der Gäste legt, werden diese wohl ratlos. Wenn auf einem arabischen Bankett ein arabischer Gastgeber seinem Nebenmann eine frisch handgemachte mundgerechte Speisekugel in den Mund stopft, wird der diese Höflichkeitsform für unakzeptabel halten. Ist man in einer fremden Kultur tätig, stellen die dortigen Rituale unerklärliche und unausweichliche Probleme dar. Aber was ist eigentlich ein Ritual? Welches sind die Merkmale des Rituals?

2.1. Merkmale des Rituals

◊ Festgelegter Verlauf

Das Ritual hat einen festgelegten Verlauf, einen konventionalisierten Verlauf: "In Ritualen ist festgelegt wer, wann, wo (und häufig auch) welches Thema, wie initiieren darf oder gar muss. Wie auch, wem, wann, wo die Rolle des Akzeptanten zukommt". (Knuf / Schmitz 1980: 40)

In chinesischen Unternehmen findet beispielsweise zur Integration eines neuen Mitgliedes in eine neue Gruppe ein Einführungsritual statt. In der Regel stellt ein leitendes Mitglied den Neuling der Gruppe vor. Die anschließende Selbstvorstellung und freundliche Befragung soll für Akzenptanz und Anerkennung der Gruppe sorgen. Mit der Einführung wird der Neuling in die Gruppe offiziell aufgenommen, und die Kommunikation miteinander ist danach möglich. Die Einführung durch einen Zuständigen von der höchsten Position zeigt besondere Wertschätzung dem Neuling gegenüber. Wenn es um einen ausländischen Mitarbeiter geht, wird er in der Regel auf einer Versammlung der ganzen Belegschaft vorgestellt. Dieses Ritual ist dort unabdingbar.

Beispiel 2

> „Herr Warnecke reiste hochmotiviert zu seinem ersten Auslandseinsatz nach China. Der Reisetermin war von seiner Firma festgelegt worden, und er freute sich bereits darauf, seine neuen, ausschließlich chinesischen Kollegen kennen zu lernen, mit denen er voraussichtlich die nächsten Jahre zusammenarbeiten würde.
> Doch als er dort ankam, teilte ihm das Sekretariat des stellvertretenden Managers mit, daß er mit dem Arbeitsbeginn und der Vorstellung bei seinen Mitarbeitern und Kollegen warten solle, bis der General Manager in der kommenden Woche von einer Geschäftsreise zurück sei. „Es ist seine Aufgabe, Sie den anderen Mitarbeitern vorzustellen!" wurde ihm beschieden. Herr Warnecke berichtet: „Ich habe dann auch tatsächlich auf ihn gewartet. Für mich war es allerdings äußerst komisch, 4 Tage herumzulaufen, von allen begafft zu werden, selber aber niemanden zu kennen. Dabei wäre doch gar nichts dabei gewesen, sich bei den anderen kurz namentlich vorzustellen. Das Formelle hätte man ja später nochmal wiederholen können". (Thomas; Schenk 1996: 34)

Erklärung:

In dieser Sequenz kann das Ritual nur so und nicht anders vollzogen werden. Es kann nur unter Beteiligung des chinesischen Generalmanagers stattfinden, dessen Rolle nicht durch andere ersetzt werden kann. Wann (bevor der deutsche Manager seine Arbeit aufnimmt) und in welchem Umfang (vor der Versammlung der Belegschaft) dieses Einführungsritual durchgeführt werden soll, ist stark konventionalisiert. Diejenigen, die wenig Verständnis für dieses in China übliche, den ausländischen Kollegen besondere Wertschätzung entgegenbringende Ritual haben, werden es natürlich für unnötig und Zeit verschwendend halten. Aber dabei muss man wissen, dass das Nichteinhalten des Rituals die Folge mit sich bringen kann, dass die nicht offiziell eingeführte Person von den anderen nicht als einer von ihnen angesehen wird. Denn er hat die Linie zwischen out-group und in-group nicht überschritten.

In China findet die Erstbegegnung in einem Ritual statt, das von dem deutschen deutlich abweicht. Die Unterschiedlichkeit kann die deutschen Manager irritieren.

◊ Gemeinsamkeit des Rituals

Das wesentliche Charakteristikum eines Rituals ist, dass es auf einer doppelten Gemeinsamkeit beruht: Man muss gemeinsam handeln, und: man drückt durch dieses Handeln eine Gemeinsamkeit aus. Jeder muss versuchen, an den konventionalisierten Schritten des Rituals teilzunehmen und eine bestimmte Rolle zu spielen, ansonsten kann der andere das Ritual nicht mit vollziehen. Im Ritual ist es wichtig, dass alle Teilnehmer den vorgeschrieben Ablauf einhalten.

Wir nehmen die Gratulation zum Geburtstag als Beispiel: ein Gratulant oder Familienmitglied bringt eine Torte, in deren Mitte brennende Kerzen stehen; alle bilden einen Kreis und singen, z. B. "Happy Birthday"; das Geburtstagskind pustet die Kerzen aus, alle klatschen in die Hände; das Geburtstagskind schneidet die Torte an und teilt aus...

Dieses Geburtstagsritual bestimmt für alle Gratulanten eine Rolle, es fordert sie auf, ihre Rolle zu übernehmen und sich somit an dem Vollzug des Rituals zu beteiligen. Wenn einige Gratulanten nicht im Chor mitsingen, wenn die Kerzen nicht von dem Geburtstagskind selbst ausgepustet werden, wenn es desinteressiert sagt: "Ich mag aber keine Sahnecreme", dann kann das Ritual, das u.a. für fröhliche Gemeinsamkeit, Geselligkeit sorgt, nicht durchgeführt werden.

Für deutsche Geschäftsleute wird es kein Problem sein, wenn sie in China zu einer Geburtstagsparty eines chinesischen Kollegen eingeladen sind, denn das Gratulationsritual bei einem Geburtstag in China ist mittlerweile fast dasselbe wie in Deutschland. Aber in vielen anderen fremdkulturellen Ritualen kennt man oft deren Form und Verlauf und damit die eigene Rolle nicht. Man weiß nicht, wie man sich beteiligen und sich verhalten soll.

Selbst in vertrauten Ritualen im eigenkulturellen Kontext kann es zu Störungen kommen, und zwar dann, 1. wenn sich der Angehörige der Fremdkultur wie in dem eigenenkulturellen Ritual verhält, 2. wenn er die von ihm erwartete Rolle nicht spielt, 3. wenn das einem selbst nicht bewusst ist, und wenn die eigene Kommunikationsstrategie nicht entsprechend reguliert wird.

Beispiel 3

Gastbewirtung in einer deutschen Familie:

> „Ja, Herr Wu, darf ich Ihnen etwas zu trinken anbieten?" „Nein, danke. Das Essen ist köstlich. Gulasch und Nudeln – eines meiner Lieblingsessen." (...) Nach einer Weile fragt die Gastgeberin: „Wer möchte noch etwas? Wie ist es mit Ihnen, Herr Wu? Möchten Sie noch etwas?" „Oh, nein, danke." Es gehört sich bei uns zu Hause nicht,

schon nach der ersten Aufforderung zuzugreifen. „Schade, ich dachte, es schmeckt Ihnen." „Ja, aber ich ..." Anschließend kommt der Nachtisch – Erdbeeren mit Sahne. Hier in Deutschland schmecken die Erdbeeren viel besser als bei uns. Unsere Erdbeeren sind winzig und dazu noch sauer. Ich habe nur so viel genommen, wie es die Sitte bei uns erlaubt und genieße den Duft und die Süße der Früchte. Ich werfe verstohlen einen Blick in die Erdbeeren-Schüssel. „Darf ich Ihnen noch etwas geben?" fordert diesmal Herr Herz auf. Auch „ ... nein, danke." Lieber warte ich auf die zweite Aufforderung. „Schade. Sie essen das wohl nicht sehr gern, oder?" „Wie schade, dass Sie so wenig von all dem essen!" schließt sich Frau Herz ihrem Mann an. Im Nu ist die Schüssel leer. Als wir auf dem Sofa sitzen, fragt die Gastgeberin: „Wollen Sie Kaffee?" "Nein, danke." Halb hungrig, halb durstig habe ich mich nach Hause geschleppt. Aber ich bin doch froh, daß ich nichts Unhöfliches getan habe." (Chen 1983: 101ff.)

◊ Des Rituals Inhalt ist die Form

Das eigentliche Ziel des Rituals ist das Ritual selbst. Mit anderen Worten: der Inhalt des Rituals ist die Form. Beispielsweise wird in dem eingangs angeführten Beispiel gefragt: "Habt ihr schnell hierher gefunden?" Wenn man, statt eine kurze Antwort zu geben, ausführlich über die lange Fahrerei infolge der vielen Baustellen in der Nähe des Wohnorts des Gastgebers sowie die Probleme, die unerwartet aufgetreten sind, erzählt, wird das Ritual gestört. Beim Ritual geht es also nicht um den Inhalt, sondern man zelebriert gemeinsam einen Verlauf.

Beispiel 4

„Dr. Rajendra Pradhan, ein nepalesischer Anthropologe, führte in den Jahren 1987/1988 im holländischen Dorf Schoonrewoerd ein zehnmonatiges Feldforschungsprojekt durch. Er kehrte somit das bekannte Schema um, wonach westliche Anthropologen Feldforschung in östlichen Dörfern betreiben. Schoonrewoerd ist ein typisch niederländisches Dorf im ländlichen Herzen der Provinz Südholland; es hat 1500 Einwohner und zwei Kirchen verschiedener calvinistisch-protestantischer Ausrichtungen. Dr. Pradhan ging in beiden Glaubensgemeinschaften regelmäßig zur Kirche und knüpfte vor allem über die jeweilige Kirchengemeinde Kontakte zur örtlichen Bevölkerung. Häufig wurde er nach der Kirche von den Leuten nach Hause zum Kaffee eingeladen, wobei das Gesprächsthema meist die Religion war. Er sagte immer, seine Eltern praktizierten hinduistische Glaubensrituale, doch er selbst habe sich davon abgewandt, da es ihn zu viel Zeit kostete. Seine holländischen Gastgeber wollten jedesmal wissen, woran er denn glaube — eine seltsame Frage, auf die er keine rechte Antwort wusste. ,Hier spricht jeder über Glauben, Glauben und nochmals Glauben', wunderte er sich. „Dort, wo ich herkomme, zählt nur das Ritual, und nur der Priester und das Familienoberhaupt nehmen daran teil. Die anderen sehen zu und bringen ihre Opfergaben. Hier gibt es so viel Pflicht. Ein Hindu würde niemals fragen ,Glaubst Du an Gott?'. Natürlich sollte man glauben, aber eigentlich zählt nur das, was man tut". (Hofstede 1993: 183)

Das Mit-Handeln in der o.g. Situation, die Erfüllung einer ganz bestimmten Rolle, ist also die wichtigste Ausdrucksform für "Glaube an Gott".

◊ Ritual ist die Voraussetzung der Verhandlung

Wolfgang Klein (1987, S. 8) schrieb, als er auf eine ganze Reihe von kleinen wie großen Ritualen in unserem Leben hinwies: "Nichts scheint erhebender, als gemeinsam nach eingeführten Regeln etwas Sinnloses zu tun." Hier wird die Notwendigkeit eines Rituals unterstrichen, zugleich aber auch die Nichtigkeit des Inhalts. In der Regel hört das Ritual auf, wenn die Beteiligten eine Ebene gefunden haben, auf der man inhaltlich verhandeln kann. Es ist klar, dass das Ritual nicht das Verhandlungsziel ist, sondern oft die Voraussetzung zum gemeinsamen Handeln, die gemeinsam geschaffen werden muss. Einer Geburtstagsparty geht fast immer ein Ritual voraus. Wenn jeder ein Stück Torte bekommen und einen Gesprächspartner gefunden hat, können dann andere Themen eingeschaltet werden. In den meisten Kulturen steht vor dem Verhandeln sicher auch immer ein Ritual.

◊ Kulturabhängigkeit der Rituale

In verschiedenen Kulturen sind die Rituale unterschiedlich. "Wenn sich zwei Franzosen begegnen und die Hände schütteln, so ist dies genauso ein nationales Ritual, wie wenn sich zwei Engländer stocksteif gegenüberstehen und 'How do you do' sagen (eine rituelle Frage, die keine Antwort verlangt.) Wenn sich zwei Chinesen zum ersten Mal begegnen, ist das erste Wort, was sie austauschen, nicht ein Grußwort, sondern der Anfang einer ganzen Reihe von Fragen, die sich auf Herkunft, Ziel der Reise, Aufenthaltszweck, Beruf, Familie usw. beziehen. Im europäischen Begegnungsritual kommt die Distanzwahrung zum Ausdruck, während im chinesischen Begegnungsritual die Distanzminimierung bezweckt wird. (vgl. Thomas 1996: 130f.)

Die Unterschiedlichkeit der Rituale im Vergleich zur eigenen Kultur stellt für die Manager, die mit Geschäftspartnern aus einer fremden Kultur zu tun haben, eine Herausforderung dar. Den Deutschen ist das chinesische Ritual der Erstbegegnung fremd, und die Chinesen finden keine eigentliche Entsprechung bei einer Essenseinladung. Selbst universell erscheinende Rituale wie Gesprächseröffnung und -beendigung können aufgrund einer abweichenden Sequenzstruktur Verunsicherungen auslösen. Missverstehen in der interkulturellen Geschäftskommunikation hängt oft mit der Formalisierung und Ritualisierung der Kommunikation zusammen.

Beispiel 5

„Herr Vietkau ist Manager eines deutschen Reiseunternehmens, das sich in Asien stärker engagieren möchte. Er trifft sich daher mit Vertretern eines chinesischen Unternehmens, zu denen bisher nur auf schriftlichem und fernmündlichem Wege Kontakt
aufgenommen worden war, um zukünftige Reisekooperationen zu verhandeln. Herr
Vietkau hat sich gut vorbereitet, reichlich anschauliches Werbematerial mitgebracht,
um noch einmal das Niveau seines Unternehmens darzustellen, sowie Zahlen, die den
Erfolg in anderen asiatischen Regionen eindringlich belegen und die Ziele für China
deutlich werden lassen. Er ist überzeugt, den Chinesen ein lukratives Geschäft vor-
schlagen zu können und sieht keine Probleme, schnell zu einem Abschluss zu kommen, da er auch von der Seriosität des ausgewählten chinesischen Unternehmens überzeugt sein kann.
Der Empfang beim Geschäftsführer und einer ganzen Reihe chinesischer Mitarbeiter
ist sehr freundlich, fast erdrückend, und es werden viel zu viele Umstände gemacht:
Erst wird Tee - in verschiedenen Variationen - angeboten. Da er den grünen chinesischen Tee mit den Blättern darin verabscheut, lehnt er ihn höflich ab. Weiter ging es
mit Keksen und anderen Süßigkeiten, die er auch nicht mochte. Er war doch nicht auf
einer Party! Obwohl er eigene Zigaretten in seiner Brusttasche hatte und eigentlich im
Moment nicht rauchen wollte, wurden ihm Zigaretten aller im Raum vorhandener
Marken aufgedrängt. Das Gespräch drehte sich nur um seine bisherigen Reiseeindrü-
cke von China, wobei er solche diesmal überhaupt nicht gesammelt hatte, schließlich
war das für ihn eine reine Geschäftsreise, wie er vergeblich betonte. Er wurde nach
seinem Familienstand ausgefragt, nach Wohlergehen von Frau und Kind, was er als
reichlich indiskret empfand. Mühsam quälte sich Herr Vietkau durch diese zeitrauben-
den Nichtigkeiten um endlich zur Sache kommen zu können. Geschickt machte er der
Tratscherei ein Ende, indem er begann, seine mitgebrachten Materialien zu präsentieren.
Schon während seiner Ausführungen bemerkte er, dass ihm offenbar kaum Interesse
entgegengebracht wurde. Die Verabschiedung kam für ihn überraschend früh, ohne
dass man überhaupt in konkrete Gespräche eingestiegen wäre. Er war vom einseitigen
und offensichtlich von Interesselosigkeit begleiteten Verlauf seiner Präsentation so
verunsichert, dass er beschloss, nicht weiter zu drängen, sondern den nächsten Tag ab-
zuwarten. Am nächsten Tag erfuhr er, dass seine gestrigen Gesprächspartner entweder
nicht im Hause seien oder in Besprechungen, und niemand anderes in dieser Sache zu-
ständig sei oder Bescheid wisse. Auch zu einem späteren Zeitpunkt kam es zu keinem
weiteren Treffen zwischen Vertretern beider Firmen. Wie erklären Sie sich den Mißer-
folg seiner Bemühungen?" (Thomas / Schenk 1996: 125f.)

Erklärung:

Es ist ein häufiges Fehlverhalten der deutschen Manager, die nach China kommen und schon bei der Erstbegegnung mit ihren chinesischen Geschäftspartnern
versuchen, den Gesprächsverlauf „auf den Punkt zu bringen". Die Gelegenheit,
die Geschichte des eigenen Unternehmens, die Aktualität und die technischen
Leistungen darzustellen und die Produkte zu präsentieren, werden sie noch ha-

ben, aber doch nicht bei der Erstbegegnung, welche die Chinesen nur als ein Kennenlern-Ritual auffassen.

Das vorangegangene Beispiel bietet uns eine Gelegenheit, durch den Vergleich zwischen den Ritualen in den deutschen und den chinesischen Geschäftsverhandlungen Unterschiede festzustellen.

1. Die Chinesen legen großen Wert auf die Rituale, durch die sie den Partnern gegenüber Freundlichkeit und Wertschätzung bekunden wollen. Außerdem zielen sie dabei darauf ab, die Geschäftspartner besser kennen zu lernen und persönliche Beziehungen aufzubauen. Die Deutschen schenken diesen Aspekten oft weniger Aufmerksamkeit. Ihr Umgang mit ihren Geschäftspartnern ist meist deutlich sachorientiert.

2. Bezüglich des Zeit- und Raumverständnisses bestehen zwischen China und Deutschland große Unterschiede: Für die Betreuung der ausländischen Geschäftspartner und die Verhandlungen wird in China mehr Zeit eingeplant als in Deutschland; bei Ausflügen und Besichtigungen beschränkt man sich in China nicht nur auf die nähere Umgebung, sondern bewegt sich in einem größeren Umkreis als in Deutschland.

Der Rhythmus des Vollzugs des Verhandlungsrituals in China und in Deutschland ist so unterschiedlich, dass sich eine Partei in dem von der anderen Partei angeordneten Rhythmus nicht nur unwohl, sondern auch als unangemessen behandelt fühlt.

Beispiel 6

Herr Walter, Manager eines deutschen Unternehmens, kommt zum ersten Mal nach China, um in einem eigenen Jointventure das dortige chinesische Personal technisch auszubilden. Als er die Passkontrolle verlässt und in die Vorhalle tritt, sieht er zwei Chinesen und eine Chinesin mit einem kleinen Schild, auf dem das Logo seiner Firma steht. Die Chinesen kommen auf ihn zu, und ein Herr fragt: „Sind Sie Herr Walter aus Deutschland?" Herr Walter sagt: „Ja". Er will gerade der chinesischen Dame die Hand geben, da greift der Chinese seine Hand und sagt: „Mein Name ist Li. Herzlich willkommen in Shanghai!". „Wie war die Reise? Sie sind ca. zehn Stunden geflogen, nicht wahr?" „Ja, die Reise war schön." „Haben Sie schon alle Gepäckstücke?" fragt Herr Li. „Ja", antwortet Herr Walter. „Also, gehen wir, unser Auto steht neben dem Eingang." sagt nun der andere Chinese. Kaum hat Herr Walter mit seinem Koffer zwei Schritte getan, da wird ihm der Koffer von der chinesischen Dame aus der Hand genommen. Herr Walter versucht noch, es zu verhindern, aber die Chinesin hat sich schon zur Seite gedreht. Herr Walter zuckt mit den Achseln, er will das nicht, kann es aber nur geschehen lassen.
Im Hotel angekommen sagt Herr Walter zu seinen chinesischen Begleitern: „Ich bringe meine Sachen ins Zimmer und bin in wenigen Minuten wieder da. Fahren wir

gleich in die Firma?" „Nein, keine Eile. Sie hatten eine anstrengende Reise. Ruhen Sie sich gut aus! Über das Geschäft sprechen wir morgen. Für heute abend sind Sie zum Essen eingeladen. Wir holen Sie um halb sieben ab." sagt Herr Li.

Herr Walter schaut auf die Uhr: es ist erst ein Uhr mittags. „In China ist alles anders", denkt er, aber er freut sich auf das Essen am Abend.

⇒ Fallstudie 1 „Empfang beim Vizeminister", siehe Kap. 4

2.2. Symbolische Handlungen

In jeder symbolischen Handlung liegt eine Mitteilung, deren Bedeutung verschlüsselt ist. Sie muss von dem Adressaten entschlüsselt und verstanden werden. Dafür müssen die Interagierenden ein gemeinsames Repertoire an Symbolen und Bedeutungszuschreibungen besitzen. Wenn dies nicht der Fall ist, kann die beabsichtigte Botschaft nicht empfangen werden oder es kann eine nicht beabsichtigte Botschaft in das Aussehen, Handeln oder in eine Handlungs- „unterlassung" hineininterpretiert werden. In der interkulturellen Kommunikation kommt es in diesem Bereich häufig zu Missverständnissen. Die Probleme liegen darin, dass die Zuweisung von symbolischer Handlung und Bedeutung meist arbiträr ist und der Adressat die vermittelte Botschaft nur auf der eigenen Wissens- und Erkenntnisbasis bearbeitet.

Beispiel 7

> Es nervt Herrn Naumann immer, wenn sein Kollege, Herr Ma, an seinem Schreibtisch sitzt. Sie besprechen oft vieles miteinander. Doch lässt Herr Ma seine Hände niemals ruhen und schreibt oder zeichnet während des Gesprächs immer irgendetwas auf die Papiere, die gerade auf dem Tisch liegen. Außerdem scheint er sehr neugierig zu sein und nimmt einfach ohne zu fragen Naumanns Unterlagen in die Hand und blättert diese durch. Diese Aufdringlichkeit Herrn Mas stört Herrn Naumann ungemein. Das Verhalten von Herrn Ma geht für ihn zu weit. Er versteht nicht, was Herr Ma eigentlich beabsichtigt. (nach Brüch / Thomas 1995: 77)

Erklärung:

An deutschen Verhaltensnormen gemessen, ist das Beschmieren und Durchblättern „fremder" Papiere eine entsetzlich unhöfliche Verhaltensweise. Aber wenn man mit einer fremdkulturellen Handlung konfrontiert ist, die der eigenkulturellen zuwiderläuft, muss man aufpassen, ob nicht Fehlinterpretationen und Missverständnisse entstehen. Man muss versuchen, zur Absicht unter der Oberfläche einzelner Handlungen zu gelangen. In der Tat ist der Chinese nicht an den Geheimnissen des Deutschen interessiert, sondern sein Benehmen ist eine symboliiche Handlung, die eine distanzarme, vertraute, personelle Beziehung ausdrückt. Die beste Lösung dieses Problems wäre es, die ganz vertraulichen Unterlagen gut aufzubewahren.

⇒ Fallstudie 2 „Auf dem Bankett des Bürgermeisters, siehe Kap. 4.

2.3. Chinesische Symbole

Die Chinesen haben einen Hang zu „dichten" Symbolsystemen. Zu vielen Anlässen werden Symbole in China verwendet. Sie spiegeln in erster Linie Wünsche und Hoffnungen wider. Im Folgenden werden diejenigen Symbole vorgestellt, denen man häufig begegnet:

- *Drache*: ist das Symbol für die kaiserliche Macht. Das Drachenornament war dem Kaiser vorbehalten. Im Kaiserpalast sind auf den Giebeln und über den Mauern Drachengestalten zu sehen.
- *Tiger*: gilt in China als König der Tiere, Symbol für Beschützer. Anders als in Deutschland, wo böse Frauen als Drache bezeichnet werden, ist in China eine böse Frau ein weiblicher Tiger.
- *Löwen*: leben nicht in China, deswegen sind sie nicht so populär wie Tiger. Als Symbol für Stärke und Macht sieht man Steinlöwen in China überall vor Palästen und Tempeln, im Ausland vor China-Restaurants.
- *Kranich*: Symbol für langes Leben
- *Huhn*: ist gleichlautend mit Glück, gilt als das Symbol des Glücksbringers.
- *Fisch*: hat den gleichen Laut wie Überschuss, symbolisiert bleibenden Überschuss an Reichtum.
- In Deutschland tragen manche Hochzeitsartikel das Storchen-Ornament, welches als Symbol Kindersegen in die Familie bringen soll. In China sind es *Datteln*, rot gefärbte *Eier*, *Erdnüsse* und *Granatäpfel*. Sie werden als Symbole für viele Babys, in der Brautkammer verstreut.
- *Runder Kreis*: ist das Symbol für Vollkommenheit, Makellosigkeit und Zusammensein der Familien, deshalb mögen die Chinesen die runden Mondkuchen sehr.

Im alltäglichen Leben wie im Geschäftskontakt gibt es immer Anlässe, bei denen man den anderen Personen oder Institutionen Geschenke macht. Jemandem etwas zu schenken, ist eine symbolische Handlung, die die Bedeutung hat, Solidarität, Anteilnahme oder Dankbarkeit zu bekunden, oder dem Beschenkten die Erinnerung an die eigene Person zu erleichtern. In China oder im Umgang mit Chinesen sollte man aufpassen. Es ist nicht egal, was man schenkt. Hier gilt nicht der Ausspruch „Einem geschenkten Gaul schaut man nicht ins Maul". In einer hoch kontextualisierten Kultur wie in China ist der Gegenstand, nämlich das Geschenk selbst, sehr wichtig, weil er als Zeichen für die besonderen Intentionen der Schenkenden steht. Es wird oft vom Schenkenden und vom Beschenkten gleichfalls als ein Symbol ausgewählt bzw. gedeutet. Da sprechen wir bereits den Begriff *Tabu* an. „Tabu ist Vorschrift, gewisse Gegenstände, Personen, Tiere, Pflanzen usw. zu meiden." (Wahrig: Deutsches Wörterbuch) Durch mangelnde Tabukenntnisse kann die interkulturelle Kommunikation äußerst belastet werden. Deswegen soll man bei der Geschenkwahl erfahrene Personen zu Rat ziehen, wenn man nicht ganz sicher ist. Hier können wir Ihnen schon einige Ratschläge geben:

- Den Kranken, die im Krankenhaus liegen dürfen keine *Äpfel* geschenkt werden, denn die Äpfel bedeuten in diesem Fall "Sterben an der Krankheit";
- Auch *Topfpflanzen* soll man den Kranken im Krankenhaus nicht bringen, sonst bedeutet diese Handlung: man wünscht dem Besuchten einen langen Aufenthalt im Krankenhaus;
- Zum Geburtstag, zur Hochzeit und generell darf man keine *Messer* aller Art, *Taschentücher* und *Schirme* schenken, weil Messer mit Blut oder Blutbad, und Taschentücher mit Trauerfällen verbunden sind. Der Schirm ist gleichlautend wie Trennung, deshalb ist er das Symbol für Trennung, vor allem für die Trennung der Eheleute.
- Ganz fatal ist es, den anderen eine Uhr (außer Armbanduhr) zum Geschenk zu machen, denn "eine Uhr schenken" hat die gleiche Aussprache wie "jemandem. die letzte Ehre erweisen".

Andere Tabus sind wie folgt:

- *Birnen* dürfen nicht geteilt werden, vor allem unter Eheleuten und Liebenden, weil Birnentrennung auf Personentrennung hindeutet;
- Ein *Fisch*gericht darf nicht so serviert werden, dass der Fischschwanz auf den Gast gerichtet ist;
- Ebenfalls darf die Öffnung einer *Kaffee*- oder *Teekanne* nicht auf den Gast gerichtet sein;
- an Feiertagen, auf Festen und Feierlichkeiten soll man nicht von Tod, Krankheit und anderen negativen Ereignissen sprechen, sondern von freudigen und glücklichen;
- auf Besuch oder auf Feiern soll man nicht in Schwarz gekleidet sein;
- sich *Schirme*, die liegen gelassen worden sind, nicht zu eigen machen, weil dieses Beziehungsbruch bedeutet;
- niemals eine grüne Mütze in China tragen oder schenken, denn wer eine grüne Mütze trägt, verrät, dass seine Frau fremdgeht.

Den Grund für die vielen Symbole in China findet man im kulturellen Hintergrund:

- China ist eine Hochkontext-Kultur. Die Chinesen brauchen weniger verbalisiertes Hintergrundwissen, um eine Aussage zu verstehen. Dazu genügt oft ein Zeichen, ein Symbol oder eine symbolische Handlung. Deutsche gehören der Niedrigkontext-Kultur an. Bei jeder Aussage benötigen sie viele Hintergründe, Daten, etc.
- China ist eine kollektivistische Kultur. Das Kollektiv verlangt, dass sich die Gruppe dadurch konstruiert, dass alle Leute die Regeln kennen, dass alles nach den gleichen Regeln funktionieren kann.
- In China wird das indirekte, kontextualisierte Ausdrücken von Bedeutungen gegenüber dem direkten Ausdrücken präferiert. Wenn man indirekt ausdrückt, nimmt die Anzahl der Rituale und der symbolischen Handlungen zu, weil man bestimmte Dinge nicht einfach offen sagt, sondern ritualisiert und symbolisch ausdrückt, und dazu benötigt man Symbole.

3. Umgang mit Symbolen und symbolischen Handlungen im Geschäft mit China – einige Ratschläge und Hinweise

In China soll man bei der Geschäftskommunikation mit Chinesen auf symbolische Elemente achten, da in China viele Gegenstände als Prestige dienen und weil die Chinesen daran gewöhnt sind, sich symbolisch auszudrücken und in Handlungen anderer einen symbolischen Charakter zu suchen. In chinesischen Augen haben Schmuckstücke, Bekleidung sowie das Hotel, in dem man absteigt, symbolische Bedeutung. Oft wird die Stärke des ausländischen Unternehmens daran gemessen, deshalb:

- sollen die ausländischen Mitarbeiterinnen hochwertige Schmuck- und Kleidungsstücke tragen;
- sollen sie bzw. ihre männlichen Kollegen in Hotels höheren Ranges übernachten. Wenn man in dieser Hinsicht spart, spart man am falschen Platz.

Bei Betreuung der Geschäftspartner aus China soll man darauf achten:

- die Gäste vom Flughafen abzuholen;
- sie in einem besseren Hotel unterzubringen;
- sie zum Besuch oder zur Verhandlung abzuholen und wieder ins Hotel zurückzubringen;
- Geschenke für die Chinesen bereitstellen, Geschenke für die Delegation und für die einzelnen Personen müssen getrennt sein;

- der Konferenzraum soll für die Verhandlung gut eingerichtet sein, denn hochklassige Einrichtungen bedeuten für Chinesen die Stärke der Gastfirma;
- Einladung der chinesischen Gäste zum Essen in einem noblen Restaurant hat auch die gleiche Wirkung; für diese besondere Gastfreundschaft und Wertschätzung werden sie sich später revanchieren;
- bei Bankett und Verhandlung auf die Sitzordnung achten;
- die Chinesen werden sehr begeistert sein, wenn sie von Deutschen in die Familie eingeladen werden;
- das Betreuungsprogramm soll nicht zu voll sein, es soll vorsehen, dass die Chinesen etwas frei verfügbare Zeit haben, damit sie sich entspannen und ungezwungen einen Stadtbummel machen können.
- die chinesischen Gäste im Hotel oder am Flughafen verabschieden

Die Chinesen sehen es als unhöflich an, wenn

- der Gastgeber sie nicht vom Flughafen abholt oder abholen lässt;
- der Gastgeber nicht im Hotel oder Flughafen erscheint, um sie zu verabschieden oder Vertreter dazu delegiert;
- man bei der Vorstellung oder beim Handschütteln nicht aufsteht oder sich erhebt, das gilt auch für Damen.

4. Fallstudien und Lösungsvorschläge

Fallstudie 1 (zu Ritualen): „Empfang beim Vizeminister"

Es ist schwülheiß. Schon nach wenigen Schritten zwischen dem grauen Ministerium und dem klimatisierten Mercedes klebt das Hemd am Leib. Doch der Vorstandsvorsitzende des großen deutschen Unternehmens, der gestern noch über dieses miese Klima so schimpfte, dass sein lokaler Statthalter einen frühen Abflug befürchtete, strahlt jetzt übers ganze Gesicht. Sagen wir, der Vorstandsvorsitzende heißt Lehmann und sein Statthalter in Beijing Schmitz.
„Herr Schmitz, wir haben hier Wichtiges erreicht. Als der Vizeminister das Geschenk mit einem Lächeln überreicht hat, da wusste ich, das ist unser Durchbruch in China."
„Ja, und wissen Sie eigentlich, Herr Lehmann, wie schwierig es ist, überhaupt einen Termin bei dem Vizeminister zu bekommen? Ich habe das nur über meine guten persönlichen Beziehungen regeln können. Dass wir empfangen wurden, zeigt aber vor allem den Stellenwert, den unser Unternehmen hier hat."
Beschwingt fahren die beiden zurück ins Hotel. Beijing hat sich plötzlich in eine sehr angenehme Stadt verwandelt; die neuen Hochhäuser, die neuen Autobahnen, hier geht die Post ab.
Die Euphorie der hier nicht allzu frei erfundenen Geschichte beruht auf einem Gespräch mit einem der fast hundert Vizeminister Chinas, das ungefähr folgendermaßen ablief:
„Herr Minister, ich darf mich herzlichst bei Ihnen für den heutigen Termin bedanken. Unser Haus ist der größte Hersteller von ‚Tralala' in Deutschland und blickt auf eine

stolze Tradition von über 125 Jahren zurück. Wir erlauben uns, unser Interesse an Ihrem Infrastrukturprojekt zu bekunden. Wir bewundern den rasanten wirtschaftlichen Fortschritt der Volksrepublik China."

Der Vizeminister: „Vielen Dank, Herr Lehmann. Deutschland ist sehr bekannt für die hohe Qualität seiner Produkte und Technologie. Aber die Preise sind doch manchmal etwas zu hoch."

Betretenes Lächeln und ein böser Blick des Vorstandsvorsitzenden zu seinem Landesfürsten.

Gott sei Dank fährt der Minister gleich fort: „Ihre Firma arbeitet sehr gut in meinem Land. Und ich kenne auch Herrn Schmitz."

Schmitz strahlt erleichtert.

„Sie müssen verstehen, dass wir unsere Gesetze und Regeln bei Ausschreibungen einhalten müssen und auch von unserem legalen Weg nicht abweichen können. Wir haben unsere Aufträge immer fair und objektiv vergeben. Sie wissen natürlich, dass es neben Ihnen noch andere Bewerber gibt: Frankreich, Japan und auch die USA senden uns nächste Woche hochrangige Delegationen."

Fragende Blicke von Lehmann an seinen Statthalter, die bedeuten: „Warum weiß ich das nicht?"

Wieder wird Lehmann vom Vizeminister gerettet: „Aber seien Sie sicher, dass mein Ministerium auf Fairness achten wird, und solange Sie preislich konkurrenzfähig sind und Ihre Qualität besser ist als die aller anderen, brauchen Sie sich um den Auftrag keine Sorgen zu machen."

Der Vizeminister erhebt sich: „Hier ist ein kleines Geschenk für Sie."

Auch die deutsche Delegation erhebt sich: „Ich habe Ihnen Marzipan aus meiner Heimatstadt mitgebracht", sagt Lehmann und überreicht drei Kilo.

„Oh! Schokolade", antwortet der Minister, „und gleich so viel." Lachend fügt er hinzu: „That's why you are so big." Und schiebt ihn mit einem „Have a nice trip" förmlich zur Tür hinaus.

Kaum sind die Deutschen außer Hörweite, fragt der Minister seinen Assistenten: „Wie viele Delegationen kommen heute noch?" - „Acht, Herr Minister." (Ederer / Franzen 1996: 11f.)

Fragen:

1. Worüber freut sich Herr Lehmann? Ist seine Freude begründet?
2. Wird seine Chance, den Auftrag zu bekommen, durch sein Verhalten negativ beeinflusst?
3. Wie verläuft das Ritual in dieser Sequenz?

Fallstudie 2 (zur symbolischen Handlung): „Auf dem Bankett des Bürgermeisters"

„Ganbei", „Prost", der Abend läuft prima. Der Bürgermeister der chinesischen Großstadt ist fröhlich und verheimlicht nicht, dass ihm der Maotai schmeckt, jener chinesische Hirseschnaps, in dem ganze Delegationen schon ertrunken sind. Die deutschen Gäste machen fröhlich mit. Ihre Selbstsicherheit wächst mit jedem Glas. Im Flugzeug haben sie noch nachgelesen: Wer es erst einmal zu einem gemeinsamen Abendessen mit viel Schnaps geschafft hat, dem ist ein Geschäft so gut wie sicher. Und an diesem

Abend fließt viel Schnaps. Es ist 21.20 Uhr. Der Bürgermeister erhebt sein Glas und prostet dem deutschen Delegationsleiter zu: „Es ist schon 21 Uhr 20. Sie hatten heute einen anstrengenden Tag."

„Ja, ja, ein schöner Abend und Ganbei", die Deutschen beweisen, dass sie ein chinesisches Wort gelernt haben.

21.25 Uhr. Der Bürgermeister erhebt wieder sein Glas und bemerkt sehr freundlich: „Wir trinken das Glas aus. Sie haben morgen ein großes und anstrengendes Programm zu absolvieren."

„Ganbei, Ganbei," dröhnt es ihm wieder entgegen.

21.30 Uhr. Wieder erhebt sich der Bürgermeister und sagt zu einem seiner Begleiter: „Eben wollte Herr Delegationsleiter eine Speisekarte. Holen Sie ihm eine, wenn so etwas für ihn ein Andenken ist."

„Ja, ja, danke und Prost", die Deutschen klopfen ihren Nachbarn auf die Schultern und sich auf die Schenkel. Schließlich ist man sich schon sehr nahe gekommen.

21.40 Uhr. Der Bürgermeister steht auf und verlässt grußlos den Raum.

Die deutsche Delegation ist erst sprachlos und wird dann plötzlich sauer: So arrogant sind sie noch nie behandelt worden. Was ist denn das für eine Gastfreundschaft. Sie verstehen die Welt nicht mehr, und ihre gerade noch im Übermaß zur Schau getragene Selbstsicherheit schlägt in beleidigte Arroganz um. Es stellt sich heraus, dass ihre Chinavorbereitung im Flugzeug wohl doch etwas zu dünn war. Aber trotzdem wissen sie schon jetzt, dass all das, was da über die Chinesen geschrieben stand, großer „Quatsch" ist. Zu Hause in Niedersachsen könnte so etwas nicht passieren. Wenn wir da mit einem Geschäftsfreund richtig einen heben, dann weiß der, dass er sich auf uns verlassen kann. Und wenn wir nichts mit ihm zu tun haben wollen, dann trinken wir noch nicht einmal ein Glas Wasser zusammen. (geändert nach Ederer / Franzen 1996: 371f)

Fragen:

1. Suchen Sie aus der Sequenz die rituellen Elemente heraus und dann die Formulierungen und Handlungen, die symbolischen Charakter haben. Erklären Sie, was sie bedeuten.
2. Kann man hier von einem Fehlverhalten der Deutschen sprechen? Wer ist an dem Missverständnis schuld?
3. Beschreiben Sie das deutsche Ritual beim Bankett. Berücksichtigen Sie die folgenden Stichpunkte: Beginn des Banketts, Ankunft der Gastgeber und der Gäste, Sitzordnung, Reihenfolge der Servierung der Gerichte, Startzeichen, Weineinschenken, Zigarettenanbieten, Versorgung der Gäste mit Speisen, Schluss des Banketts, Abschied...

Lösungsvorschläge zu Fallstudien

Zu Fallstudie 1

1. Herr Lehmann hielt die üblichen Rituale, wie Empfang der führenden Manager der an der Ausschreibung beteiligten ausländischen Unternehmen und die

Beschenkung derer durch den Minister irrtümlich für eine besondere Gunst, die seinem Unternehmen zuteil wurde. Deshalb freute er sich darauf, den Auftrag zu bekommen. Er war davon überzeugt, dass die Bemühungen ihrerseits durch Beziehungsaufbau, Hintertürgänge und Geschenke ihre Wirkungen taten.

In der Tat ist es ein traditionelles Ritual, dass die chinesischen Führer ausländische Delegierte empfangen. In der chinesischen Geschichte gaben chinesische Kaiser oft ausländischen Gesandten Audienz, was über die Bekräftigung des Suzerän-Vasallenstaaten-Verhältnisses hinaus Gastfreundschaft und Anteilnahme zeigte. Eine Überwertung dieses Rituals ist abwegig.

2. Nein, sein Verhalten wird seine Chance weder positiv noch negativ beeinflussen. Allein Marzipan als Geschenk, auch wenn kiloweise, bedeutet noch nicht Bestechung oder Bestechungsannahme. Beziehungen aufzubauen und spielen zu lassen, Hintertüren auszunützen, ist in China gang und gäbe. Diese Instrumente können zwar oft funktionieren, aber nicht immer das Gelingen garantieren. Deutsche Waren erfreuen sich in China eines guten Rufes, und dies kann bei angemessenen Preisen trotz starker Konkurrenz Vorteile bringen.

Zu Fallstudie 2

Frage 2:

Hätte der Bürgermeister gesagt: „Ich bin müde und will mich ausruhen. Sie sind auch müde, und gehen Sie zum Ausruhen!", so hätten die Deutschen ihn nicht missverstanden. Aber von einem Bürgermeister ist solch grobe Formulierung nicht zu erwarten. Er befleißigt sich, Geduld zu wahren, und versucht, durch symbolische Ausdrücke und Handlungen die deutschen Gäste zum Verstehen seiner Intention zu bringen. Vergebens natürlich. Erst als er feststellt, dass den Deutschen nicht mehr zu helfen ist, ergreift er die drastische Maßnahme, ohne Abschied wegzugehen. Da fällt es den unschuldigen Deutschen erst wie Schuppen von den Augen. Die Deutschen kennen das chinesische Ritual beim Bankett nicht, und von den symbolischen Ausdrücken und Handlungen haben sie offensichtlich auch keine Ahnung. Sie haben einfach die heimatliche Sitte zum Standard erhoben, und glauben, dass dieser Standard auch in China gilt. Wenn es nach ihnen ginge, würden sie so lange trinken, dass sie erst um Mitternacht aufhörten. Aber das ist nicht ihr Fehler. Das ist eindeutig ein Missverständnis. Wenn die Deutschen vor ihrer Abreise ein interkulturelles Training absolviert hätten, wenn ein in einem solchen Training geschulter Firmenrepräsentant in China der Delegation vorher oder zwischendurch mitgeteilt hätte, dass ein chinesisches Bankett immer sehr abrupt nach zwei Stunden endet, wären die Deutschen nicht in solche Verlegenheit geraten. Oder hätte der Bürgermeister die deutsche Sitte gekannt, hätte er vielleicht den Deutschen vor dem Bankett zu verstehen gegeben, dass sie sich auf ein Zeichen von ihm rechtzeitig empfehlen sollen.

5. Index einiger wichtiger Begriffe in diesem Aufsatz

Ritual:

Rituale repräsentieren also eine stark extern determinierte Kommunikationsform. Sie bilden eine Klasse innerhalb der verschiedenen Formen institutionalisierter Kommunikation.

Das Ritual, ein Komplex aus Worten und nicht-sprachlichen Handlungen – einschließlich der Manipulation von Objekten -, als Institution seiner konkreten, aktuellen Durchführung ist danach zumindest ein sozialer Handlungsplan. Jede tatsächliche Durchführung dieses Rituals ist ein Vollzug des als soziales Objekt existierenden Handlungsplans. Beginn und Ende des rituellen Handlungsverlaufs sind jeweils eindeutig festgelegt. Der jeweilige Handlungsplan sieht stets mehrmaligen Vollzug vor. (Knuf / Schmitz 1980: 40 und 42)

Symbol:

Symbol, n. [gr. symbolon = Kennzeichen, von symballein = zusammenwerfen, zusammenfügen], in der Antike ursprüngl. konkrete Erkennungszeichen, etwa die Hälften eines Ringes oder Stabes, die, zusammengepasst, bei einer Wiederbegegnung nach Jahren, einer Vertragserneuerung, einer Nachrichtenübermittlung usw. als Beglaubigung dienten, vergleichbar einem vereinbarten Losungswort. Symbol wurde dann auch in übertragenem (metaphor.) Sinne verwendet für ein bildhaftes Zeichen, das über sich hinaus auf höhere Geist. Zusammenhänge weist, für die Veranschaulichung eines Begriffes, als sinnl. Zeugnis für Ideenhaftes. (Schweikle 1984: Metzler Literatur-Lexikon: 426)

In Literaturwissenschaft, Kunst und Religion der Tradition folgend eher i. S. von Wahrzeichen, Sinnbild, d. h. als ein sinnl. gegebenes, konventionelles, zumeist bildl. Zeichen, das über sich selbst hinaus auf einen höheren, abstrakten oder sogar metaphys. Bereich, eine Idee, Ideologie oder eine gemeinsame Geschichte verweist (z. B. Wappen, Denkmäler, das Kreuz im Christentum) und damit auf zwei semiot. Ebenen signifiziert. Das S. ist ein Besonderes, das als Zeichen ein Allgemeines vertritt, auf das es synekdoch-analog, bezogen ist und über seinen unmittelbar ikon.-konkreten Zeichencharakter hinaus weitere abstrakt-allgemeine Bedeutung gewinnt. (vgl. Glück 1993: 621)

Zeichen:

Zeichen sind wahrnehmbare Dinge, Sachverhalte, Handlungen oder Ereignisse und zwar solche, die für interpretierbar gehalten werden. Interpretiert zu werden, muss nicht unbedingt die primäre Funktion der Dinge sein, die Zeichen sind, aber es muss eine ihrer Funktionen bzw. eine ihrer Gebrauchsmöglichkeiten darstellen. Ein Auto hat beispielsweise die primäre Funktion, ein Transportmittel zu sein; darüber hinaus kann es als Zeichen dienen, etwa als Zeichen einer bestimmten Gruppenzugehörigkeit des Besitzers. Zeichen haben somit notwendigerweise zwei Aspekte bzw. zwei Eigenschaften: etwas, das sie wahrnehmbar macht, und etwas, das sie interpretierbar macht. (Keller 1992: 327)

Tabu:

„The Taboo (polynesisch), ′stark Gezeichnetes′, Unberührbares, Bezeichnung für ein auf magischen Ritus, höheren Befehl oder allgemeiner Verabredung beruhendes Verbot, bestimmte Handlungen zu vollziehen, bestimmte Gegenstände zu berühren oder zu benutzen, bestimmte Örtlichkeiten zu betreten oder bestimmte sprachliche Symbole auszusprechen oder aufzuschreiben. Durch Tabus wird das soziale Handeln kanalisiert, werden Extreme und Radikalismen definiert, bilden sich zentrale Orientierungsmuster und Verhaltensbegrenzungen heraus, die mitunter gar nicht mehr als äußere, einengende Regeln und Verbote, sondern als ′Selbstverständlichkeiten′ empfunden werden." (Emmrich 1992: 2). Tabu = Vorschrift, gewisse Gegenstände, Personen, Tiere, Pflanzen usw. zu meiden. (Wahrig: Dt. Wörterbuch)

Bibliografie

Brüch, Andreas / Thomas, Alexander 1995: Beruflich in Südkorea. Interkulturelles Orientierungstraining für Manager, Fach- und Führungskräfte. Heidelberg: Roland Asanger Verlag.

Burkhartd, Armin 1996: Geballte Zeichen. Das Symbol und seine Deutungen. In: Zeitschrift für SEMIOTIK, Band 18, Heft 4, S. 461-482.

Chen, Daxing 1983: „Nein, danke". In: In zwei Sprachen leben. München.

Ederer, Günter / Franzen, Jürgen 1996: Der Sieg des himmlischen Kapitalismus. Wie der Aufstieg Chinas unsere Zukunft verändert. Landesberg/Lech: Verlag Moderne Industrie.

Emmrich, Thomas 1992: Tabu und Meidung im antiken China. Aspekte des Verpönten. Bad Hoffef: Bock und Herchen.

Glück, v. Helmut (Hg.) 1993: Metzler Lexikon Sprache. Stuttgart.

Heinz-Mohr, Gerd 1971: Lexikon der Symbole. München: Eugen Diederichs Verlag.

Hofstede, Geert 1993: Interkulturelle Zusammenarbeit. Kulturen – Organisationen – Management. Wiesbaden: Gabler.

Keller, Rudi 1992: Zeichenbedeutung und Bedeutungswandel. In: Semiotik, Band 14, Heft 4, S. 327-366.

Klein, Wolfgang 1987: Einleitung. Zeitschrift für Literaturwissenschaft und Liguistik 65, S. 7-8.

Knuf, Joachim / Schmitz, H. Walter1980: Ritualisierte Kommunikation und Sozialstruktur. Hamburg: Helmut Buske Verlag.

Lüger, Heinz-Helmut 1992: Sprachliche Routinen und Rituale. Frankfurt am Main u.a., Peter Lang.

Schweikle, Günther u. Irmgard 1984: Metzler Literatur Lexikon. Stuttgart: J. B. Metzler.

Thomas, Alexander 1996: Analyse der Handlungswirksamkeit von Kulturstandards. In: Ders. (Hg.): Psychologie interkulturellen Handelns. Göttingen; Bern; Toronto; Seattle: Hogrefe-Verlag, S. 107-135

Thomas, Alexander; Schenk, Eberhard 1996: Beruflich in China. Interkulturelles Orientierungstraining für Manager, Fach- und Führungskräfte. Universität Regensburg, Manuskript.

Wahrlich, Heide 1991: Wortlose Sprache-Verständnis und Missverständnis im Kulturkontakt. In: Alexander Thomas: Kulturstandards in der internationalen Begegnung. Saarbrücken: Verlag breitenbach Publishers, S. 13-39.

Wahrig, Gerhard 1972: Deutsches Wörterbuch. Gütersloh, Berlin, München, Wien: Bertelsmann Lexikon Verlag.

CHIFENG HAN

WERBERECHT IN DER VR CHINA

Ende der 70er Jahre des 20. Jahrhunderts konnte man nichts über das chinesische Werberecht sagen, weil es damals fast keine Werbung gab[1]. Seither hat sich jedoch eine Wandlung in China vollzogen. Im Rahmen der Entwicklung der Marktwirtschaft wurde die Wirtschaftswerbung in China wieder eingeführt. Die Werbeindustrie befindet sich seither in ständigem Wachstum[2]. Heute kann man überall Werbung sehen und gibt es fast alle Werbearten. Ohne Werbung ist das Wirtschaftsleben in China nicht mehr vorstellbar.

Mit der Entwicklung der Werbewirtschaft traten auch in der Werbeindustrie unlautere Wettbewerbshandlungen auf, wie z.B. irreführende Werbung, herabsetzende vergleichende Werbung und andere unlautere Werbung[3]. Werberegelungen wurden notwendig. Am 6. Februar 1982 wurde die Vorläufige Verordnung über die Verwaltung der Werbung[4] als erste Werbeverordnung Chinas erlassen.

1. System des chinesischen Werberechts

Bisher wurden in China schon eine Menge Werbebestimmungen erlassen, die ein integrierteres Werberechtssystem bilden. Neben dem Werbegesetz (im folgenden WerbeG) vom 27. 10. 1994[5], das mit Recht als „Grundgesetz" des Werberechts bezeichnet wird, spielen in diesem System des chinesischen Werberechts auch diejenigen Werbebestimmungen eine wichtige Rolle, die als Sonderregelung erlassen worden sind. Maßgebende werberechtliche Vorschriften finden sich in Ergänzung zum WerbeG auch in anderen rechtlichen Regeln[6].

1.1 Das Werbegesetz als „Grundgesetz" des Werberechts

1.1.1 Die Stellung des WerbeG

In allen Werbebestimmungen Chinas ist das WerbeG das einzige Gesetz, das allseitig die Wirtschaftswerbung regelt. Als einfaches Gesetz führt das WerbeG die Normenhierarchie an. Einerseits gelten die Vorschriften des WerbeG für alle Formen der Wirtschaftswerbung[7], andererseits hat das WerbeG Vorrang vor anderen Werbebestimmungen[8].

1.1.2 Aufbau des WerbeG

Das WerbeG enthält insgesamt 49 Paragraphen, gliedert sich in sechs Abschnitte, und ist insoweit leicht überschaubar.

1.1.2.1 Allgemeine Regeln

Der erste Abschnitt enthält 6 Paragraphen und bildet die Grundlage der anderen Abschnitte[9]. Zuerst wird der Zweck der Gesetzgebung des WerbeG bestimmt. Das WerbeG soll nach § 1 dazu beitragen, die Werbetätigkeit zu regeln, die gesunde Entwicklung der Werbewirtschaft zu fördern, die legalen Rechte und Interessen der Verbraucher zu schützen, die soziale und wirtschaftliche Ordnung zu wahren und die positive Rolle der Werbung in der sozialistischen Marktwirtschaft zur Entfaltung zu bringen. Danach werden der Anwendungsbereich und der Regelungsgegenstand des WerbeG in § 2 festgelegt.

In § 3 werden die drei Grundsätze der Werbung geregelt, d.h. Werbung hat wahrhaft und rechtmäßig zu sein und der Forderung nach Errichtung einer Kultur im sozialistischen Geist zu entsprechen. § 4 als Ergänzung des Grundsatzes „wahrhaft" bestimmt negativ, dass Werbung keine falschen Informationen beinhalten oder die Verbraucher betrügen oder irreführen darf. In § 5 werden die Grundsätze der Werbetätigkeiten bestimmt, d.h. Werbende, Werbungtreibende und Werbungverbreitende, die sich mit Werbetätigkeiten beschäftigen, haben die Gesetze und Verwaltungsvorschriften zu befolgen und sich an den Grundsatz der Gerechtigkeit und an den Grundsatz von Treu und Glauben zu halten. In den Vorschriften der anderen Abschnitte spiegeln sich diese Grundsätze der §§ 3, 4 und 5 wieder.

Zuletzt bestimmt § 6, dass die Abteilungen der Verwaltung für Industrie und Handel der Volksregierungen ab Kreisebene die Aufsichtsbehörden für die Werbung sind.

1.1.2.2 Standards für die Werbung

Der zweite Abschnitt kann in allgemeine Vorschriften und besondere Vorschriften untergliedert werden[10]. In den §§ 7 bis 13 werden die allgemeinen Standards der Werbung bestimmt, die für alle Arten der Wirtschaftswerbung gelten. Zuerst werden die allgemeinen Forderungen an den Inhalt der Werbung in § 7 Abs. 1 gestellt, wonach der Inhalt von Werbung die körperliche und seelische Gesundheit des Volkes zu begünstigen, die Steigerung der Qualität von Waren und Dienstleistungen zu fördern, die legalen Rechte und Interessen der Verbraucher zu schützen, die gesellschaftliche Moral und Berufsethik zu beachten und die Würde und Interessen der Nation zu bewahren hat. Anschließend werden diese Forderungen konkretisiert:

- in § 7 Abs. 2 wird eine Reihe von Einzelfällen unzulässiger Werbung geregelt;
- nach § 8 darf Werbung nicht die körperliche und seelische Gesundheit Minderjähriger oder Behinderter schädigen;
- §§ 9, 10 und 11 stellen positive Forderungen an inhaltliche Elemente der Werbung;
- Werbung darf gemäß § 12 nicht die Waren oder Dienstleistungen anderer Hersteller und Anbieter herabwerten;
- in § 13 wird die Erkennbarkeit der Werbung bestimmt.

Da der Verbrauch bestimmter Waren von Bedeutung für die Gesundheit und Interessen der Verbraucher ist, insbesondere bei Arzneimitteln, medizinischen Geräten, Pestiziden, Tabakerzeugnissen, Lebensmitteln, Alkoholika und Kosmetika, werden in den §§ 14 bis 19 besondere Standards der Werbung für diese Waren festgelegt. Die §§ 14 bis 16 regeln Werbung für Medikamente und medizinische Geräte. In § 17 wird die Werbung für Pestizide näher geregelt, in § 18 die Tabakwerbung. § 19 enthält Bestimmungen über Werbung für Lebensmittel, Alkohol und Kosmetika.

1.1.2.3 Werbetätigkeiten

Der dritte Abschnitt besteht aus 14 Paragraphen und enthält eine Reihe von Anforderungen an die an der Werbung Beteiligten. Spezielle Anforderungen dieser Art betreffen auch die Außenwerbung[11].

1.1.2.3.1 Allgemeine Anforderungen

Zuerst werden in den §§ 20, 21 und 31 Anforderungen an alle Beteiligten, und zwar Werbende, Werbungtreibende und Werbungverbreitende, gestellt. Nach § 20 sind schriftliche Verträge zwischen den Beteiligten bei Werbetätigkeiten erforderlich. § 21 verbietet jede Form unlauteren Wettbewerbs. Gemäß § 31 darf keine Werbung entworfen, hergestellt und verbreitet werden, wenn durch Gesetz oder Verwaltungsvorschriften verbotene Umstände vorliegen.

§ 25 handelt vom Schutz der Personenrechte und richtet sich an Werbende und Werbungtreibende. In §§ 26 bis 29 werden die Anforderungen an Werbungtreibende und Werbungverbreitende formuliert. § 26 bestimmt die Voraussetzungen der betriebenen Werbung. In § 27 werden die Kontrollpflichten bestimmt. § 28 legt die Registrierung und die Verwaltung von Werbeaufträgen fest, und § 29 enthält Vorschriften über Werbegebühren.

Die Vorschriften der §§ 22, 23 und 24 richten sich nur an Werbende. Dafür werden Geschäftsbereich der Werbenden[12], Qualifikationsnachweis der Beauftragten[13] und Qualifikationsnachweis der Werbenden[14] getroffen. § 30 stellt Anforderungen an Werbungverbreitende, in bezüglich der Authentizität weiter gereichter Informationen.

1.1.2.3.2 Spezielle Anforderungen

In den §§ 32 und 33 wird die Außenwerbung geregelt. § 32 enthält einen Katalog verbotener

1.1.2.4 Werbekontrolle

Der vierte Abschnitt enthält 3 Paragraphen und regelt die Werbekontrolle[15]. Zunächst werden in § 34 Bereich, Behörden, Gegenstand und Zeitpunkt der Werbekontrolle geregelt. Nur bestimmte Arten der Werbung, insbesondere Werbung für Arzneimittel, medizinische Geräte, Pestizide oder Tierarzneimittel sowie solche Werbung, die kraft Gesetzes oder Verwaltungsanordnung inhaltlich geprüft werden muss, fallen unter den Bereich der Werbekontrolle. Die Werbekontrollbehörden sind die zuständigen Abteilungen, die für den jeweiligen Bereich der Werbekontrolle verantwortlich sind. Gegenstand der Werbekontrolle ist der Inhalt der Werbung, der den allgemeinen Standards und den besonderen Standards des WerbeG entsprechen muss. Außerdem muss die Werbekontrolle vor der Veröffentlichung der Werbung ausgeführt werden.

§ 35 sieht ein Prüfungsverfahren vor. Zunächst müssen Werbende bei den Werbekontrollbehörden die Werbekontrolle beantragen und gemäß den Gesetzen und Verwaltungsvorschriften die betreffenden Nachweisdokumente einreichen. Dann haben die Werbekontrollbehörden gemäß den Gesetzen und Verwaltungsvorschriften einen Kontrollbescheid zu erlassen. Eine Urkunde, die eine Entscheidung zur Werbekontrolle enthält, darf nach § 36 von keiner Einheit oder Einzelperson gefälscht, abgeändert oder übertragen werden.

1.1.2.5 Rechtliche Haftung

Der fünfte Abschnitt enthält 12 Paragraphen, die in die Bereiche Haftung und Verfahren untergliedert werden können[16].

1.1.2.5.1 Haftung

In §§ 37 bis 47 wird die Haftung geregelt, die in die Haftung der Werbebeteiligten[17] und die Haftung der Mitarbeiter der Werbekontrollbehörden[18] unterteilt werden kann. §§ 37 und 38 bestimmen die Verwaltungshaftung, die strafrechtliche Haftung und die zivilrechtliche Haftung für irreführende Werbung. Werden durch Verbreitung von Werbung die allgemeinen Standards der Werbung[19] verletzt, so wird die Verwaltungshaftung oder die strafrechtliche Haftung nach §§ 39 und 40 übernommen. §§ 41 und 42 sehen die Verwaltungshaftung für Verstöße gegen die besonderen Standards der Werbung[20] vor. In § 47 wird die zivilrechtliche Haftung für bestimmte rechtsverletzende Handlungen geregelt. Werden die Vorschriften der Werbekontrolle[21] verletzt, muss man die Verwaltungshaftung oder die strafrechtliche Haftung nach §§ 43 und 44 übernehmen. Nach §§ 45 und 46 wird die Verwaltungshaftung oder die strafrechtliche Haftung übernommen, wenn die Mitarbeiter der Werbekontrollbehörden die Vorschriften der Werbekontrolle oder die anderen Bestimmungen verletzen.

1.1.2.5.2 Verfahren

§ 48 enthält Vorschriften über die Verfahren der Überprüfung und der Klage bei dem Volksgericht und der Überprüfungsbehörde. Ist eine Partei mit der behördlichen Strafentscheidung nicht einverstanden, kann sie innerhalb von 15 Tagen nach Empfang der Mitteilung über die Strafentscheidung bei der nächsthöheren Behörde Überprüfung beantragen.

Liegt einer der nachstehenden Umstände vor, kann die Partei beim Volksgericht Klage erheben:

- Ist eine Partei mit der behördlichen Strafentscheidung nicht einverstanden, kann sie innerhalb von 15 Tagen nach Empfang der Mitteilung über die Strafentscheidung beim Volksgericht Klage erheben, wenn sie nicht bei der nächsthöheren Behörde Überprüfung beantragen will.
- Ist eine Partei mit der Überprüfungsentscheidung nicht einverstanden, kann sie innerhalb von 15 Tagen nach Empfang der Mitteilung über die Überprüfungsentscheidung beim Volksgericht Klage erheben.
- Erlässt die Überprüfungsbehörde bis Fristablauf keine Überprüfungsentscheidung, kann die Partei innerhalb von 15 Tagen nach Ablauf der Frist Klage beim Volksgericht erheben.

1.1.2.6 Ergänzungsbestimmungen

Dieser Abschnitt enthält nur eine Bestimmung, die das Inkrafttreten des WerbeG und das Verhältnis zwischen dem WerbeG und den vor Inkrafttreten des WerbeG erlassenen Werbebestimmungen regelt[22].

1.2 Die weiterhin geltende WerbeVerwVO als wichtige Ergänzung des WerbeG

1.2.1 Gültigkeit und Stellung der WerbeVerwVO

Es fragt sich nun, ob und wie weit die WerbeVerwVO und die danach erlassenen Werbebestimmungen gelten, nachdem das WerbeG erlassen worden ist. § 49 WerbeG hält eine Antwort auf diese Frage bereit[23]. Stimmen die Inhalte anderer, die Werbung betreffender Gesetze und Rechtsvorschriften, die vor Inkrafttreten des WerbeG erlassen worden sind, nicht mit dem WerbeG überein, so hat das WerbeG gemäß § 49 Satz 2 WerbeG Vorrang, d.h. andere Werbebestimmungen gelten unter diesen Umständen nicht. Wenn deren Inhalte mit dem WerbeG ü-bereinstimmen, gelten sie nach der Ansicht des Schrifttums weiterhin[24]. Die WerbeVerwVO und die danach erlassenen Werbebestimmungen als Ergänzung des WerbeG spielen im System des chinesischen Werberechts eine wichtige Rolle, da das WerbeG nicht alle Inhalte der Werbung regelt. Außerdem finden sie auch für andere Arten der Werbung neben der Wirtschaftswerbung Anwendung.

1.2.2 Grundsätze der Anwendung der WerbeVerwVO

Nach der h.M.[25] müssen die folgenden Grundsätze bei der Anwendung der WerbeVerwVO befolgt werden:

- Stimmt der Inhalt der WerbeVerwVO nicht mit dem WerbeG überein, so gilt das WerbeG.
- Auch wenn der Inhalt der WerbeVerwVO mit dem WerbeG übereinstimmt, so kommt das WerbeG als einfaches Gesetz zuerst in Betracht.
- Im WerbeG wird eine Reihe von Anforderungen an die Werbetätigkeit gestellt, doch sehen nur die §§ 31 und 47 Nr. 4 Haftungsregeln für Verstöße gegen diese Vorschriften vor. Sehen die WerbeVerwVO und weitere Werbebestimmungen darüber hinausgehende Haftungsregeln vor, so können diese angewandt werden.
- Bestimmte Werbevorschriften, die nur in der WerbeVerwVO, nicht aber im WerbeG festgelegt sind, gelten weiterhin.
- Da das WerbeG nur für Wirtschaftswerbung gilt, kann man die WerbeVerwVO auch auf andere Arten der Werbung anwenden.

1.3 Die anderen speziellen Werbebestimmungen als Sonderregelung

Seit 1993 wurden eine Reihe von speziellen Werbebestimmungen auf Grundlage des WerbeG und der WerbeVerwVO aufgestellt[26], die auf verschiedene Arten von Werbung gerichtet sind. Diese Werbebestimmungen als Sonderregelung sind neben dem WerbeG ein wichtigster Teil im System des chinesischen Werberechts. Davon gehören die meisten zum materiellen Recht, einige zum Verfahren der Werbekontrolle[27]. Da immer neue Werbebestimmungen aufgestellt werden, wächst dieser Teil des Werberechts ständig. Die wichtigsten Werbebestimmungen sind:

Methodik der Verwaltung von Werbung für Kosmetika vom 13. 7. 1993[28];
Methodik der Verwaltung von Werbung für ärztliche Behandlungen vom 27. 9. 1993[29];
Standards der Kontrolle über Werbung für medizinische Geräte vom 3. 3. 1995[30];
Methodik der Kontrolle über Werbung für medizinische Geräte vom 8. 3. 1995[31];
Standards der Kontrolle über Werbung für Arzneimittel vom 28. 3. 1995[32];
Methodik der Kontrolle über Werbung für Arzneimittel vom 22. 3. 1995[33];
Standards der Kontrolle über Werbung für Tierarzneimittel vom 28. 3. 1995[34];
Methodik der Kontrolle über Werbung für Tierarzneimittel vom 7. 4. 1995[35];
Standards der Kontrolle über Werbung für Pestizide vom 28. 3. 1995[36];
Methodik der Kontrolle über Werbung für Pestizide vom 7. 4. 1995[37];
Methodik der Verwaltung von zeitweiliger Werbeaktivität vom 1. 6. 1995[38];
Methodik der Verwaltung von Alkoholwerbung vom 17. 11. 1995[39];
Bestimmungen zur Verwaltung der Registrierung von Außenwerbung vom 8. 12. 1995[40];
Vorläufige Methodik der Verwaltung von Tabakwerbung vom 20. 12. 1995[41];
Vorläufige Methodik der Verwaltung von Werbung in Druckwerken vom 27. 12. 1996[42];
Vorläufige Bestimmungen zur Veröffentlichung der Immobilienwerbung vom 30. 12. 1996[43];
Vorläufige Bestimmungen zur Veröffentlichung der Werbung für Lebensmittel vom 30. 12. 1996[44];
Vorläufige Methodik der Verwaltung von Ladenwerbung vom 31. 12. 1997[45];
Methodik der Verwaltung von Werbeleuchttafeln vom 29. 2. 1996[46];
Vorläufige Bestimmungen zur Verwaltung von Sprache und Schrift der Werbung vom 15. 1. 1998[47];
Bekanntmachung über die Verstärkung der Verwaltung von Werbung für den Direktvertrieb im Fernsehen vom 20. 9. 1998[48].

1.4 Die Regelungen aus anderen Gesetzen und Rechtsvorschriften

Neben dem WerbeG und den Werbebestimmungen bestehen noch andere Gesetze und Rechtsvorschriften, die teilweise die Werbung betreffen, oder auf die im WerbeG hingewiesen wird. Zumeist werden diese Vorschriften in Ergänzung zum WerbeG und den Werbebestimmungen angewendet[49].

Diese Regelungen betreffen verschiedene Rechtsgebiete, z.B. gewerbliche Schutzrechte, Zivilrecht, Strafrecht und Verwaltungsrecht. Die wichtigen Gesetze und Verordnungen sind:

Gesetz der VR China gegen den unlautere Wettbewerb vom 2. 9. 1993[50];
Allgemeine Grundsätze des Zivilrechts der VR China vom 12. 4. 1986[51];
Strafgesetz der VR China in der Fassung vom 14. 3. 1997[52];
Gesetz der VR China über den Schutz der Rechte und Interessen der Verbraucher vom 31. Oktober 1993[53];
Gesetz der VR China über die Lebensmittelhygiene vom 30. 10. 1995[54];
Arzneimittelverwaltungsgesetz der VR China vom 20. 9. 1984[55].

1.5 Die regionalen Bestimmungen

Gleichzeitig mit zahlreichen werberechtlichen Vorschriften auf höchster Ebene wurden in vielen Provinzen und Städten regionalen Werbebestimmungen erlassen, um regionalen Problemen gerecht zu werden, die nicht durch Gesetze oder Verordnungen geregelt werden. So verkündeten z.B. die Provinzen Guangdong und Hubei Bestimmungen zur Außenwerbung, die Provinz Gansu Bestimmungen zur Aufsicht und Verwaltung von Werbung, Beijing, Shanghai und Provinz Liaoning Bestimmungen über bestimmte Werbetätigkeiten oder bestimmte Arten der Werbung[56]. Diese Bestimmungen spielen in der regionalen Verwaltung der Werbung eine wichtige Rolle und bilden einen nicht zu vernachlässigenden Bestandteil des chinesischen Werberechts[57].

1.6 Selbstkontrolle

Im Dezember 1983 wurde der Chinesische Werbeverband gegründet. Am 7. 12. 1994 verabschiedete die 4. Delegiertenversammlung des Chinesischen Werbeverbandes die Selbstbeschränkungsregeln des Chinesischen Werbeverbandes[58]. Die Regeln enthalten 12 Paragraphen und bestimmen Anwendungsbereich, Selbstbeschränkung der Werbetätigkeit der Mitglieder und Haftung für Verstöße gegen die Regeln. Die Regeln sind für das Verhalten der Werbebranche von großer Bedeutung und bilden eine wichtige Ergänzung zum Werberecht Chinas[59].

2. Gegenstand und Subjekte des chinesischen Werberechts

Die Anwendung der Werberegelungen setzt die Festlegung ihres Gegenstandes und ihrer Subjekte voraus.

2.1 Gegenstand des Werberechts

Der Gegenstand der Regelung des WerbeG ist nach der Definition des § 2 Abs. 2 WerbeG lediglich die Wirtschaftswerbung. Demnach umfasst die Wirtschaftswerbung die folgenden Tatbestandsmerkmale:

- Ziel der Werbung ist es, die Produkte des Warenanbieters oder die Dienstleistungen des Dienstleistungsanbieters zu vermarkten, um Gewinn zu erzielen[60]. Es ist das wichtigste Tatbestandsmerkmal der Wirtschaftswerbung in Abgrenzung zur nicht kommerziellen Werbung. Die Vorstellung der Produkte oder Dienstleistungen kann unmittelbar oder mittelbar erfolgen. Die unmittelbare Vorstellung richtet sich auf die betreffende Ware bzw. Dienstleistung. Bei der mittelbaren Vorstellung wird der Warenanbieter oder Dienstleistungsanbieter, bzw. die sogenannte Gestalt des Unternehmens, präsentiert[61].
- Für die Werbung muss ein Warenanbieter oder Dienstleistungsanbieter selbst die Kosten übernehmen. Ob er selbst die Werbung entwirft, herstellt und verbreitet oder andere damit beauftragt, spielt keine Rolle. Dieses Tatbestandsmerkmal grenzt die Werbung von Nachrichtenberichten ab.
- Die Werbung wird mittels bestimmter Medien und Formen verbreitet. Das WerbeG zählt sechs davon auf. In § 34 werden Radio, Fernsehen, Film, Zeitungen und Zeitschriften als Medien genannt. Die Außenwerbung als eine Werbeform wird in den §§ 32 und 33 erwähnt. Außerdem nennt § 34 WerbeG „anderen Medien", die Aufzählung ist also nicht abschließend. Werden Waren oder Dienstleistungen ohne bestimmte Medien direkt angeboten, so handelt es sich dabei nicht um Wirtschaftswerbung[62].

2.2 Subjekte des Werberechts

§ 2 Abs. 1 WerbeG bestimmt, dass Werbende, Werbungtreibende und Werbungverbreitende, die sich innerhalb der Volksrepublik China mit Werbetätigkeiten beschäftigen, dieses Gesetz zu befolgen haben. Demnach werden Werbende, Werbungtreibende und Werbungverbreitende zu Subjekten des Werberechts. Wer zum werberechtlichen Subjekt wird, muss bestimmte Voraussetzungen nach dem WerbeG und den anderen Rechtsvorschriften erfüllen. Danach haben sie bei ihrer Werbetätigkeit die Grundsätze des § 5 WerbeG zu befolgen, also die Gesetze und Verwaltungsvorschriften sowie die Grundsätze der Gerechtigkeit und von Treu und Glauben einzuhalten. Schließlich haben sie die Pflichten zu übernehmen, die im dritten Abschnitt des WerbeG deutlich benannt werden.

2.2.1 Werbende

2.2.1.1 Begriff der Werbenden

Werbende sind gemäß § 2 Abs. 3 WerbeG juristische Personen, andere Wirtschaftsorganisationen oder Einzelpersonen, die für die Vermarktung von Waren oder für das Anbieten von Dienstleistungen selbst oder mittels Beauftragung eines anderen Werbung entwerfen, herstellen und verbreiten. Nach dieser Vorschrift können juristische Personen, andere Wirtschaftsorganisationen oder Einzelpersonen Werbende werden.

Eine juristische Person ist gemäß § 36 Abs. 1 AGZR eine zivilrechtsfähige und zivilgeschäftsfähige Organisation, die dem Recht gemäß unabhängig Zivilrechte genießt und zivile Pflichten übernimmt. Sie muss die Bedingungen des § 37 AGZR erfüllen. Zu juristischen Personen gehören juristische Unternehmenspersonen[63], Behörden[64], Institutionseinheiten[65] und gesellschaftliche Körperschaften[66].

Als andere Wirtschaftsorganisationen gelten solche Unternehmen oder Gewerbeeinheiten, die nicht die Bedingungen einer juristischen Person in § 37 AGZR erfüllen, jedoch Kapital, Gewerbefläche und die Fähigkeit zur Produktion und zum Betreiben von Geschäften besitzen, durch Registrierung genehmigt worden sind und eine Gewerbelizenz erworben haben. Dazu gehören von juristischen Personen errichtete Zweigstellen, die nicht selbständig Verantwortung übernehmen können, Gemeinschaftsunternehmen, lose verbundene Unternehmen, privat betriebene Unternehmen mit Alleinkapital, die Volksbank Chinas und andere Spezialbanken sowie die örtlichen Zweigstellen der Chinesischen Versicherungsgesellschaften[67].

Einzelpersonen sind Einzelgewerbetreibende[68], dörfliche Übernahmebetreiber[69] und sonstige Einzelpersonen, die sich mit Produktion und Gewerbe beschäftigen. Es kommt auf die betreffenden Rechtsvorschriften an, ob und wie sie einen Gewerbebetrieb betreiben können[70].

Um Werbende im Sinne des WerbeG zu sein, müssen juristische Personen, andere Wirtschaftsorganisationen oder Einzelpersonen folgende Voraussetzung nach § 2 Abs. 3 WerbeG erfüllen: Werbung zum Zwecke des Warenabsatzes oder Angebots einer Dienstleistung selbst entwerfen, herstellen und verbreiten, oder einen anderen damit beauftragen.

2.2.1.2 Pflichten der Werbenden

Werbende müssen nach den Vorschriften des dritten Abschnittes des WerbeG folgende Pflichten übernehmen:

- Bei Beauftragung von Werbungtreibenden oder Werbungverbreitenden sind schriftliche Verträge zu schließen, in denen die Rechte und Pflichten jeder Seite festgelegt sind[71].
- Im Zuge ihrer Werbetätigkeit dürfen sie keinen unlauteren Wettbewerb betreiben[72].
- Die in einer Werbung vermarktete Ware oder angebotene Dienstleistung, die ein Werbender selber oder mittels Beauftragung eines anderen entwirft, herstellt und verbreitet, hat dem Geschäftsumfang des Werbenden zu entsprechen[73].
- Wenn sie den Entwurf, die Herstellung und die Veröffentlichung einer Werbung in Auftrag geben, haben sie solche Werbungtreibende oder Werbungverbreitende zu beauftragen, die die gesetzlich festgelegte Qualifikation zur Ausübung ihres Gewerbes besitzen[74].
- Wenn sie selbst oder mittels Beauftragung eines anderen Werbung entwerfen, herstellen und verbreiten, haben sie die nachstehenden wahrhaften, legalen und wirksamen Nachweisdokumente zu besitzen und vorzuweisen: Gewerbeschein sowie andere Produktions- oder Gewerbequalifikationsnachweise; Nachweisdokumente, bezüglich der Qualität von Waren in der Werbung, die von Qualitätskontrollanstalten herausgegeben werden; andere Nachweisunterlagen, die die Echtheit von Werbeaussagen bestätigen. Bedarf die Verbreitung von Werbung gemäß der Bestimmung des § 34 des WerbeG der Kontrolle durch die betreffende zuständige Verwaltungsabteilung, so sind auch die entsprechenden Genehmigungsunterlagen vorzuweisen[75].
- Verwenden sie in der Werbung Namen oder Bild anderer, so haben sie vorher deren schriftliche Einwilligung einzuholen; bei Verwendung von Namen oder Bild eines Geschäftsunfähigen oder eines beschränkt Geschäftsfähigen ist vorher die schriftliche Einwilligung seines Vormundes einzuholen[76].
- Für Waren, deren Herstellung und Verkauf bzw. für Dienstleistungen, deren Anbieten durch Gesetz oder Verwaltungsvorschrift verboten ist, sowie für Waren oder Dienstleistungen, deren Umwerbung verboten ist, darf keine Werbung entworfen, herstellt und verbreitet werden[77].

2.2.2 Werbungtreibende

2.2.2.1 Begriff der Werbungtreibenden

Werbungtreibende sind nach § 2 Abs. 4 WerbeG juristische Personen, andere Wirtschaftsorganisationen oder Einzelpersonen, die Aufträge für das Entwerfen,

die Fertigstellung von Werbung und andere in Vertretung zu erbringende Werbedienstleistungen entgegennehmen. Nach dieser Vorschrift können juristische
Personen, andere Wirtschaftsorganisationen oder Einzelpersonen Werbungtreibende werden. Nach den Standards für die Gewerbequalifikation von Werbungtreibenden und Werbungverbreitenden und den Begriffsbestimmungen für
die Überprüfung und Festlegung des Umfangs des Werbebetriebs vom 26. 6.
1995 (SGBÜF)[78] gibt es drei Arten von Werbungtreibenden. Dies sind zum einen allumfassende Werbeagenturen, die die Qualifikation besitzen, Werbung zu
entwerfen, sie herzustellen und Vertretungsdienste zu leisten. Daneben gibt es
Werbeagenturen für das Entwerfen und Fertigstellen von Werbung, die nur auf
den Entwurf und die Herstellung von Filmwerbung, Fernsehwerbung, Rundfunkwerbung, Beleuchtungsreklame, Straßenschilder, Drucksachen usw. spezia-
lisiert sind. Dazu gehören auch sogenannte Unternehmen mit Doppelfunktion,
die neben der Werbung noch ein anderes Gewerbe betreiben. Beide Arten von
Werbeagenturen können juristische Personen oder andere Wirtschaftsorganisationen sein. Schließlich werden Einzelgewerbetreibende genannt, die sich mit
dem Entwurf und der Herstellung von Filmwerbung, Fernsehwerbung, Rundfunkwerbung, Straßenschilder, Drucksachen usw. beschäftigen. Auch Einzelpersonen können diese Art von Werbung betreiben.

In den SGBÜF ist eine Reihe von Voraussetzungen für den Werbebetrieb festgelegt, die von Werbungtreibenden erfüllt werden müssen. Außerdem haben Werbungtreibende Bedingungen zu erfüllen, die in einer Reihe von Verwaltungsvorschriften festgelegt sind[79].

2.2.2.2 Pflichten der Werbungtreibenden

Neben den Pflichten, die in §§ 20, 21, 25 und 31 des WerbeG geregelt sind,
müssen Werbungtreibende folgende Pflichten übernehmen:

- Sie haben über das erforderliche fachtechnische Personal und die erforderli-
chen Herstellungsanlagen zu verfügen und dem Gesetz entsprechend eine Ge-
sellschafts- oder Werbeunternehmensregistrierung durchzuführen, um sich mit
Werbetätigkeiten beschäftigen zu dürfen[80].
- Werbegeschäfte von Rundfunksendern, Fernsehsendern und Presseverlagseinheiten sind durch deren auf Werbegeschäfte spezialisierte Organe zu erledigen, und sie haben sich für die Nebenbeschäftigung in der Werbung regist-
rieren zu lassen[81].
- Sie müssen gemäß den Gesetzen und Verwaltungsvorschriften die betreffenden Nachweisdokumente überprüfen und den Werbeinhalt bestätigen. Werbung, deren Inhalt unwahr ist oder deren Nachweisunterlagen unvollständig
sind, darf von ihnen weder entworfen, hergestellt noch durch andere in Vertretung zu erbringende Werbedienstleistungen getätigt werden[82].

- Sie müssen für das Werbegeschäft gemäß den entsprechenden staatlichen Bestimmungen ein System der Auftragsregistrierung, der Überprüfung und der Aktenverwaltung errichten und vervollkommnen[83].
- Werbegebühren haben angemessen zu sein und sind öffentlich zugänglich zu machen. Der Standard der Gebührenberechnung und die Methode der Gebührenerhebung sind bei der Abteilung für die Verwaltung von Warenpreisen und bei der Abteilung für die Verwaltung von Industrie und Handel zur Eintragung in die Akten einzureichen[84]. Der Standard der Gebührenberechnung und die Methode der Gebührenerhebung müssen veröffentlicht werden[85].

2.2.3 Werbungverbreitende

2.2.3.1 Begriff der Werbungverbreitenden

Werbungverbreitende sind gemäß § 2 Abs. 5 WerbeG juristische Personen oder andere Wirtschaftsorganisationen, die für Werbende oder für von Werbenden beauftragte Werbungtreibende Werbung verbreiten. Nach diesen Vorschriften können nur juristische Personen oder andere Wirtschaftsorganisationen Werbungverbreitende werden. Gemäß den SGBÜF gibt es zwei Arten von Werbungverbreitenden. Dies sind zum einen Einheiten für Nachrichten und Medien, zu denen Rundfunksender, Fernsehsender und Presseverlagseinheiten gehören, die Werbung in Rundfunk, Fernsehen und Zeitung veröffentlichen. Dann gibt es andere juristische Personen oder Wirtschaftsorganisationen, die über Werbung verbreitende Medien verfügen. Dazu zählen Zeitschriftenverlage, Ton- und Videobandhersteller, Läden, Hotels, Stadien, Sporthallen, Ausstellungshallen, Kinos, Theater, Flughäfen, Stationen, Bahnhöfe, Haltestellen und Häfen, die Werbung auf Ton- oder Videoband, in Büchern, Schaufenstern, Beleuchtungskörpern, auf Plätzen und in Leuchtröhren verbreiten. Nach den SGBÜF müssen Werbungverbreitende bestimmte Voraussetzungen des Werbebetriebs erfüllen. Außerdem haben Werbungverbreitende die Bedingungen zu erfüllen, die von anderen Verwaltungsbestimmungen geregelt werden[86].

2.2.3.2 Pflichten der Werbungverbreitenden

Zunächst besitzt §§ 20 und 21 WerbeG sowohl für Werbungverbreitende als ebenso für Werbende und Werbungtreibende Gültigkeit. Darüber hinaus haben sie mit Werbungtreibenden die §§ 26, 27, 28 und 29 WerbeG gemeinsam. Lediglich § 30 WerbeG hat ein ausschließliche Gültigkeit für Werbungverbreitende, demzufolge Informationen über Verbreitungsquoten in den Medien, Einschaltquoten und Verbreitungsumfang, die Werbungverbreitende an Werbende und Werbungtreibende liefern, der Wahrheit zu entsprechen haben.

3 Allgemeines Werberecht

3.1 Überblick

Das chinesische Werberecht kann in allgemeine Werberegelungen und besondere Werberegelungen untergliedert werden. Wenn die Vorschriften für alle Werbearten gelten, liegt eine allgemeine Werberegelung vor[87]. Umgekehrt liegt eine besondere Werberegelung vor, wenn die Vorschriften nur für bestimmte Werbearten gelten[88]. Das WerbeG liegt in dem Zentrum der allgemeinen Werberegelung. Neben dem WerbeG gehören andere die Werbung allgemein betreffende Rechtsvorschriften auch zu den allgemeinen Werberegelungen, die das WerbeG ergänzen. Die allgemeinen Werberegelungen können nach dem Inhalt des WerbeG in irreführende Werbung, vergleichende Werbung, sonstige unlautere Werbung und Verwendung von Namen oder Abbildungen eingeteilt werden. Außerdem bilden die Standards für die Verwendung von Sprache und Schrift der Werbung auch einen Teil der allgemeinen Werberegelungen, die in den Vorläufigen Verwaltungsbestimmungen zu Sprache und Schrift der Werbung geregelt werden.

3.2 Irreführende Werbung

Irreführende Werbung als unerlaubte Handlung wird in China durch verschiedene Gesetze und Verordnungen verboten[89]. Davon bilden das Werbegesetz und § 9 cUWG eine wichtige Regelung der irreführenden Werbung. Demnach müssen die folgenden Voraussetzungen für irreführende Werbung gesetzlich erfüllt werden:

- Die Angaben müssen im Marktverkehr gemacht werden. Unter dem Marktverkehr versteht man im Schrifttum jede geschäftliche Betätigung in der Marktwirtschaft, die in Warenverkehr und auf Gewinn gerichtete Dienstleistung eingeteilt ist. Die geschäftliche Betätigung kann im weitesten Sinne verstanden werden. Dazu gehört auch die freiberufliche Tätigkeit, z.B. als Anwalt, Arzt, Journalist, Schriftsteller usw.
- Die Angaben müssen in der Werbung gemacht werden. Nach dem cUWG können irreführende Angaben auf drei Arten gemacht werden, und zwar bezogen auf Ware, mit Werbung oder anderen Methoden. Nur solche irreführende Angaben, die in der Werbung im Sinne des § 2 Abs. 2 WerbeG gemacht werden, fallen unter die „irreführenden Angaben in der Werbung", es handelt sich um irreführende Werbung im engeren Sinne. Die irreführenden Angaben auf der Ware oder mit anderen Methoden werden von „der irreführenden Werbung" nicht erfasst.

- Der Gegenstand der Angaben muss eine Vorstellung von Waren oder Dienstleistungen betreffen. Nach der Definition in § 2 Abs. 2 WerbeG kann die Vorstellung von Waren oder Dienstleistungen unmittelbar oder mittelbar sein. Wenn die Angaben direkt Waren oder Dienstleistungen betreffen, so liegt die unmittelbare Vorstellung vor. Andernfalls ist die Vorstellung durch die Anbieter von Waren oder Dienstleistungen mittelbar.
- Die Angaben müssen irreführend sein. Was unter „Irreführung" verstanden wird, ist in dem cUWG und dem WerbeG nicht definiert. Nach der h. M. ist eine Angabe der Werbung irreführend, wenn sie bei den Verbrauchern eine irrige Vorstellung über die wirklichen Verhältnisse der Waren oder Dienstleistungen erwecken kann.

3.3 Vergleichende Werbung

3.3.1 Einteilung der vergleichenden Werbung

In China ist die vergleichende Werbung rechtlich in die unmittelbar vergleichende Werbung und die mittelbar vergleichende Werbung eingeteilt[90]. Unmittelbar vergleichende Werbung liegt vor, wenn auf eine bestimmte konkrete Ware oder Leistung eines Mitbewerbers Bezug genommen wird. Von mittelbar vergleichender Werbung spricht man, wenn auf gleichartige Waren oder Leistungen der Mitbewerber Bezug genommen wird.

3.3.2 Standards für die zulässige vergleichende Werbung

Wenn die mittelbar vergleichende Werbung keine Herabsetzung beinhaltet, ist sie rechtlich zulässig. Deshalb bilden die folgenden Voraussetzungen die Standards für die zulässige vergleichende Werbung:

- Waren oder Dienstleistungen als Gegenstand des Vergleiches
- mittelbarer Vergleich
- keine Herabsetzung

3.3.3 Arten der unzulässigen vergleichenden Werbung

Wenn eine der folgenden Voraussetzungen erfüllt wird, ist die vergleichende Werbung gesetzlich unzulässig:

- Die vergleichende Werbung ist unmittelbar. Es ist egal, ob sie in negativer Form oder in positiver Form auf eine bestimmte konkrete Ware oder Leistung eines Mitbewerbers Bezug nimmt.

- Die vergleichende Werbung ist herabsetzend. Es ist auch egal, ob sie mittelbar oder unmittelbar ist.

3.4 Sonstige unlautere Werbung

Neben der Regelung der irreführenden Werbung und der vergleichenden Werbung wird auch noch die sonstige unlautere Werbung in §§ 7, 8 und 13 WerbeG geregelt. Demnach darf Werbung nachstehende Umstände nicht beinhalten:

- Verwendung der Staatsflagge, des Staatswappens oder der Nationalhymne;
- Verwendung der Namen von Staatsorganen oder dort tätigen Personen;
- Verwendung von Formulierungen wie „staatliche Ebene", „höchste Ebene" oder „das beste";
- Behinderung der sozialen Stabilität, Gefährdung der Sicherheit von Personen und Eigentum oder Verletzung öffentlicher Interessen;
- Behinderung der öffentlichen Ordnung oder Verstoß gegen die guten Sitten;
- das Enthalten obszöner, abergläubischer, Furcht einflößender, gewalttätiger oder abscheulicher Inhalte;
- das Enthalten diskriminierender Inhalte bezüglich der Nation, Rasse, Religion oder des Geschlechts;
- Behinderung des Schutzes der Umwelt und der Naturressourcen;
- Verstoß gegen gesetzliche Vorschriften;
- Verletzung der körperlichen und geistigen Gesundheit Minderjähriger und Behinderter;
- fehlende Kenntlichmachung von Werbung.

3.5 Verwendung von Namen und Abbildungen

Nach § 25 WerbeG ist die Verwendung von Namen und Abbildungen anderer Personen in der Werbung unter bestimmten Voraussetzungen erlaubt.

- Bei der Verwendung von Namen oder Abbildungen anderer Personen, und zwar von voll Geschäftsfähigen, in der Werbung müssen Werbende oder Werbungtreibende zuvor ein schriftliches Einverständnis dieser Personen eingeholt haben[91].
- Bei Verwendung von Namen oder Abbildungen geschäftsunfähiger oder beschränkt geschäftsfähiger Personen ist das vorherige schriftliche Einverständnis des Vormunds erforderlich[92].

3.6 Verwendung von Sprache und Schrift in der Werbung

Für die Verwendung von Sprache und Schrift in der Werbung müssen die folgenden Standards eingehalten werden:

- Grundsätzlich sollen die chinesische Hochsprache und die korrekte chinesische Schrift in der Werbung verwendet werden. In bestimmten Gebieten kann die Sprache und Schrift einer Minderheit oder der Dialekt verwendet werden.
- Bei der Verwendung von fremden Sprachen und Schriften darf Werbung nicht allein die fremden Sprachen und Schriften verwenden. Wenn die Verwendung von fremden Sprachen und Schriften in der Werbung erforderlich ist, müssen sie mit der chinesischen Hochsprache und korrekten chinesischen Schrift zusammen angewendet werden.

4 Besonderes Werberecht

4.1 Überblick

Vom besonderen Werberecht spricht man, wenn die Werberegelungen nur für diejenige Werbung gelten, die sich auf spezielle Produkte oder Dienstleistungen bezieht oder die mittels eines bestimmten Mediums verbreitet wird, oder die in einer bestimmten Werbetätigkeit veröffentlicht wird. Die besonderen Werberegelungen Chinas bestehen vor allem aus einem Teil des WerbeG und einer Vielzahl von Werbebestimmungen. Die folgenden Werbearten oder Werbetätigkeiten können unter die besonderen Werberegelungen Chinas fallen:

- produktspezifische Werbung;
- Werbung in Zeitungen, Zeitschriften, Büchern und Druckwerken;
- Hörfunkwerbung und Fernsehwerbung;
- Außenwerbung;
- sonstige spezielle Werbung oder Werbetätigkeit, z.B. Immobilienwerbung, Ladenwerbung, Werbeleuchttafel und zeitweilige Werbetätigkeit.

4.2 Produktspezifische Werbung

4.2.1 Überblick

Unter den speziellen Produkten versteht man in der Literatur diejenigen Produkte, bei denen es um die Gesundheit der Menschen oder die Sicherheit von Personen und Eigentum geht[93]. Diese Produkte umfassen Arzneimittel, medizinische

Geräte, Lebensmittel, Alkohol, Kosmetika, Tabakerzeugnis, Pestizide und Tiermedizin usw. Wenn diese Produkte in der Werbung Gegenstand von Angaben werden, liegt produktspezifische Werbung vor. Da derartige Werbung für die Gesundheit der Menschen oder die Sicherheit von Personen und Eigentum sehr bedeutend sind, unterliegen sie besonderen gesetzlichen Regelungen. Diese Regelungen stehen im WerbeG und in einer Vielzahl von Werbebestimmungen.

Nach den Vorschriften kann Werbung für Arzneimittel, medizinische Geräte, Lebensmittel, Alkohol, Kosmetika, Tabakerzeugnis, Pestizide und Tiermedizin usw. unter die produktspezifischen Werberegelungen fallen.

4.2.2 Werbekontrolle

Werbekontrolle ist eine amtliche Werbeprüfung und bildet einen wichtigen Teil der produktspezifischen Werberegelungen Chinas. Ziel der Werbekontrolle ist es, vor der Veröffentlichung der Werbung die Gefährdung unlauterer Werbung zu beseitigen[94]. Werbekontrolle umfasst folgende Inhalte:

4.2.2.1 Bereich und Zeitpunkt der Werbekontrolle

Nur bestimmte Werbung wird von der Werbekontrolle getroffen, und zwar Werbung in Rundfunk, Film, Fernsehen, Zeitungen, Zeitschriften und anderen Medien für Waren wie Arzneimittel, medizinische Geräte, Pestizide oder Tierarzneimittel sowie solche Werbung, bei der Gesetze und Verwaltungsvorschriften bestimmen, dass eine Kontrolle durchzuführen ist. Die Werbekontrolle muss vor der Veröffentlichung der Werbung durchgeführt werden.

4.2.2.2 Subjekt der Werbekontrolle

Das Subjekt der Werbekontrolle ist die betreffende zuständige Behörde. Da Werbekontrolle viele Fachgebiete betrifft, kann eine einzige Abteilung die Kontrolle über alle Arten der Werbung nicht selbst durchführen. Deshalb bestimmt § 34 nicht eine bestimmte Abteilung als Behörde der Werbekontrolle, sondern die betreffenden zuständigen Abteilungen.

4.2.2.3 Gegenstand der Werbekontrolle

Der Gegenstand der Werbekontrolle ist der Werbeinhalt. § 34 bestimmt, dass der Werbeinhalt kontrolliert werden muss. Das bedeutet, dass der Gegenstand der Werbekontrolle der Werbeinhalt ist. Die Werbekontrollbehörden haben nach WerbeG und anderen Werbevorschriften nicht nur zu überprüfen, ob der Werbeinhalt den Grundsätzen und allgemeinen Standards der Werbung entspricht, sondern auch, ob er die besonderen Standards der Werbung einhält[95].

4.2.3 Tabakwerbung

Tabakwerbung ist in China gesetzlich grundsätzlich zulässig, aber der Bereich der Verbreitung der Tabakwerbung ist durch folgende Verbote beschränkt.

4.2.3.1 Verbot von Tabakwerbung in Massenmedien

Nach § 18 Abs. 1 WerbeG ist die Veröffentlichung von Tabakwerbung in Rundfunk, Film, Fernsehen, Zeitungen und Zeitschriften verboten.

4.2.3.2 Verbot von Tabakwerbung an öffentlichen Plätzen

§ 18 Abs. 2 WerbeG bestimmt: An öffentlichen Plätzen wie Wartehallen, Kinogebäuden, Veranstaltungsräumen, Sportstätten ist es verboten, Tabakwerbung anzubringen. Was man unter „öffentlichen Plätzen" versteht, ist in der Praxis noch umstritten. Wenn eine Tabakwerbung am Fernsehturm aufgestellt wird, fällt der Fall nach der Literatur unter die öffentlichen Plätze i.S.d. § 18 Abs. 2 WerbeG und ist verboten. Wenn eine Tabakwerbung an der Autobahn aufgestellt wird, ist sie erlaubt, weil die Autobahn nicht zu den öffentlichen Plätzen i.S.d. § 18 Abs. 2 WerbeG gehört[96].

4.3 Pressewerbung und Rundfunkwerbung

4.3.1 Bereich

Pressewerbung umfasst Zeitungswerbung und Zeitschriftenwerbung. Zur Rundfunkwerbung gehören Hörfunkwerbung und Fernsehwerbung.

4.3.2 Voraussetzung

Für solche Werbetätigkeiten muss eine Voraussetzung zuerst erfüllt werden. Wer sich mit Werbung in Zeitungen, Zeitschriften, Hörfunk und Fernsehen beschäftigt, muss bei der Industrie- und Handelsverwaltungsbehörde für seine Werbetätigkeit registriert werden.

4.3.3 Einzelne Vorschriften

Dann müssen die folgenden einzelnen Vorschriften eingehalten werden:

4.3.3.1 Zwingende Kontrolle über bestimmte Arten der Werbung

Die amtliche Kontrolle über bestimmte Arten der Werbung ist erforderlich.

Wenn Werbung für Arzneimittel, medizinische Geräte, Pestizide und Tiermedizin in Zeitungen, Zeitschriften, Hörfunk und Fernsehen veröffentlicht wird, setzt sie nach § 34 WerbeG eine amtliche Kontrolle voraus.

4.3.3.2 Verbot von Tabakwerbung

Tabakwerbung ist in Zeitungen, Zeitschriften, Hörfunk und Fernsehen absolut verboten. Auch getarnte Tabakwerbung ist in Rundfunk und Fernsehen gesetzlich verboten.

4.3.3.3 Beschränkung der Alkoholwerbung

Alkoholwerbung ist in Zeitungen, Zeitschriften, Hörfunk und Fernsehen rechtlich nicht verboten, allerdings ist sie beschränkt.

- Im Fernsehen dürfen abends von 19 bis 21 Uhr pro Programm zwei Alkoholwerbungen gesendet werden, in der übrigen Sendezeit täglich 10 Alkoholwerbungen.
- Im Hörfunk darf jede Sendung pro Stunde zwei Alkoholwerbungen verbreiten.
- In Zeitungen und Zeitschriften darf jede Ausgabe nur zwei Alkoholwerbungen verbreiten, und zwar nicht auf der 1. Seite oder einer Außenseite.

4.3.3.4 Trennungs- und Kennzeichnungsgebot

Trennung und Kennzeichnung der Werbung ist erforderlich. Die Massenmedien dürfen Werbung nicht in Form von Nachrichtenberichten veröffentlichen; über die Massenmedien veröffentlichte Werbung muss mit einem Werbesymbol versehen und von anderen Informationen (nichtkommerzieller Art) zu unterscheiden sein, so dass der Verbraucher nicht irregeleitet wird.

4.3.3.5 Verbot der Programmunterbrechung

Die Unterbrecherwerbung ist in Hörfunk und Fernsehen verboten. Das Programm darf nicht unterbrochen und keine Werbung ausgestrahlt werden, wenn es durchgeführt wird. Es ist auch verboten, auf dem Bild des Programms den Werbetext einzulegen. Außerdem müssen lokale Fernsehstationen die Programme (inklusive der Werbung) von der zentralen Fernsehstation oder den provinzialen Fernsehstationen vollständig übertragen und dürfen dazwischen nicht eine lokale Werbung einblenden.

4 Außenwerbung

Die Regelung der Außenwerbung besteht aus staatlichen Bestimmungen und lokalen Planungen der Errichtung von Außenwerbung. Hier werden nur die staatlichen Bestimmungen erörtert.

4.1 Eintragungszwang

Eine vorhergehende Eintragung der Veröffentlichung der Außenwerbung ist erforderlich. Es führt zu einer Rechtsfolge, wenn Außenwerbung ohne Eintragung verbreitet wird.

4.2 Verbot von Außenwerbung

Außenwerbung darf nach § 32 WerbeG nicht erfolgen:

- Wenn Verkehrssicherungseinrichtungen oder Verkehrszeichen verwendet werden;
- wenn die Benutzung öffentlicher Einrichtungen der Stadtverwaltung, der Verkehrssicherheit dienenden Einrichtungen oder von Verkehrszeichen beeinträchtigt wird;
- wenn die Warenproduktion oder das Leben der Menschen behindert oder das Stadtbild beeinträchtigt werden;
- auf Gelände, das zu staatlichen Organen oder Einheiten des Kulturdenkmalschutzes gehört, und in Gebieten historischer oder landschaftlicher Sehenswürdigkeiten;
- in Regionen, in denen die örtliche Volksregierung ab der Kreisebene Außenwerbung verboten hat.

4.3 Standards für zulässige Außenwerbung

Für zulässige Außenwerbung müssen die folgenden Standards zu erreichen sein:

- Zuerst hat der Inhalt der Außenwerbung wahr und rechtmäßig zu sein, und darf auf keinen Fall Verbraucher betrügen oder irreführen[97].
- In technischer und qualitativer Hinsicht müssen Entwurf, Herstellung, Montage und Aufstellung der Außenwerbung den betreffenden technischen oder qualitativen Normen entsprechen und dürfen keine Pfuscharbeit leisten. Außenwerbung muss auch regelmäßig repariert und instand gehalten werden und soll Ordnung, Sicherheit und Schönheit beinhalten[98].

- Wenn Schrift, Lautumschrift der chinesischen Sprache oder Maßeinheiten in der Werbung verwendet werden, müssen sie den staatlichen Bestimmungen entsprechen[99]. Die Schreibung hat der Rechtschreibung zu entsprechen. Da die Vorläufigen Bestimmungen der Verwaltung zur Sprache und Schrift der Werbung in China schon erlassen wurden, kann diese Verordnung in dieser Hinsicht verwendet werden.

5 Rechtsfolgen

5.1 Konkurrenz und Grundsätze der Rechtsanwendung

Wer gegen die Werbebestimmungen verstößt, muss gemäß dem Gesetz die Rechtsfolgen tragen. Die Rechtsfolgen bei Verstößen gegen die Werbebestimmungen sind vor allem in WerbeG, Verordnung über die Verwaltung der Werbung und Ausführungsanordnung zur Verordnung über die Verwaltung der Werbung sowie in anderen speziellen Werbebestimmungen festgelegt. Es gibt jedoch Fälle, bei denen eine Handlung gegen eine Vorschrift aus der Werbebestimmung verstößt und zugleich auch Vorschriften aus anderen Gesetzen oder Verordnungen zuwiderläuft. Wenn die Errichtung von Außenwerbung z.B. das Stadtbild beeinträchtigt, verstößt sie sowohl gegen § 32 Nr. 3 WerbeG als auch gegen § 11 Verordnung der Verwaltung von Stadtbild und Umwelthygiene[100]. Deshalb können auch die Sanktionen aus anderen Gesetzen oder Verordnungen verwendet werden. Daraus ergibt sich rechtlich die Möglichkeit, dass mehrere Sanktionen aus verschiedenen Gesetzen oder Verordnungen auf eine rechtswidrige Handlung angewendet werden können. In der Praxis finden die folgenden Prinzipien Anwendung. Wenn gemäß den Gesetzen ein bestimmtes Gesetz oder eine bestimmte Verordnung auf eine bestimmte rechtswidrige Handlung angewendet werden muss, kann nur es oder sie bevorzugt angewendet werden. Wenn es dafür im Gesetz keine Vorschriften gibt, kommen drei Grundsätze in Betracht[101]:

- Vorrang der speziellen vor der allgemeinen Regelung;
- Vorrang der jüngeren vor der älteren Norm;
- Vorrang des Gesetzes vor der Verordnung in gleichartigen Werberegelungen, z.B. bei der Regelung irreführender Werbung hat das WerbeG den Vorrang vor der Verordnung über die Verwaltung der Werbung.

5.2 Arten von Rechtsfolgen

Nach dem WerbeG und anderen Vorschriften können die Rechtsfolgen bei Verstößen gegen die Werbebestimmungen in China in verwaltungsrechtliche Folgen, zivilrechtliche Folgen und strafrechtliche Folgen eingeteilt werden[102]. Die verwaltungsrechtlichen Sanktionen sind ein wichtiger Grundzug des chinesischen Werberechts. Da das WerbeG und andere Werbeverordnungen zum Verwaltungsrecht gehören, werden deshalb vor allem die verwaltungsrechtlichen Sanktionen angewendet.

Die zivilrechtlichen Folgen bei den Verstößen gegen die Werbebestimmungen werden vor allem in §§ 38 und 47 WerbeG vorgesehen. Diese Vorschriften müssen allerdings in Verbindung mit dem chinesischen Zivilrecht (AGZR) angewendet werden.

Ernste Verstöße gegen bestimmte Werbevorschriften führen nach dem WerbeG oder anderen Werbebestimmungen zu strafrechtlichen Folgen. Allerdings werden die Voraussetzungen der Strafbarkeit im WerbeG und anderen Werbebestimmungen nicht bestimmt. Solche Voraussetzungen müssen nach dem chinesischen Strafgesetz erfüllt werden[103].

Anmerkungen

[1] Vgl. Staatsamt zur Verwaltung von Industrie und Handel (SVIH), S 2 f.

[2] Vgl. Wacker, S.40 ff.

[3] Vgl. Chaoying Wang/Guilong Zhang, S. 5 ff.

[4] Zhongguo guanggao nianjian (Jahrbuch der chinesischen Werbung), Beijing 1988, S. 48 ff.; deutsche Übersetzung in: Wacker, S. 130 ff.

[5] Guowuyuan Gongbao (GWY GB: Amtsblatt des Staatsrates der VR China) 1994, Nr.25, S. 1020; deutsche Übersetzung in: China aktuell 1995, 217 ff.; Heuser (Hrsg.), Wirtschaftsreform und Gesetzgebung in der Volksrepublik China, Hamburg 1996, S. 265 ff.; vgl. auch die Akt. Inf. in GRUR Int. 1995, 176.

[6] Vgl. SVIH, S. 5 ff.

[7] Ausnahmsweise sind die besonderen Vorschriften der §§ 14 bis 19 WerbeG.

[8] Vgl. SVIH, S. 5 f.; S. 15 ff.

[9] Vgl. Chaoying Wang/Guilong Zhang, S.15 f.; vgl. auch die Akt. Inf. in GRUR Int. 1995, 176.

[10] Vgl. Chaoying Wang/Guilong Zhang, S.15 ff.; vgl. auch die Akt. Inf. in GRUR Int. 1995, 176.

[11] Vgl. Chaoying Wang/Guilong Zhang, S.17 ff.; vgl. auch die Akt. Inf. in GRUR Int. 1995, 176.

[12] Vgl. § 22 WerbeG.

[13] Vgl. § 23 WerbeG.

[14] Vgl. § 24 WerbeG.

[15] Vgl. Chaoying Wang/Guilong Zhang, S.18 f.; vgl. auch die Akt. Inf. in GRUR Int. 1995, 176.

[16] Vgl. Chaoying Wang/Guilong Zhang, S.19 f.; vgl. auch die Akt. Inf. in GRUR Int. 1995, 176.

[17] Vgl. §§ 37 bis 44 und § 47 WerbeG.

[18] Vgl. §§ 45 und 46 WerbeG.

[19] Vgl. §§ 7 bis 13 WerbeG.
[20] Vgl. §§ 14 bis 19 und § 31 WerbeG.
[21] Vgl. §§ 34 bis 36 WerbeG.
[22] Vgl. Chaoying Wang/Guilong Zhang, S.19 f.; vgl. auch die Akt. Inf. in GRUR Int. 1995, 176.
[23] Vgl. SVIH, S. 34 f.
[24] Vgl. SVIH, S. 34 ff.
[25] Vgl. SVIH, S. 35 f.
[26] Nur einige Werbebestimmungen gründen ausschließlich auf der WerbeVerwVO.
[27] Vgl. SVIH, S. 7 f.
[28] Zhonghua Renmin Gongheguo Falü Fagui Quanshu (FLFGQS: Gesamtausgabe der Gesetze und Verordnungen der VR China), Bd. V, S. 853 ff.
[29] FLFGQS, Bd. V, S. 867 ff.
[30] Vgl. SVIH, S. 81 ff.; vgl. Tetz/Ahl, Rechtsgrundlagen für Werbung in China, RIW 1998, S. 366 f.
[31] FLFGQS, Bd. XI, S. 1055 ff.; vgl. Tetz/Ahl, a.a.O., S. 366 f.
[32] FLFGQS, Bd. XI, S. 1058 ff.; vgl. Tetz/Ahl, a.a.O., S. 366 f.
[33] FLFGQS, Bd. XI, S. 1057 ff.; vgl. Tetz/Ahl, a.a.O., S. 366 f.
[34] FLFGQS, Bd. XI, S. 1059 ff.
[35] FLFGQS, Bd. XI, S. 1061 ff.
[36] FLFGQS, Bd. XI, S. 1059 ff.; vgl. Tetz/Ahl, a.a.O., S. 366 f.
[37] FLFGQS, Bd. XI, S. 1060 ff.; vgl. Tetz/Ahl, a.a.O., S. 366 f.
[38] FLFGQS, Bd. XI, S. 1064 ff.
[39] FLFGQS, Bd. XI, S. 1073 ff.; vgl. Tetz/Ahl, a.a.O., S. 367 f.
[40] Vgl. SVIH, S. 227 ff.
[41] FLFGQS, Bd. XI, S. 1081 ff.; vgl. auch die Akt. Inf. In GRUR Int. 1996, 1244; Tetz/Ahl, a.a.O., S. 366 f.
[42] Vgl. SVIH, S. 263 ff.
[43] Vgl. SVIH, S. 105 ff.; vgl. Tetz/Ahl, a.a.O., S. 367 f.
[44] Vgl. SVIH, S. 147 ff.; vgl. Tetz/Ahl, a.a.O., S. 366 ff.
[45] Vgl. SVIH, S. 281 ff.
[46] FLFGQS, Bd. XI, S. 1084 ff.
[47] Vgl. SVIH, S. 244 ff.
[48] GWY GB 1998, Nr. 25, S. 988; vgl. auch die Akt. Inf. in GRUR Int. 1999, 292.
[49] Vgl. SVIH, S. 6 ff.
[50] GWY GB 1993, Nr. 21, S. 938; deutsche Übersetzung in: GRUR Int. 1994, 1001; Heuser (Hrsg.), S. 255 ff.
[51] GWY GB 1986, Nr. 12, S. 388; Shuwen Liang/Huming Hui/Zhenshan Yang, S. 1090 ff.; deutsche Übersetzung in: Dietz, S. 187 ff. (Auszüge); China aktuell 1986, 288 ff.
[52] Strafgesetz und Strafprozeßgesetz der VR China, Beijing 1997, S. 51 f.; deutsche Übersetzung in: Strupp, S. 176 f.
[53] Vgl. Kangtai Cao, S. 258 ff.; deutsche Übersetzung in: Heuser (Hrsg.), S. 238 ff.
[54] FLFGQS, Bd. XII, S. 1032 ff.
[55] FLFGQS, Bd. X, S. 803 ff.; deutsche Übersetzung in: Dietz, S. 436 ff. (Auszüge).
[56] SVIH, S. 6 f.
[57] SVIH, S. 6 f.
[58] SVIH, S. 303 ff.
[59] SVIH, S. 6 f.
[60] Vgl. Kangtai Cao, S. 8 f.
[61] Vgl. Kangtai Cao, S. 10 f.

[62] Vgl. Jianlin Tang/Chaoying Wang, 100 Fragen des Werbegesetzes der VR China, Wuhan 1995, S. 14 ff.

[63] Vgl. §§ 41 bis 49 Allgemeine Grundsätze des Zivilrechts der VR China vom 12. 04. 1989 (AGZR).

[64] Vgl. § 50 Abs. 1 AGZR.

[65] Vgl. § 50 Abs. 2 AGZR. Nach der h.M. sind Institutionseinheiten als juristische Personen diejenigen juristische Personen, die ohne auf einen wirtschaftlichen Geschäftsbetrieb gerichteten Zweck der Öffentlichkeit ihren Dienst anbieten. Dazu gehören Institutionen für Kultur oder Sport, Schule, Krankenhaus, Presse und Verlag. Vgl. Shuwen Liang/Huming Hui/Zhenshan Yang, S. 397 f.

[66] Vgl. § 50 Abs. 2 AGZR; Au/Wormuth, Das neue chinesische Werbegesetz, China aktuell, Hamburg 1995, S. 215 f.

[67] Vgl. Chaoying Wang/Guilong Zhang, S. 22 ff; Au/ Wormuth, a.a.O., S. 215 f.

[68] Vgl. § 26 AGZR.

[69] Mitglieder dörflicher kollektiver Wirtschaftsorganisationen, die im vom Gesetz gestatteten Rahmen nach einem Übernahmevertrag wie vertraglich bestimmt einen Gewerbebetrieb mit Waren betreiben, sind nach § 27 AGZR dörfliche Übernahmebetreiber.

[70] Vgl. Jianlin Tang/Chaoying Wang, S. 23 f.

[71] Vgl. § 20 WerbeG.

[72] Vgl. § 21 WerbeG.

[73] Vgl. § 22 WerbeG.

[74] Vgl. § 23 WerbeG.

[75] Vgl. § 24 WerbeG.

[76] Vgl. § 25 WerbeG.

[77] Vgl. § 31 WerbeG.

[78] SVIH, S. 232 ff.

[79] Vgl. Jianlin Tang/Chaoying Wang, S. 24 ff.

[80] Vgl. § 26 Abs. 1 WerbeG.

[81] Vgl. § 26 Abs. 2 WerbeG.

[82] Vgl. § 27 WerbeG.

[83] Vgl. § 28 WerbeG.

[84] Vgl. § 29 Abs. 1 WerbeG.

[85] Vgl. § 29 Abs. 2 WerbeG.

[86] Vgl. Jianlin Tang/Chaoying Wang, S. 27 ff.

[87] Vgl. Kangtai Cao, S. 31 ff.

[88] Vgl. Kangtai Cao, S. 32 f.

[89] Vgl. Chifeng Han, Regelung der irreführenden Werbung in der VR China, GRUR Int. 2000, 192 ff.

[90] Vgl. Chifeng Han, Regelung der vergleichenden Werbung in der VR China, GRUR Int. 1998, 947 ff.

[91] Vgl. Kangtai Cao, S. 91 f.

[92] Vgl. Kangtai Cao, S. 92 ff.

[93] Vgl. Kangtai Cao, S. 32 ff.

[94] Vgl. Kangtai Cao, S. 137 ff.

[95] Vgl. Kangtai Cao, S. 139 f.

[96] Vgl. Pengsheng Sui, S. 83 f.

[97] Vgl. § 11 Bestimmungen zur Verwaltung der Registrierung von Außenwerbung (BVRAW).

[98] Vgl. § 12 BVRAW.

[99] Vgl. § 13 BVRAW.

[100] Vgl. SVIH, S. 15 f.

[101] Vgl. SVIH, S. 15 f.
[102] Vgl. Kangtai Cao, S. 151 ff.
[103] Vgl. Kangtai Cao, S. 156 ff.

Bibliografie

Cao, Kangtai 1995: Zhonghua renmin gongheguo guanggaofa shiyi (Kommentar zum Werbegesetz der VR China). Beijing.

Dietz, Adolf 1988: Neuregelung des gewerblichen Rechtsschutzes in China. München.

Heuser, Robert (Hrsg.) 1996: Wirtschaftsreform und Gesetzgebung in der Volksrepublik China. Hamburg.

Liang, Shuwen/Hui, Huming/Yang, Zhenshan 1996: Minfa tongze ji peitao guiding xinshi xinjie (Neuer Kommentar zu den AGZR und einschlägigen Bestimmungen). Beijing.

Sui, Pengsheng 1998: Guanggao falu shiwu xinlun (Neue Darstellung zur Praxis des Werberechts). Beijing.

Staatsamt zur Verwaltung von Industrie und Handel (SVIH) 1998: Guanggao falu lijie yu shiyong (Verständnis und Anwendung des Werberechts). Beijing.

Strupp, Michael 1998: Das neue Strafgesetzbuch der VR China. Hamburg.

Tang, Jianlin/Wang, Chaoying 1995: Zhonghua renmin gongheguo guanggaofa 100 wen (100 Fragen zum Werbegesetz der VR China). Wuhan.

Wacker, Gudrun 1991: Werbung in der VR China (1979-1989). Hamburg.

Wang, Chaoying/Zhang, Guilong 1994: Zhonghua renmin gongheguo guanggaofa shiyong wenda (Praktische Fragen und Antworten zum Werbegesetz der VR China). Beijing.

WENJIAN JIA

TRADITIONALITÄT UND MODERNITÄT IN DER CHINESI-SCHEN WERBUNG

CHINESISCHE WERBUNG IM ZEICHEN DES ZEITGEISTES

1 Erforschung der chinesischen Werbung in Deutschland

Die Erforschung der chinesischen Werbung ist in Deutschland noch eine Rarität. Als Pionierarbeit gilt das Buch *Werbung in der VR China (1979-1989): Entwicklung, Theorie, Probleme* von Wacker (1991). Darin werden der Aufbau des chinesischen Werbewesens, seine ideologisch-theoretischen Grundpositionen sowie die wesentlichen Problemfelder in dem Zeitraum von 1979 bis 1989 behandelt.

Vor dem Hintergrund der rasch zunehmenden Wirtschaftsbeziehungen zwischen Deutschland und China ermittelt Wang (1996) mit Hilfe der Skopostheorie kultur- und sprachenpaarspezifische Unterschiede zwischen deutschen und chinesischen Werbetexten aus einer übersetzungswissenschaftlichen Fragestellung heraus und erörtert die Probleme beim Übersetzen deutscher Markennamen bzw. Werbetexte ins Chinesische.

Aus rechtswissenschaftlicher Sicht untersucht Han (2001) allgemeine und besondere Werberegelungen sowie die Rechtsfolgen bei Gesetzesverstößen in China und Deutschland.

Eine verstärkte Erforschung der chinesischen Werbung ist angesichts der zunehmenden wirtschaftlichen Verflechtung zwischen Deutschland und China vor allem für die Unternehmenspraxis aus folgenden Gründen von besonderer Bedeutung:

- zielgruppen- bzw. zielkulturgenaue Gestaltung der Werbekommunikation im Rahmen des interkulturellen Marketing;
- Kenntnisse über die Werbekommunikation in einzelnen Ländern sind Basis und Ausgangspunkt für die Gestaltung einer standardisierten globalen Werbekampagne.

2 Forschungsziel

Die Untersuchung der chinesischen Werbung im Zeichen des Zeitgeistes in China ist noch ein Novum. Anhand der Anzeigenwerbung in der Zeitschrift *DUZHE* von 1990 bis 2003 wird versucht, zeitabhängige Merkmale der Werbekommunikation bezüglich der Werbethemen, der verbalen, nonverbalen, paraverbalen und extraverbalen Ebenen zu ermitteln und die Werbewelt als Wertewelt zu interpretieren und zu rekonstruieren. Repräsentativität für die Anzeigenwerbung in diesem Zeitraum in der VR China wird nicht angestrebt. Aber da es um Werbung in der größten Zeitschrift in China geht, ist dieser Aufsatz mit der Hoffnung verbunden, als eine Art Referenz für weitere Untersuchungen dienen zu können.

3 Forschungsdesign

3.1 Werbekommunikat als System

Das Werbekommunikat ist ein System, das sich aus einer verbalen, extraverbalen, paraverbalen und nonverbalen Ebene zusammensetzt und eine intendierte Botschaft, das Werbethema, vermittelt (Bolten 1996a). Danach ist die Werbegeschichte "als kommunikativ realisierte Geschichte von Thematisierungen gesellschaftlichen Wertewandels [zu] beschreiben, wobei die Thematisierungen durch das kommunikative *System* insgesamt verwirklicht werden" (Bolten 1996b: 288). Die systeminternen Beziehungen des Werbekommunikats sind in *Abb.1* veranschaulicht:

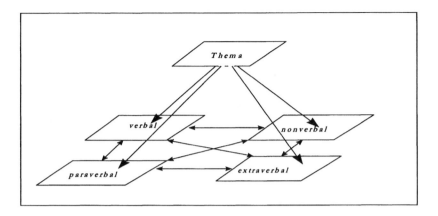

Abb. 1: Systeminterne Beziehungen des Werbekommunikats
Quelle: Jia (2000: 83)

Um diesen Ansatz zu operationalisieren und auf die vorliegende Arbeit anzuwenden, werden folgende Grundannahmen vorangestellt:

- Das Werbethema stellt den zentralen Punkt eines Werbekommunikats dar,
  weil Kommunikation immer Kommunikation über etwas ist. Das Thema
  stellt den Anknüpfungspunkt an die Wertekonstellationen der Rezipienten
  und der gesellschaftlichen Entwicklung dar.
- Die Realisierung des Werbethemas geschieht auf den vier Kommunikationsebenen – mittels Sprache, Werbebilder, Typographie usw. Der Pfeil
  zwischen oben und unten in *Abb.1* verdeutlicht diese Beziehungen. Es gilt
  zu ermitteln, wie das Werbethema auf diesen vier Ebenen zum Ausdruck
  gebracht wird.
- Die einzelnen Kommunikationsebenen existieren nicht isoliert, sondern
  stehen in wechselseitiger Abhängigkeit voneinander. Die Pfeile auf der
  horizontalen Ebene in *Abb.1* stehen für diese Beziehungen. Diese vier
  Ebenen haben deutliche Flexibilität und Kompatibilität aufzuweisen.
  Deshalb ist es für die Erfassung des Werbethemas und für die Interpretation des Werbekommunikats wichtig, alle diese vier Ebenen zugleich und
  die daraus resultierende Gesamtbotschaft zu untersuchen.

Auf diese Weise werden Werbewelt und Wertewelt in einen Zusammenhang
gebracht und andererseits die vier Kommunikationsebenen einschließlich der
Sprache, der Werbebilder, der Typographie usw. herangezogen.

156

3.2 Werbekommunikation als System

Das Werbekommunikat ist das Ergebnis der Werbekommunikation, die ein System darstellt und Wechselbeziehungen mit der Umwelt aufweist. Die Werbekommunikation als System ist in *Abb. 2* dargestellt.

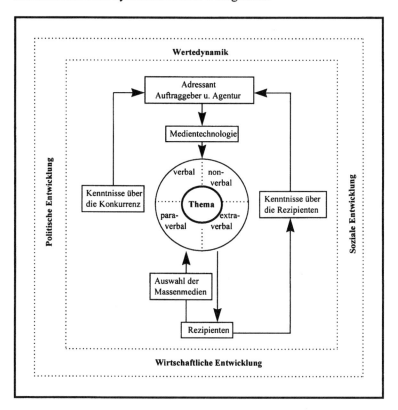

Abb. 2: Werbekommunikation als System
Quelle: Jia (2000: 85)

3.3 Prozessualität der Werbekommunikation

Die Betrachtung der Prozessualität von Kommunikation baut auf dem Sinn-Begriff auf, der psychische und soziale Systeme betrifft (Luhmann 1994: 92). Kennzeichnend für "Sinn" sind folgende vier Punkte (ebd.: 93-99):

- Möglichkeit
  Es gibt einen Überschuss von Verweisungen auf weitere Möglichkeiten des Handelns, die den gesamten Horizont für das Handeln bilden.

- Selektivität
  Gerade weil Sinn das zu vollziehende Erleben und Handeln mit redundanten Möglichkeiten ausstattet, ist eine Selektion aus den Möglichkeiten zwangsläufig.

- Aktualität
  Als Folge der Selektion steht das Ausgewählte im Zentrum der Intention, während anderes nur marginale Bedeutung hat.

- Instabilität
  Das jeweils Aktuelle stumpft ab und dünnt aus. Aber die soziale Kommunikation ist darauf eingerichtet, „dass Monotonie ausgeschlossen ist und man nur kommunizieren kann, indem man Themen und Beiträge wechselt".

Diese vier Eigenschaften führen „ein ständiges Neuformieren der sinnkonstitutiven Differenz von Aktualität und Möglichkeit" herbei (ebd.: 100).

Die Prozessualität der Kommunikation gilt ebenfalls für die Werbekommunikation, wobei manche Werbethemen entlang der Zeitachse auftreten und dann mehr oder weniger verblassen. Neue Themen kommen hinzu und werden dann wieder durch andere verdrängt. Daher ist ein gesendetes Werbekommunikat sowohl das Ende des vorausgehenden Prozesses als auch der Anfang der Anschlusskommunikation.

Zur Ermittlung und Verfolgung der Prozessualität der Werbekommunikation wird aus jedem Jahr in dem Zeitraum 1990-2004 eine bestimmte Anzahl der Exemplare von *Duzhe* herangezogen und untersucht, um Werbetrends aufzuspüren und Übergangszonen auszuloten.

3.4 Profile der Zeitschrift *Duzhe* als Werbeträger

Die Zeitschrift *Duzhe* (auf Deutsch: *Leser*) wurde 1981 gegründet. Als Werbeträger hat sie folgende unverkennbare Profile in der chinesischen Presse:

Erstens: Unter den über 7800 Zeitschriften in der VR China verfügt *Duzhe* über die größte Auflagenhöhe (Shi 2001: 237). Die monatliche Auflagenhöhe beträgt mehr als 6 Mio. (*Duzhe*, Nr. 23/2002). Dadurch hat diese Zeitschrift einen besonderen Wirkungsradius.

Zweitens: *Duzhe* spricht einen großen Leserkreis mit guter Bildung und Ausbildung an.

Duzhe erreicht mindestens 10 Mio. Leser, die Meinungsführer in China sind bzw. werden (*Duzhe* Nr. 8/1994: 48). 1994 wurde *Duzhe* in einer Befragung vom CCTV zu der beliebtesten Zeitschrift der Jugendlichen gewählt (*Duzhe*, Nr. 11/1994: 48). 1997 gehörte *Duzhe* zu den 12 populärsten Zeitschriften (*Duzhe*, Nr. 6/1998: 48). Laut einem Untersuchungsergebnis des Chinesischen Statistikamts u.a. wird *Duzhe* viel häufiger gelesen als alle anderen Monatszeitschriften (*Duzhe*, Nr. 6/1998: 48). Mehr als 20% der Leserschaft sind höhere Angestellte und Gutverdiener. 40% sind Studenten der Hochschulen oder Schüler der Fachschulen (Shi 2001: 367).

Nicht zuletzt erscheint *Duzhe* seit 1993 auch in der uigurischen Sprache und seit 1997 in Blindenschrift.

Im Rahmen der diesen Ausführungen zugrunde liegenden Forschungsarbeit „Traditionalität und Modernität in der chinesischen Werbung" sind insgesamt 177 Nummern von *Duzhe* untersucht worden: Nr. 10-12/1990, Nr. 1-6, 8-12/1991, Nr. 1-2, 4-12/1992, Nr. 1-12/1993, Nr. 1-6, 8-12/1994, Nr. 1-121/1995, Nr. 1-11/1996, Nr. 1-12/1997, Nr. 1-12/1998, Nr. 12/1999, Nr. 1-11, 13-14, 16-23/2000, Nr. 1, 4-6, 8-15, 17, 19-21, 24/2001, Nr. 1-2, 5-16, 18-20, 22-24/2002, Nr. 1-14/2003 und Nr. 1-9/2004. Aus Raumgründen können hier nur Teile der Untersuchungsergebnisse präsentiert werden.

4 Untersuchungsergebnisse

4.1 Wandel der Einstellung gegenüber der Werbung

Vor 1994 sind Werbungen in *Duzhe* eine Seltenheit, wobei es um sehr beschränkte Bereiche geht:

- Werbungen für Zeitschriften und Zeitungen (z.B. Nr. 10/1990, Nr. 1/1992, Nr. 8/1992, Nr. 10/1992),
- Werbungen für Bücher (z.B. Nr. 12/1990, Nr. 3/1991, Nr. 11/1991),
- Werbungen für Fernstudium (z.B. Nr. 11/1990, Nr. 9/1992, Nr. 2/1993, Nr. 9/1993).

Viele Nummern haben überhaupt keine Werbung, z.B. Nr. 4-8/1991, Nr. 2-7/1992, Nr. 5-8, Nr. 10-12/1993.

Seit Ende der 80er Jahre nimmt die Zahl der Werbungen in chinesischen Zeitschriften und Zeitungen schnell zu. Gegenüber Werbungen hegen breite Leserkreise eine Abneigung (Shi 2001: 192-193). Aber im Prozess der Einführung der Marktwirtschaft in China gewinnen Werbeinnahmen für die Existenz einer Zeitschrift drastisch an Bedeutung. Im Jahre 1993, das eine sprunghafte Entwicklung des chinesischen Werbewesens aufweist und als „Jahr der chinesischen Werbung" bejubelt wird (Fan 1995: 39), hat das Redaktionskomitee von *Duzhe* beschlossen, ab 1994 in jeder Nummer acht Farbseiten hinzuzufügen und zwei davon für Werbungen vorzusehen.

In einem Redaktionsbrief werden die Leser um Verständnis für mehr Werbung gebeten:

„Es ist offensichtlich, dass die chinesische Presse Anschluss an den internationalen Markt finden muss. Es geht darum, dass in Zukunft Werbeeinahmen den Betrieb einer Zeitung und Zeitschrift finanzieren werden. Die Leser werden sich daran gewöhnen, im Informationszeitalter eine Zeitung und Zeitschrift mit vielen Anzeigen zu sehen. Ich hoffe, dass die Leser für unsere schwierige und heikle Situation Verständnis haben" (*Duzhe*, Nr. 6/1995: 48; übersetzt vom Verfasser).

Die Werbeinnahmen von *Duzhe* im Jahre 2000 haben sich im Vergleich zu denen im Jahre 1994 versechzehnfacht, während in der gleichen Zeit die Auflagenhöhe schnell steigt (Shi 2001: 368).

An dieser Entwicklung ist eine Toleranz der Leser gegenüber der Werbung zu erkennen, was am Anfang der Einführung der Marktwirtschaft in China nicht selbstverständlich ist. Der Grundsatz der Werbewirtschaft, sich von anderen abzuheben und sich als Besserer oder sogar als der Beste zu präsentieren, widerspricht dem traditionellen Wert Bescheidenheit. Auch wenn man hervorragend ist, soll man kein Selbstlob treiben, denn:

桃 李 不 言 ， 下 自 成 蹊
Pfirsiche und Pflaumen reden nicht.
Darunter entsteht aber ein Weg.

Gemeint ist, dass einem viel Aufmerksamkeit von den Mitmenschen geschenkt wird, wenn man etwas Attraktives aufzuweisen hat, auch wenn man nicht über sich selbst prahlt.

Aber um in der Marktwirtschaft zu überleben, sind Wettbewerbsgeist und Selbstprofilierung unentbehrlich. Im Laufe der Zeit findet ein Gewöhnungsprozess seitens der Rezipienten statt. Mit der Akzeptanz der Werbung ist die Aufnahme einer neuen Lebenseinstellung verbunden – mehr offener Wettbewerb und mehr Selbstentfaltungsbestrebungen. Im Prozess der Reform- und Öffnungspolitik hat sich das chinesische Werbewesen rasch entwickelt. Heutzutage ist es zu einem bedeutsamen Faktor der Volkswirtschaft geworden und zum Inhalt des Alltagslebens geworden (s. *Abb. 3*):

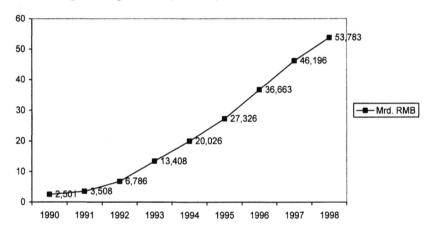

Abb. 3: Umsatzentwicklung des chinesischen Werbewesens 1990-1998
Datenquelle: '98 Zhongguo guanggao nianjian (Jahrbuch der chinesischen Werbung 1998), S. 52.

4.2 Traditionalität und Modernität in der Werbung

Durch die Untersuchung der Anzeigen in *DUZHE* ist zu erkennen, dass die chinesische Werbewelt eine kulturhistorisch spezifische Wertewelt darstellt, die sich im Prozess der Reform- und Öffnungspolitik stark wandelt und im Zeitalter der Globalisierung immer stärker von Internationalität geprägt ist.

4.2.1 Traditionelle Symbolik

Als Zeichen des guten Stils werden im Chinesischen gerne Metaphern benutzt (Zhang 1991: 204-214). „Der chinesische Hang zum Symbolismus" (Kuan / Häring-Kuan 1990: 168) ist in der Werbung ebenso zu spüren. Symbolik mit positiven Assoziationen wird häufig angewendet, damit das beworbene Produkt von einer bestimmten, gewünschten Aura umgeben und so die Kaufhandlung der Konsumenten dadurch beeinflusst wird.

Eine für chinesische Tradition heilige Symbolik ist der Drache. Er kann fliegen, schwimmen und laufen. Daher steht er für die Harmonie zwischen dem Himmel, der Erde und den Menschen. Der Drache ist eine Kombination verschiedener Körperteile von verschiedenen Tieren, wie z.B. Hirschgeweih, Kamelkopf, Fischschuppen, Adlerkrallen. Im Altertum Chinas bekennen sich verschiedne Stämme zu verschiedenen Totems. Daher symbolisiert der Drache den Zusammenhalt verschiedener Nationalitäten in China und die gesamte chinesische Nation (Qian 2000). Das Jahr 2000 ist nach dem chinesischen Tierkreis das Jahr des Drachen. Eine Walkman-Werbung von *SONY* hat von dieser traditionellen Symbolik Gebrauch gemacht (s. *Abb. 4a*).

Abb. 4a: Drache und Walkman
Quelle: Nr. 3/2000

Abb. 4b: Greeting the dragon
Quelle: The Economist, 25. 10. 1997

In einer Handy-Anzeige von *AMOISONIC* wird ein Drache auf dem Bildschirm gezeigt (Nr. 16/2002). Der Werbetext lautet:

潜 龙 出 世 ， 锋 芒 乍 现

Ein sich verbergender Drache erscheint in der Welt und lässt sein Licht erstmals leuchten.

Das Handy wird mit einem untertauchten Drachen verglichen. Damit wird angedeutet, dass das Produkt sehr gut ist, aber nur lange Zeit versteckt war. Jetzt wird es endlich auf den Markt gebracht. Die Konsumenten sollen dieses tolle Gerät schätzen lernen.

In der westlichen Kultur symbolisiert der Drache eher das Böse und das Gefährliche. 1997 hat der chinesische Staatspräsident Jiang Zemin die USA besucht. Aus diesem Anlass hat die Zeitschrift *Economist* auf dem Titelblatt das Handschütteln zwischen einem Drachen und Bill Clinton gezeichnet (s. *Abb. 4b*). Hinter dem Rücken von Clinton steht ein Feuerlöscher griffsbereit. Die Worte „IN CASE OF EMERGENCY" deuten an, dass die USA immer noch viel Bedenken China gegenüber hegen. DER SPIEGEL (Nr. 42/2004) zeigt einen bösen Drachen, der aus dem Erdenei kriecht – mit einer Bemerkung: „CHINA Geburt einer Weltmacht".

In der deutschen Sprache werden die vier aufstrebenden Schwellenländer bzw. –regionen Südkorea, Singapur, Taiwan und Hongkong als „Tigerstaaten" bezeichnet. In der chinesischen Sprache werden sie „vier kleine Drachen" genannt.

Die Glückszahlen sechs (Zügigkeit), acht (zum Reichtum kommen) und neun (Ewigkeit) finden in Telefonnummern intensive Anwendung. In der untersuchten Werbung sind zahlreiche Hotline-Nummern mit Glückszahlen nachweisbar, wie z.B. die Hotline-Nummer in einer Computer-Anzeige von *LEGEND* 800-810-8888 (Nr. 17/2001), die Hotline-Nummern in einer Computer-Anzeige von *DELL* 800-858-2018 und 0592-818-1868 (Nr. 6/2002) usw. Telefonnummern mit glücklichen Zahlen werden in China häufig versteigert. Für die Telefonnummer 88888888 hat die Sichuan Fluggesellschaft 2,33 Mio Yuan RMB bezahlt – ein bisheriger Rekordpreis (o.V. 2003).

4.2.2 „Aus dem Kind einen Drachen machen wollen"

Seit alter Zeit erwarten viele chinesische Eltern für ihre Kinder eine große Karriere. Dafür scheuen sie keine Mühe und keinen finanziellen Aufwand. Sie sind gern bereit, zugunsten der Erfolgschancen ihrer Kinder persönliche Opfer in Kauf zu nehmen. Diese Psyche drückt sich in einer Redewendung aus:

望 子 成 龙
Aus einem Kind einen Drachen machen wollen

Dieses Sprichwort wird in einer Anzeige für Computer-Lernhilfe-Gerät benutzt (Nr. 12/1995). Im Werbebild steht der Filmstar Jacky Chen, der das Produkt in der Hand hält. Sein chinesischer Name heißt Cheng Long und ist gleich den letzten zwei Zeichen des obigen Sprichwortes. Als erfolgreicher Filmstar hat er in den Augen der Eltern eine Vorbildfunktion für ihre Kinder. Der Filmstar und das Sprichwort senden zusammen eine implizite Botschaft: so erfolgreich können Ihre Kinder auch werden, wenn sie das beworbene Gerät benutzen.

Einerseits die Erwartung der Eltern und andererseits die harte Konkurrenz unter Gleichaltrigen setzen die Kinder unter großen Druck. In der Schule werden die Prüfungsnoten meistens öffentlich bekannt gegeben. Gewinner werden gelobt und freuen sich Verlierer werden kritisiert und schämen sich. Eltern stehen mit Lehrern in ständigem Kontakt und erfahren alles, was in der Schule läuft. Aus der Konfrontation mit Schulkameraden, Lehrern und Eltern entsteht eine erstickende Atmosphäre.

Eine Anzeige für Computerlernhilfe-Gerät von *GOLDYIP* liefert ein Beispiel für die Szene der Konkurrenz in der Schule (Nr. 14/2001). Zwischen zwei Schülern sitzt eine Schülerin. Sie hebt die Hand, weil sie die Antwort kennt. Die beiden Jungen haben nur das Nachsehen und sind erstaunt: „Wieso weiß sie das?" (siehe *Abb. 5a*).

Mehr als 60% der Gründschüler in Shanghai beschäftigen sich in der außerschulischen Zeit ständig mit Hausaufgaben und besuchen Englischkurse (Lian / Yuan 2003). Dreijährige amerikanische Kinder lächeln um 55,6% mehr als gleichaltrige chinesische Kinder, während der Grad der Strenge der chinesischen Eltern den der amerikanischen Eltern um 52,2% übertrifft (An / Wang 2004).

Besonders hart ist die Konkurrenz in der Hochschulaufnahmeprüfung, weil nur sehr wenige Kandidaten am Ende einen Studienplatz bekommen können. In einer Anzeige wird die Hochschulaufnahmeprüfung mit dem „Elf-Meter-Schuss" verglichen (Stärkungsmittel-Anzeige von *SNAJON*, Nr. 12/2002).

164

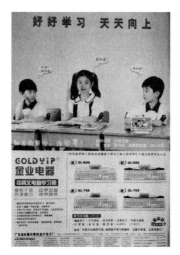

Abb. 5a: Schülerkonkurrenz
Quelle: Nr. 14/2001

Abb. 5b: „Müdigkeitssyndrom"
Quelle: Nr. 6/2001

Als Folge des Paukens leiden viele Schüler unter dem „Müdigkeitssyndrom" (s. *Abb. 5b*). Der Werbetext schildert eine Szene des schweren Schülerlebens:

他还是一个中学生, 疲惫的 神情, 呆滞的目光, 本不该出现在他的脸上, 但长期高强度, 超负荷的学习引发的"疲劳综合症" 已经令他失去了中学生应有的活力与开朗.

Er ist noch ein Mittelschüler. Die erschöpfte Miene und der apathische Blick hätten nicht in seinem Gesicht erscheinen sollen. Aber das „Müdigkeitssyndrom", das auf das langjährige Lernen mit hoher Intensität und unter Überbelastung zurückzuführen ist, hat ihn der Vitalität und Heiterkeit eines Mittelschülers beraubt.

(Stärkungsmittel-Anzeige von *SNAJON*, Nr. 6/2002)

Die Überbelastung der Kinder wird in der chinesischen Gesellschaft immer mehr Gegenstand der Diskussion. Der Appell, Kinder zu entlasten, gewinnt Aufmerksamkeit. Manche Anzeigen verleihen den beworbenen Produkten die Eigenschaft, sowohl die Wettbewerbsleistungen der Kinder zu verbessern als auch eine Entlastung der Kinder zu ermöglichen. Z.B.:

轻 松 学 习 从 现 在 开 始!
Müheloses Lernen beginnt von nun an!
    (Elektroniklexikon von *MEIJIN*, Nr. 3/2000; S. Nr. 7/2000)

快 乐 地 学 习
数 学 也 可 以 象 Game 一 样 好 玩
Fröhlich lernen
Mathe kann auch so viel Spaß machen wie ein Game.
    (Anzeige für Stärkungsmittel *SANAJON*, Nr. 8/2002)

4.2.3 Pietät als ewiger Wert

Pietät (孝) bezieht sich in der chinesischen Tradition auf drei Bedeutungsfelder:

Ehrfurcht gegenüber den Eltern;
Den Eltern Unterhalt gewähren;
Den Eltern gegenüber gehorsam sein (Gan 1997: 47).

Pietät basiert auf dem ewigen und tiefen Dankbarkeitsgefühl gegenüber den Eltern, weil sie einem das Leben geschenkt und einen aufgezogen haben. In einer
Anzeige von *NESTLÉ* erinnert sich eine Studentin an die Elternliebe, wenn sie
ein Milchprodukt von *NESTLÉ* genießt, weil die Mutter mit diesem Produkt
immer Leckerbissen für sie gekocht hat (Nr. 5/2001). Der Ventilator von
AIMEITE soll einen in einen so angenehmen Zustand versetzen können wie den
der Kindheit, als die Mutter einen mit einem aus Rohrkolbenblättern
geflochtenen Fächer fächelte und dabei eine Melodie leise sang (Nr. 7/2003).

Aus diesem Dankbarkeitsgefühl heraus ist man tief im Innern verpflichtet, sich
einfühlsam um die Eltern zu kümmern, insbesondere wenn sie alt bzw. alters-
schwach werden. Eine Stärkungsmittel-Anzeige von *FISHAPHOS* behauptet,
dass das beworbene Produkt die Pietät am besten zum Ausdruck bringen kann.
Die Headline lautet:

粒 粒 真 情 孝 心, 胜 过 千 言 万 语
Jede Pille spricht für echte Gefühle und ein Herz voller Pietät.
Sie übertrifft Tausend und Abertausend Worte.
    (Nr. 7/2002)

Der Gelbe Fluss wird in China als Mutter-Fluss verehrt, weil das mittlere und untere Einflussgebiet die Wiege der chinesischen Zivilisation war. Die Umwelt an diesem Fluss ist heutzutage aber schwer zerstört. Die Redaktion der Zeitschrift *DUZHE* hat eine Werbekampagne gestartet und an die Öffentlichkeit appelliert, das Umweltproblem des Gelben Flusses zu beseitigen. Die Werbekampagne lautet:

保护母亲河，共建读者林

Den Mutter-Fluss schützen
Einen Wald der Leser gemeinsam anbauen
(Nr 3, 4/2000, Nr. 6/2001, Nr. 7/2002, Nr. 9/2002)

In dieser Werbekampagne wird der Gelbe Fluss als eine alterskranke und hilfsbedürftige Mutter dargestellt (s. *Abb. 6*). Aufgrund des traditionellen Wertes Pietät müssen sich die Kinder – Nachkommen der chinesischen Nation – der Sorge der Mutter widmen. In dem Werbetext einer Anzeige wird ein Volkslied aus dem Nordwesten Chinas zitiert:

儿幼时，娘缺奶

Als das Kind klein war, fehlte der Mutter Milch.

儿饥娘也饥

Beide waren hungrig.

儿啼老娘泪漓漓

Das Kind weinte und der Mutter fielen die Tränen über die Wangen.

儿长时，娘缺衣

Das Kind ist groß. Der Mutter fehlt Kleidung.

娘羞儿更羞

Die Mutter schämt sich. Das Kind schämt sich noch mehr.

儿为老娘织新衣

Für die alte Mutter webt das Kind neue Kleidung
(Nr. 6/2001)

Hier verkörpert die Mutterfigur den Gelben Fluss, aus dem die chinesische Zivilisation hervorging. In dem Bild wird die Silhouette des Kopfes einer alten Mutter gezeichnet. Dass die Mutter nicht genügend Kleidung hat, deutet an, dass die Vegetation im Einzugsgebiet des Gelben Flusses zerstört und verschwunden ist. Nun sollen die Kinder aufforsten, damit neue Bäume wachsen und den Boden vor Erosion schützen.

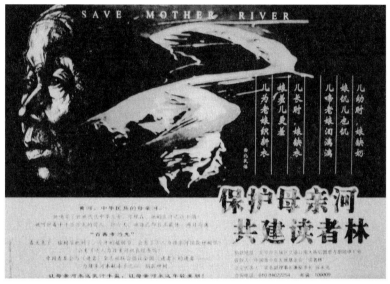

Abb. 6: „Für die alte Mutter webt das Kind neue Kleidung"
Quelle: Nr. 6/2001

Innerhalb von zwei Monaten nach der Veröffentlichung dieser Kampagne haben 90741 Personen insgesamt 1778277,30 Yuan RMB gespendet (Shi 2001: 326). Das Echo war also sehr stark.

4.2.4 Frauenbild

Nach dem Konfuzianismus haben die Frauen drei weibliche Gehorsamspflichten zu erfüllen: gegenüber dem Vater vor der Ehe, gegenüber dem Mann in der Ehe und gegenüber dem Sohn nach dem Tode des Mannes. Darüber hinaus haben sie vier weibliche Tugenden einzuhalten: Sittsamkeit, geziemende Sprache, richtiges Betragen und Fleiß (Gan 1997: 60). Das traditionelle Ideal ist eine „tugendhafte Gattin und gute Mutter" (贤 妻 良 母). Im Prozess der Reformpolitik seit mehr als zwei Jahrzehnten hat das Frauenbild in China vielfältige Formen angenommen (Gransow 2000: 205).

In den untersuchten Anzeigen wird meistens ein selbstbewusstes und hedonistisches Frauenbild vermittelt. Die Headline einer Stärkungsmittel-Anzeige von *TAITA* unterstreicht das Selbstbewusstsein der Frauen:

做 女 人 真 好
Eine Frau zu sein ist wirklich toll.
(Nr. 2/1996; Nr. 8/1996)

In *DUZHE* sprechen zahlreiche Kosmetik-Anzeigen Frauen als Zielgruppe an. In China besteht ein unentbehrlicher Bestandteil des weiblichen Schönheitsideals seit Jahrtausenden darin, dass eine Frau eine weiße Hautfarbe besitzen soll. In der Gesichtspflegecreme-Anzeige von *SOFTTO* wird dieses Schönheitsideal explizit thematisiert:

冰 肌 雪 肤, 人 人 称 羡
Eisglatte und schneeweiße Haut wird von jedem bewundert.
(Nr. 7/2000)

Die Ästhetik bezüglicher der hellen Hautfarbe durchdringt verschiedene Lebensbereiche. In der Hautcreme-Anzeige von *OLAY* wird die weiße Hautfarbe beispielsweise in Zusammenhang mit Kleidung gebracht:

肌 肤 白 了,
什 么 颜 色 的 衣 服 都 可 以 穿 得 很 漂 亮。
Wenn die Haut weiß ist,
steht einem jede Farbe einer Kleidung gut.
(Nr. 19/2001)

Die weiße Hautfarbe kann sogar Unschönheiten an anderen Körperteilen relativieren. Eine Reinigungsmilch-Anzeige von *SOFTTO* benutzt ein im Volksmund sehr populäres Sprichwort:

一 白 遮 百 丑
Weiße Hautfarbe verdeckt hundert Unschönheiten.
(Nr. 13/2002)

Der Werbetext der obigen Anzeige hat 21 Typen der weißen Hautfarbe aufgezählt und verspricht, dass jede Frau ihren Wunsch für weiße Hautfarbe erfüllen kann, wenn sie die Reinigungsmilch von *SOFTTO* benutzt.

Sonnenbräune gilt als unerwünscht. Die UV Protectant Lotion von *CATHY* soll die Haut vor Sonnenbrand und Sonnenbräune schützen:

肌 肤 晒 不 黑 , 晒 不 伤, 夏 日 依 然 白 皙 亮 丽。
Die Haut kriegt keine Sonnenbräune und keinen Sonnenbrand. Sie bleibt auch im Sommer glattweiß und herrlich.

(Nr. 9/2000)

Neben der weißen Hautfarbe stellen üppige Brüste einen anderen Aspekt der weiblichen Schönheit dar. Für Frauen, die ihre Brüste für zu klein halten und sie vergrößern wollen, sind Geräte zur Brustvergrößerung auf den Markt gebracht worden. In den Anzeigen für diese Produkte werden Andeutungen intensiv angewendet, weil nach dem chinesischen Werbegesetz erotische Inhalte verboten sind (Han 2001: 45-46; vgl. § 7 Abs.2 Nr. 6 des Werbegesetzes der VR China).

Ein Beispiel ist die Anzeige von *SWELL* (Nr. 3/1996; s. *Abb. 7a*). Auf den ersten Blick ist es nicht erkennbar, um was für ein Produkt es sich handelt. Die Frau im Bild bedeckt mit beiden Händen die Wange und den Hals und zeigt eine sehr zurückhaltende Mimik und Gestik. Erst wenn man den Werbetext liest und das Produktbild rechts unten sieht, weiß man, dass es sich um ein Gerät zur Brustvergrößerung handelt. Im Werbetext werden poetische anspielende Formulierungsweisen benutzt:

青 春 不 会 永 无 止 境, 生 活 并 非 完 美 无 缺;
Die Jugend ist nicht unendlich; das Leben ist nicht makellos.
雪 伦 • 夏 娃 把 青 春 的 梦 想, 生 活 的 追 求, 揉 成 健 康 的 美;
SWELL · EVA knetet Träume von der Jugend und die Bestrebungen im Leben zur gesunden Schönheit.
雪 伦 • 夏 娃 犹 如 轻 盈 的 天 使, 呵 护 每 一 片 花 瓣!
SWELL · EVA ist wie ein beschwingter Engel und beschirmt jedes Blumenblatt.

Das Produkt wird rechts unten in einem kleinen Bild zur Schau gestellt. Die Frau auf der Verpackung hat die Augen geschlossen, trägt ein tief dekolletiertes Kleid und strahlt sinnliche Lüste aus. Aber wegen des kleinen Formats fällt sie nicht auf. Insgesamt hinterlässt die Anzeige einen eher nüchternen Eindruck.

Abb. 7a: Nüchternheit für ein heißes Thema
Quelle: Nr. 3/1996

Abb.7b: Nabelschau
Quelle: Nr. 16/2002

Aber in der chinesischen Gesellschaft ist eine Tendenz zur freizügigen Darstellung des menschlichen Körpers deutlich zu sehen. Akte werden öffentlich gezeigt. *Shanghai Baby*, „der erotische Untergrundroman" (Wei 2001) ist zum Bestseller geworden. Für die Sommerkleidung der jungen Frauen gilt die Regel: In der Kürze liegt die Würze. In den untersuchten Anzeigen von *DUZHE* seit 2001 konnte man einige Frauenbilder mit spärlicher Kleidung feststellen. In der Körperlotion-Anzeige von *SURANA* wird eine sportliche Frau in Badekleidung gezeigt (Nr. 9/2001). In der Farbdrucker-Anzeige von *EPSON* trägt eine junge Frau eine sehr kurze Bluse, wobei der Bauch und der Nabel zur Schau gestellt werden (Nr. 16/2002; s. *Abb. 7b*). Die Brustvergrößerungsgerät-Anzeige aus dem Jahr 1996 in *Abb. 7a* und die Farbdrucker-Anzeige von *EPSON* aus dem Jahr 2002 in *Abb. 7b* weisen einen eindeutigen Unterschied auf.

In der chinesischen Tradition werden Körperkontakte zwischen Personen des gleichen Geschlechts in der Öffentlichkeit als normal betrachtet. Dieses Verhalten hat mit Homosexualität nichts zu tun. In der Hautfeuchtigkeitscreme-Anzeige von *CLEAN & CLEAR* werden zwei Frauen Wange an Wange dargestellt, wobei jede die Wange der anderen mit der Hand leicht berührt (Nr. 11/1999; vgl. Nr. 12/1999; s. *Abb. 8a*). In der Waschcreme-Anzeige von *CLEAN & CLEAR* lehnen zwei Mädchen Rücken an Rücken aneinander (Nr. 12/1999). In einer anderen Anzeige von *CLEAN & CLEAR* legt eine junge Frau ihre Hand auf die Schulter der anderen (Nr. 12/2001).

171

Abb. 8a: Frauen Wange an Wange
Quelle: Nr. 11/1999; vgl. Nr. 12/1999

Abb. 8b: „Das wahre Gefühl und Ich"
Quelle: Nr. 1/2001, vgl. Nr. 4/2001

Gemäß der Tradition in China gelten Körperkontakte zwischen Personen unterschiedlichen Geschlechts in der Öffentlichkeit hingegen als sittenlos und verpönt. An vielen chinesischen Hochschulen beispielsweise dürfen eine Studentin und ein Student – ein verliebtes Paar – auf dem Campus nicht einander küssen oder umarmen. In dem Prozess der Reform- und Öffnungspolitik ist diese Tradition wie viele andere einem Wandel ausgesetzt. Solche Körperkontakte werden zunehmend toleriert und akzeptiert. Vor allem immer mehr junge Leute fordern diese Regel heraus. Sie wollen „das wahre Gefühl und Ich" zügellos zum Ausdruck zu bringen (Handy-Anzeige von *MOTOROLA*, Nr. 1/2001; vgl. Nr. 4/2001; s. *Abb. 8b*). Öffentliche Kusswettbewerbe haben im Jahr 2000 in den Städten Naihai, Dalian, Xiamen und Chongqing stattgefunden, wobei die meisten Teilnehmer junge Leute waren (Shen (Hg.) 2003: 287-289).

4.2.5 Begegnung der Kulturen

4.2.5.1 „Test the West"

Vor der Reform- und Öffnungspolitik, die seit 1978 durchgeführt wird, hatten normale Chinesen kein realistisches Bild von dem Westen. Die meisten waren der Überzeugung, dass die kapitalistische Welt voller Krisen ist und bald begraben wird. Als Moden, Fernseher, Autos, Filme usw. aus dem Westen in das Land der Mitte strömen, werden Chinesen erstaunt und fasziniert.

In der Discman-Anzeige von *SONY* wird das Produkt inmitten einer westlichen Küche dargestellt: Kaffee, Baguetten, Croissant (Nr. 3/1997; s. *Abb. 9a*). Das Produkt wird nicht nur als ein Unterhaltungsgerät an sich positioniert, sondern als ein natürliches Element des westlichen Lebensstils. In einer anderen Anzeige wird Discman mit Jeansjacke präsentiert (Nr. 12/1996). Der Werbeslogan lautet:

节 拍, 品 位, 最 佳 搭 配

Rhythmus und Geschmack passen am besten zueinander.

Nach einer auf Daten aus dem Jahr 1987 basierenden Studie fanden westliche Lebensstile, wie sie durch Jugendliche verkörpert werden, die Jeans tragen und in die Disko gehen, am meisten positive Zustimmung bei den mittleren Bildungsschichten, bei den Mittelschulabsolventen. Die Akademiker nahmen eine neutrale bzw. tolerante Haltung ein, während Personen mit niedrigem Bildungsniveau die größte Ablehnung ausdrückten (Gransow / Li 1995: 109).

Abb. 9a: Discman und westliche Küche
Quelle: Nr. 3/1997

Abb. 9b: Discman und Weihnachten
Quelle: Nr. 12/1998

Manche westliche Feste sind in China eingeführt worden. Besonders beliebt sind Weihnachten und Valentinstag. In einer CD-Player-Anzeige von *SONY* werden CD-Player zusammen mit Weihnachtsmann und -baum präsentiert (s. *Abb. 9b*). Weihnachten sind für Chinesen mit romantischer Atmosphäre assoziiert. Diese Assoziation soll in der Anzeige auf die Musikwelt, die der CD-Player vorführt, übertragen werden. Übrigens gelten Bescherungen als Weihnachtsritual. Daher wird der CD-Player hier als Geschenk empfohlen.

Zusammen mit dem Triumph der westlichen Waren und Kultur hat sich die englische Sprache in China einen hohen Status erworben. Wenn sich ein Chinese um ein Stipendium aus den USA bewerben will, muss man gute Noten im TOEFFEL erzielen. Für eine Stelle in einem chinesisch-ausländischen Joint Venture sind gute Englischkenntnisse meistens die Voraussetzung. Daher ist Englisch in China mehr denn je wichtig geworden. Im Folgenden werden die Headlines von drei Anzeigen angeführt:

中 国 人 的 智 慧 + 地 道 的 英 语 = 新 世 纪 的 赢 家

Chinesische Weisheit + perfektes Englisch = Gewinner im neuen Jahrhundert

    (Zeitschriften-Anzeige, Nr. 19/2000)

英 语 就 是 竞 争 力

Englisch ist eben Wettbewerbsfähigkeit.

    (Bücher-Anzeige, Nr. 19/2001)

精 通 办 公 英 语, 把 握 高 薪 机 遇

Arbeitsenglisch meistern und eine gut bezahlte Stelle erhaschen

    (Englisch-Lernsoftware-Anzeige, Nr. 19/2000)

Angesichts des Eintritts in die WTO und der Ausrichtung der Olympiade 2008 in Beijing ist das Erlernen der englischen Sprache eine dringliche Aufgabe geworden (vgl. Englisch-Lernsoftware-Anzeige, Nr. 20/2000). Die Headline einer Anzeige lautet:

让 十 三 亿 中 国 人 讲 一 口 流 利 的 英 文!

学 好 英 语, 走 遍 世 界

Lassen wir die 1,3 Milliarden Chinesen befähigen, fließend Englisch zu sprechen!

Englisch beherrschen, die Welt durchreisen

    (Anzeige für CRAZY ENGLISH, Nr. 9/2001)

Englische Wörter sind in die chinesische Werbesprache eingedrungen. Sie sollen das Gefühl der Weltoffenheit und der Modernität hervorrufen. Übrigens kommt durch den Gebrauch der englischen Wörter eine Wertschätzung der Leser zum Ausdruck, weil stillschweigend vorausgesetzt wird, dass die Leser Englisch, diese Weltsprache beherrschen. Im Folgenden werden zwei Beispiele für Englisch in den Anzeigen angeführt:

时 尚 时 代, 人 人 都 会 pose.
Im Zeitalter der Mode kann jedermann Modell stehen.
(Handhelds-Anzeige von WENQUXING, Nr. 5/2003)

拯 救 Face
das Gesicht retten
(Pickeltupfer-Anzeige von *SAMSARA*, Nr. 19/2000)

Andere Sprachen sind in den Anzeigen auch zu sehen, z.B. Japanisch (Anzeige für japanische Küche, Nr. 6/2001, s. Nr.9, 14/2001; Anzeige für Geschmacksverstärker *AJINOMOTO*, Nr. 24/2001) und Koreanisch (Hautpflegecreme-Anzeige von *SOFTTO*, Nr. 4/2001).

4.2.5.2 „Das Herz für China"

Parallel zu den Einflüssen westlicher Kultur zeichnet sich ein zunehmender Neotraditionalismus in China seit Ende der 80er Jahre ab. Liebe zum Heimatland, zur chinesischen Kultur und Tradition gewinnt deutlich an Bedeutung (Staiger 2000). In der Werbung drückt sich diese Tendenz meistens in dem Stolz auf einheimische selbst produzierte Produkte aus.

Die Fernseher-Anzeigen von *SKYWORTH* sind ein Beispiel dafür, wie die Liebe zum einheimischen Produkt und zum Heimatland als Werbethema in Erscheinung tritt. In *Abb. 10a* dient die junge Frau als Eyecatcher. Der Blumenstrauß in der Hand und die Blume auf dem Bildschirm sind auf die Headline abgestimmt:

创 维
永 远 的 春 天
SKYWORTH,
ewiger Frühling
(Fernseh-Anzeige von *SKYWORTH*, Nr. 1/1998)

In den darauf folgenden Anzeigen von *SKYWORTH* werden die Sachinformationen über Produkteigenschaften in den Vordergrund gestellt (Nr. 2, 3/1998). In Nr. 11/1998 ist es zu einer neuen Entwicklung gekommen. Neben Sachinformationen ist ein anderer Slogan kreiert worden:

创 维 情, 中 国 心
Das Gefühl von SKYWORTH, das Herz für China
(Nr. 11/1998; Nr. 3/2000; vgl. Nr. 8/2000)

Abb. 10a: „Ewiger Frühling"
Quelle: Nr. 1/1998

Abb. 10b: „Das Herz für China"
Quelle: Nr. 11/1998

Die neue Werbestrategie zielt darauf ab, Identifikation mit dem Heimatland zu thematisieren und die Rezipienten so zu beeinflussen, dass sie sich für das chinesische Fernsehgerät entscheiden. Auf dem Bildschirm dieses einheimischen selbst produzierten Fernsehgerätes werden zwei europäische Frauen gezeigt, während in der Werbung die eigene chinesische Identität betont werden soll. Darin sieht man zwei parallele Entwicklungen der chinesischen Gesellschaft im Zeitalter der Globalisierung: verstärkte Einflüsse fremder Kulturen und Versuche zur Pflege der eigenen Identität.

Stolz auf einheimische Produkte vermitteln viele andere Anzeigen, wie z.B. E-lektronik-Anzeigen von *PASON* (Nr. 2/1997; vgl. Nr. 3, 8, 9/1997), Kühlschrank-Anzeige von *MEILING* (Nr. 7/1998), Radio-Anzeige von *DEGEN* (Nr. 2/2003), Radio-Anzeige von *TECSUN* (Nr. 1/2000), USB-Speicher-Anzeige von *HUAQI* (Nr. 9/2004), Onlinespiel-Anzeige von *NETEASE* (Nr. 9/2004).

4.2.6 „Das Gefühl der Freiheit ist wirklich toll!"

China gilt als ein sehr kollektivistisches Land. In der Studie von Hofstede besitzen die chinesischen Regionen Hongkong und Taiwan sowie die vom Konfuzianismus stark beeinflussten Länder wie Singapur und Südkorea niedrige Werte für Individualismus (Hofstede 1993: 69). Diese Studie basiert auf Untersuchungsergebnissen aus den Jahren zwischen 1968 und 1972 und hat aufgrund der rasanten Wandlungsprozesse in der chinesischen Gesellschaft nur noch beschränkten Aussagewert.

Im Rahmen eines Projektes zur städtischen Entwicklung in China wurden in der ersten Hälfte des Jahres 1987 Daten über politische, soziale und persönliche Werte der Chinesen erhoben (Gransow / Li 1995: 22-26). Auf die Frage „wonach streben Sie selbst am meisten in Ihrem Leben?" rangierte der Wunsch nach Selbstverwirklichung (39%) und geistiger Erfüllung (22%) noch vor dem Wunsch nach einem glücklichen Familienleben (21%). Der Wunsch nach vielen sozialen Beziehungen spielt nur eine bedeutungslose Rolle (ebd.: 41). Daran ist zu erkennen, dass die individualistischen Werte in der heutigen chinesischen Gesellschaft einen hohen Stellenwert haben.

Im Jahr 2002 wurde es den Bürgern in Beijing und drei anderen chinesischen Städten erlaubt, Autokennzeichen selbst zu wählen und zu bestimmen. Die Autobesitzer versuchten, die Autoschilder als Spielraum ihrer Individualität auszunutzen. Als Folge entstanden die Kennzeichen UFO, SOS, USA-911, SEX-001, TMD usw. Glückliche Zahlen wie 6, 8 und 9 wurden viel benutzt. Diese Kennzeichen wurden „Individualitätskennzeichen" genannt (Ling 2003: 479-481).

In den untersuchten Anzeigen erscheinen die Wörter „Freiheit", „Individualität" und „ich" seit Ende der 90er Jahre sehr häufig.

Im Folgenden werden zwei Headlines mit dem Wort „Freiheit" angeführt:

> 自由的感觉真好!
> Das Gefühl der Freiheit ist wirklich toll!
> (Anzeige für schnurlose Kopfhörer und Lautsprecher von *PHILIPS*, Nr. 9/1998)

海 阔 天 空

无 线 自 由

Weites Meer und freier Himmel
schnurlose Freiheit
（Anzeige für schnurlose VCD- und CD-Player von *TECSUN*
Nr. 16/2002）

Eine Handy-Anzeige von Siemens liefert ein Beispiel für die Betonung der Individualität (s. *Abb. 11a*):

丰 富 的 个 性 化 功 能

正 适 合 追 求 自 立

张 扬 个 性 的 你!

Zahlreiche individuelle Funktionen
passen gerade zu einem Menschen wie du,
der nach Eigenständigkeit strebt und
Individualität entfaltet
（Nr. 14/2002）

Abb. 11a: Eigenständigkeit und Individualität
Quelle: Nr. 14/2002

Abb. 12b: Das betonte Ich
Quelle: Nr. 16/2002

In einer Anzeige für Nachsprech-Geräte werden zuerst nur Produktvorteile dargestellt (Nr. 16/2000). In Nr. 21/2000 stehen am Ende des Werbetextes zwei Wörter:

流行, 个性
populär, individuell
(Nr. 21/2000)

„In der chinesischen Höflichkeitstradition zeigt sich eine allgemeine Tendenz, den Gebrauch von Anredepronomina grundsätzlich einzuschränken bzw. zu vermeiden" (Liang 1998: 91). Wenn jemand das Wort „ich" in aufeinander folgenden Sätzen wiederholt benutzt, hinterlässt man einen egozentrischen und arroganten Eindruck und verstößt gegen eine Grundregel der chinesischen Höflichkeit, nämlich Bescheidenheit.

Aber vor dem Hintergrund der zunehmenden individualistischen Werte liegt es nahe, dass in den untersuchten Anzeigen von *DUZHE* das Wort „ich" seit 2000 häufiger vorkommt als früher, um die Individualität zu betonen.

Eine Anzeige für VCD- und CD-Geräte und MP3 von *KSMEI* benutzt in einem kurzen Satz mit sechs Schriftzeichen zwei Mal das Wort „ich":

我梦想我享受
Ich träume, ich genieße.
(Nr. 16/2002, vgl. Nr. 20, 22, 24/2002; s. *Abb. 12b*)

Eine Anzeige für Online-Kauf von *8848.net* handelt von einer jungen Frau, die vom „Kaufwahn" besessen ist und in einem kurzen Monolog das Wort „ich" fünf Mal benutzt:

有人说女人天生就是购物狂,那又有什么关系呢, shopping 简直就是我的生命。最近,我常上一家有近20万种商品的店疯狂采购,东西虽多营业面积却不到0,1平方米。而且就在我的桌子上!哈哈,其实我用电脑上8848.net 购物。那里商品种类丰富,可以尽情释放我的购物欲望。

Man sagt, dass Frauen einen Kaufwahn haben. Na und? Shopping ist einfach mein Leben. In der letzten Zeit gehe ich häufig zu einem Geschäft mit fast 200 000 Warensorten und kaufe wie verrückt ein. Trotz des riesigen

Angebots beträgt die Fläche des Geschäfts nicht einmal 0,1m². Und sie befindet sich gleich auf meinem Tisch! Haha, ich kaufe per 8848.net ein. Dort gibt es ein großes Sortiment. So kann ich meine Kauffreude nach Herzenslust ausleben.
(Nr. 11/2000)

4.3 „Das neue Neuleben des neuen Jahres"

Die Reform- und Öffnungspolitik hat in China atemberaubende Entwicklungen mit sich gebracht. Das Zeitgefühl der Menschen lässt sich mit der Headline einer Anzeige von *SKYWORTH* zusammenfassen:

新 世 纪 新 生 活 新 概 念
Das neue Jahrhundert, das neue Leben, das neue Konzept
(Nr. 12/1999)

Das Wort „neu" ist einer Inflation ausgesetzt, weil das Neue vergeht und das Neuere in hohem Tempo auftritt. Die Sprache hält mit Mühe mit der gesellschaftlichen Entwicklung Schritt. Die Headline einer Anzeige von *DELL* benutzt drei Mal das Wort „neu":

新 一 年 的 新 新 生 活
Das neue Neuleben des neuen Jahres
(Nr. 6/2003)

Die Reform- und Öffnungspolitik hat in China seit mehr als zwei Jahrzehnten hohe Wachstumsraten geschaffen und den Menschen nie da gewesenen Entfaltungsspielraum ermöglicht. Das Land wird von einer optimistischen Stimmung beherrscht, dass es morgen noch besser sein wird als heute (Yuan / Zeng 2003). Im Zeichen des Zeitgeistes zeigt die chinesische Werbewelt eine facettenreiche Wertewelt von Traditionalität und Modernität. Sie aufzuspüren, gilt der Appell: „Ins Gehirn der Masse kriechen!" (Gries / Ilgen / Schindelbeck 1995).

Bibliografie

An, Bei / Wang, Zuokui (2004): Zhongguo haizi ying geng duo weixiao (Chinesische Kinder sollen mehr lachen). In: Remin Ribao Haiwaiban (Zeitung des Volkes: Überseeversion), 21. 08. 2004.

Bolten, Jürgen (1996a): Werbewandel – Wertewandel: Werbegeschichte als Kommunikationsgeschichte. In: UNIVERSITAS Nr. 2/1996, S.127-142.

Bolten, Jürgen (1996b): Öffentlicher Sprachgebrauch, oder was?! Zur diachronischen Textpragmatik und ihrer Anwendungen am Beispiel des Themenbereiches "Werbegeschichte als Zeitgeschichte in Deutschland". In: Böke/Jung/Wengeler (Hg.) 1996, S. 283-300.

Böke, Karin, Matthias Jung / Wengeler, Martin (Hg.) (1996): Öffentlicher Sprachgebrauch: praktische, theoretische und historische Perspektiven. Georg Stötzel zum 60. Geburtstag gewidmet. Opladen.

Eberhard, Wolfram (1996): Lexikon chinesischer Symbole: Die Bildsprache der Chinesen. 5. Aufl. München.

Fan, Lubin 1995: '93 – "Zhongguo guangao nian" ('93 – "Jahr der chinesischen Werbung"). In: Zhongguo guanggao nianjian (1992-1993 nian), S. 39-46.

Gan, Shaoping (1997): Die chinesische Philosophie: die wichtigsten Philosophen, Werke, Schulen und Begriffe. Darmstadt.

Gransow, Bettina (2000): Familienbeziehungen und Frauenbilder im Wandel. In: Staiger, (Hg.) (2000), S. 202-207.

Gransow, Bettina / Li, Hanlin (1995): Chinas neue Werte: Einstellungen zu Modernisierung und Reformpolitik. München.

Gries, Rainer / Ilgen, Volker / Schindelbeck, Dirk (1995): „Ins Gehirn der Masse kriechen!": Werbung und Mentalitätsgeschichte. Darmstadt.

Han, Chifeng (2001): Das Recht der Werbung der Volksrepublik China im Vergleich zum deutschen Recht. München.

Hofstede, Geert (1993): Interkulturelle Zusammenarbeit: Kulturen – Organisationen – Management. Aus dem Engl. Von Nadia Hasenkamp und Anthony Lee. Wiesbaden.

Jia, Wenjian (2000): Werbegeschichte als Kommunikationsgeschichte: Analyse der Anzeigenwerbung im SPIEGEL von 1947 bis 1990. Göttingen.

Kuan, Yu-chien / Häring-Kuan, Petra (1990): Kultur-Knigge China. Köln.

Liang, Yong (1998): Höflichkeit im Chinesischen: Geschichte – Konzepte – Handlungsmuster. München.

Lian, Jintian / Yuan, Jianda (2003): Liang'an shaoer gongke yali pianda (Überbelastung der Kinder auf den beiden Seiten der Meeresstraße durch Schulaufgaben).). In: Remin Ribao Haiwaiban (Zeitung des Volkes: Überseeversion), 08. 04. 2003.

Ling, Zhijun (2003): Bianhua: 1990 nian — 2002 nian Zhongguo shilu (Wandel: Report über China 1990-2002). Beijing.

Luhmann, Niklas (1994): Soziale Systeme: Grundriss einer allgemeinen Theorie. 5. Auflage. Frankfurt am Main.

'98 Zhongguo guanggao nianjian (Jahrbuch der chinesischen Werbung 1998). Beijing.

o.V. 2003: Chengdu dianxin xiaolingtong haoma – 88888888 mai chu 2333wan yuan (88888888 wurde für 2,33 Mio. Yuan verkauft). Beijing Chenbao (Morgenzeitung Beijing) vom 20. Aug. 2003

Qian, Qichen (2000): Shenke kaijue he yanjiu long wenhua de jingshen neihan (Gründliche Erschließung und Analyse des Geistes des Drachen). http://www.duoweinews. com/BBS/Dajia/GB/7213.html (2. April 2000)

Ru, Xin / Lu, Xueyi / li, Peilin (Hg.) (2003): 2003 nian: Zhongguo shehui xingshi fenxi yu yuce (Das Jahr 2003: Analyse und Vorhersage der chinesischen Gesellschaft). Beijing.

Shen, Xiangping (Hg.) (2003): Shehui redian jiedu (Interpretation der heißen Themen in der Gesellschaft). Beijing.

Shi, Yonggang (2001): Duzhe shidai: yiben zazhi he ta suo yingxiang de shenghuo (Zeit von Duzhe: eine Zeitschrift und das von ihr beeinflusste Leben). Shanghai.

Staiger, Brunhild (2000): Kultur. In: Staiger (Hg.) (2000), S. 311-316.

Staiger, Brunhild (Hg.) (2000): Länderbericht China: Geschichte · Politik · Wirtschaft · Gesellschaft · Kultur. Darmstadt.

Wacker, Gudrun (1991): Werbung in der VR China (1979-1989): Entwicklung, Theorie, Probleme. Hamburg.

Wang, Jianbin (1996): Werbewirksam handeln in einer fremden Kultur: eine Untersuchung interkultureller Unterschiede zwischen dem deutschen und dem chinesischen werbenden Sprechen aus übersetzungswissenschaftlicher Sicht. Frankfurt am Main u.a.

Wei, Hui (2001): Shanghai Baby. Übersetzt von Karin Hasselblatt. 3. Aufl. München.

Yuan, Yue / Zeng, Huichao (2003): 2002 nian Zhongguo jumin shenghuo zhiliang diaocha (Untersuchung der Lebensqualität der chinesischen Einwohner im Jahr 2002). In: Ru, Xin / Lu, Xueyi / li, Peilin (Hg.) 2003, S. 140-150.

Zhang, Zhenhua (1991): Chinesische und europäische Rhetorik: ein Vergleich in Grundzügen. Frankfurt am Main / New York / Paris.

Zhongguo guanggao nianjian (1992-1993 nian) (Jahrbuch der chinesischen Werbung 1992-1993). Beijing.

Peter Lang · Europäischer Verlag der Wissenschaften

Suk-Geoung Han

Ausdrucksformen und Funktionen nonverbaler Kommunikation in interkulturellen Begegnungssituationen

Eine empirische Analyse deutsch-koreanischer Kommunikation

Frankfurt am Main, Berlin, Bern, Bruxelles, New York, Oxford, Wien, 2004.
242 S., 70 Abb.
Europäische Hochschulschriften: Reihe 40, Kommunikationswissenschaft und Publizistik. Bd. 87
ISBN 3-631-52897-3 · br. € 42.50*

Nonverbale Kommunikation stellt eine äußerst wichtige Informationsquelle dar. Für die reibungslose Kommunikation in interkulturellen Situationen ist über das Sprachenlernen hinaus auch eine Kenntnis der Mentalität notwendig, die sich meistens weniger in Worten als vielmehr in der nonverbalen Kommunikation äußert. Die Verfasserin zeichnet anhand einer Systematisierung der bisher entwickelten wissenschaftlichen Ansätze und mit Hilfe von videogestützten Gesprächsanalysen ein Bild des unterschiedlichen nonverbalen Kommunikationsverhaltens zwischen Koreanern und Deutschen. Die kulturdeterminierten Unterschiede werden herausgearbeitet. Dadurch wird eine Sensibilisierung zur Verhinderung möglicher Mißverständnisse erleichtert.

Aus dem Inhalt: Systematisierung nonverbaler Kommunikation in interkulturellen Situationen · Psychologische Erklärungsansätze · Ausdrucksformen des verbalen und nonverbalen Verhaltens in Korea · Videogestützte Gesprächsanalyse

Frankfurt am Main · Berlin · Bern · Bruxelles · New York · Oxford · Wien
Auslieferung: Verlag Peter Lang AG
Moosstr. 1, CH-2542 Pieterlen
Telefax 00 41 (0) 32 / 376 17 27

*inklusive der in Deutschland gültigen Mehrwertsteuer
Preisänderungen vorbehalten
Homepage http://www.peterlang.de